建筑工程施工现场专业人员培训教材

资　料　员

徐学军　主编

孙其珩　朱跃斌　副主编

中国环境科学出版社・北京

图书在版编目（CIP）数据

资料员/徐学军主编. —北京：中国环境科学出版社，2011.3

建筑工程施工现场专业人员培训教材

ISBN 978-7-5111-0408-3

Ⅰ. ①资… Ⅱ. ①徐… Ⅲ. ①建筑工程—技术档案—档案管理—技术培训—教材 Ⅳ. ①G275.3

中国版本图书馆 CIP 数据核字（2011）第 022139 号

责任编辑　张于嫣
责任校对　扣志红
封面设计　中通世奥

出版发行　中国环境科学出版社
（100062　北京东城区广渠门内大街 16 号）
网　　址：http://www.cesp.com.cn
联系电话：010-67150545（建筑图书出版中心）
发行热线：010-67125803，010-67113405（传真）
印　　刷　北京市联华印刷厂
经　　销　各地新华书店
版　　次　2011 年 3 月第 1 版
印　　次　2011 年 3 月第 1 次印刷
开　　本　787×1092　1/16
印　　张　17.5
字　　数　390 千字
定　　价　44.00 元

编 委 会

主编的话

行业兴旺，人才为本；人才培养，教育为本。这套丛书根据《建筑工程施工现场专业人员职业标准》，以加强建筑工程施工现场专业人员队伍建设为目的，指导专业人员教育培训，提高专业人员职业素质、专业知识和专业技能，促进和完善施工组织管理，确保建筑工程施工质量和生产安全。

本丛书特色鲜明，注重建筑工程专业技能、专业知识的讲解；注重理论与实际的结合。丛书以现行国家工程建设有关技术规范和标准为依据，结合工程应用的实际，将规范、标准要求具体化、系统化，使理论与实践有机地融为一体。丛书强调解决建筑工程的实际问题，内容深入浅出、图文并茂、通俗易懂，适用性强。相信并希望本丛书对促进建筑行业人才培养，促进行业健康发展起到积极的作用。

徐学军

2010年12月

前言

改革开放以来，随着我国建筑业的迅速发展，建设规模日益扩大，建筑施工队伍不断增加，对建筑工程施工现场各专业人员的要求越来越高。为此，住房和城乡建设部经过广泛深入的调查研究，分析和总结了我国建筑业 20 世纪 90 年代实施的岗位培训工作及国外建设行业职业标准编制的经验，并结合当前我国建筑施工现场专业人员人才开发的实践经验，在广泛征求意见的基础上，制定了《建筑工程施工现场专业人员职业标准》(以下简称《新标准》)。《新标准》中规定了建筑施工现场专业人员工作职责、专业技能、专业知识，以及组织职业能力评价的基本要求，以加强建筑工程施工现场专业人员队伍建设，规范专业人员的职业能力评价，指导专业人员的使用与教育培训，提高其职业素质、专业知识和专业技能，促进完善施工组织管理，确保施工质量和安全生产。

《新标准》的推出，要求我们必须紧跟形势的变化而变化，为了确保广大建筑施工企业、高等学校、职业院校及培训机构工作的开展，以应对新时期的新要求，积极配合相关单位做好培训工作，编委会依据《新标准》推出一套新培训教材。初期编写出 8 本教材——《施工员》、《质量员》、《安全员》、《标准员》、《材料员》、《资料员》、《机械员》、《劳务员》。

在编写过程中，考虑到建筑工程施工现场专业人员的培训目标，本套教材在内容编写方面具有如下特色：注重专业技能、专业知识的讲解；注重理论与实际案例相结合，以现行国家工程建设有关技术规范和标准为依据，结合工程应用的实际，将规范、标准要求具体化、系统化，使理论与实践有机地融为一体，强调解决建筑工程的实际问题，弥补现有建筑工程施工现场专业人员各培训教材唯注重理论的缺陷；编者始终遵循规范化和适用的原则，力求做到深入浅出、图文并茂、通俗易懂；此外每本书后配以练习题，便于学员练习使用。

本套教材编写过程中得到了中国环境科学出版社的大力支持，在此一并致谢！由于编者的经验和水平有限，加之编写时间仓促，书中难免有疏漏和错误之处，恳请各方面的专家和读者批评指正，以便今后修订再版。

编委会

2010 年 12 月

目 录

第一章 概 论

第一节 工程资料管理

一、工程资料的组成

工程资料是指在工程建设过程中形成的各种形式的信息记录，包括基建文件（A类）、监理资料（B类）、施工资料（C类）和竣工图（D类）四大类，如图1-1所示。

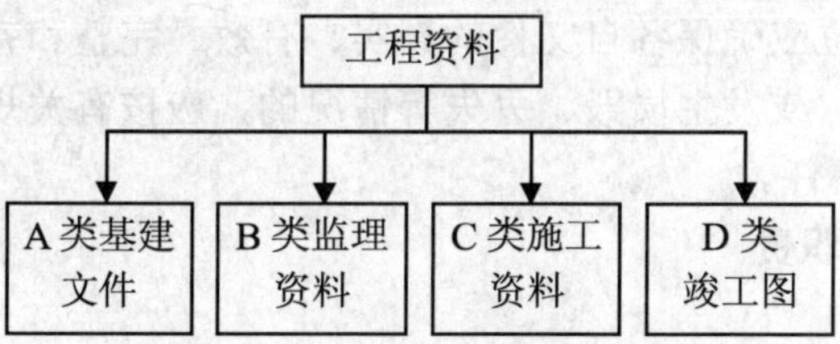

图1-1 工程资料组成示意图

1．基建文件

建设单位在工程建设过程中形成的文件，分为工程准备文件和竣工验收文件等。

（1）工程准备文件。工程开工以前，在立项、审批、征地、勘察、设计、招标投标等工程准备阶段形成的文件。

（2）竣工验收文件。建设工程项目竣工验收活动中形成的文件。

2．监理资料

监理单位在工程设计、施工等监理过程中形成的资料。

3．施工资料

施工单位在工程施工过程中形成的资料。

4．竣工图

工程竣工验收后，真实反映建设工程项目施工结果的图样。

二、施工资料管理要求

（1）施工资料应实行报验、报审管理。施工过程中形成的资料应按报验、报审程序，通过相关施工单位审核后，方可报建设（监理）单位。

（2）施工资料的报验、报审应有时限性要求。工程相关各单位宜在合同中约定报验、报审资料的申报时间及审批时间，并约定应承担的责任。当无约定时，施工资料的申报、审批不得影响正常施工。

（3）建筑工程实行总承包的，应在与分包单位签订施工合同中明确施工资料的移交套数、移交时间、质量要求及验收标准等。分包工程完工后，应将有关施工资料按约定移交。

三、工程资料管理职责

1. 通用职责

（1）工程资料的形成应符合国家相关的法律、法规、施工质量验收标准和规范、工程合同与设计文件等的规定。

（2）工程各参建单位应将工程资料的形成和积累纳入工程建设管理的各个环节和有关人员的职责范围。

（3）工程资料应随工程进度同步收集、整理并按规定移交。

（4）工程资料应实行分级管理，由建设、监理、施工单位主管（技术）负责人组织本单位工程资料的全过程管理工作。建设过程中工程资料的收集、整理工作和审核工作应有专人负责，并按规定取得相应的岗位资格。

（5）工程各参建单位应确保各自文件的真实、有效、完整和齐全，对工程资料进行涂改、伪造和随意抽撤，或发生损毁、丢失等情况的，应按有关规定予以处罚，情节严重的，应依法追究法律责任。

2. 工程各参建单位职责

（1）建设单位职责：

1）应负责基建文件的管理工作，并设专人对基建文件进行收集、整理和归档。

2）在工程招标和与参建各方签合同或协议时，应对工程资料和工程档案的编制责任、套数、费用、质量和移交期限等提出明确要求。

3）必须向参与工程建设的勘察、设计、施工、监理等单位提供与建设工程有关的资料。

4）由建设单位采购的建筑材料、构配件和设备，建设单位应保证建筑材料、构配件和设备符合设计文件和合同要求，并保证相关物资文件的完整、真实和有效。

5）应负责监督和检查各参建单位工程资料的形成、积累和立卷工作，也可委托监理单位检查工程资料的形成、积累和立卷工作。

6）对需建设单位签认的工程资料应签署意见。

7）应收集和汇总勘察、设计、监理和施工等单位立卷归档的工程档案。

8）应负责组织竣工图的绘制工作，也可委托施工单位、监理单位或设计单位，并按相关文件规定承担费用。

9）列入城建档案馆接收范围的工程档案，建设单位应在组织工程竣工验收前，提请城建档案馆对工程档案进行预验收，未取得《建设工程竣工档案预验收意见》的，不得组织工程竣工验收。

10）建设单位应在工程竣工验收后3个月内将工程档案移交城建档案馆。

（2）勘察、设计单位职责：

1）应按合同和规范要求提供勘察、设计文件。

2）对需勘察、设计单位签认的工程资料应签署意见。

3）工程竣工验收，应出具工程质量检查报告。

（3）监理单位职责：

1）应负责监理资料的管理工作，并设专人对监理资料进行收集、整理和归档。

2）应按照合同约定，在勘察、设计阶段，对勘察、设计文件的形成、积累、组卷和归档进行监督、检查；在施工阶段，应对施工资料的形成、积累、组卷和归档进行监督、检查，使工程资料的完整性、准确性符合有关要求。

3）列入城建档案馆接收范围的监理资料，监理单位应在工程竣工验收后两个月内移交建设单位。

（4）施工单位职责：

1）应负责施工资料的管理工作，实行技术负责人负责制，逐级建立健全施工资料管理岗位责任制。

2）应负责汇总各分包单位编制的施工资料，分包单位应负责其分包范围内施工资料的收集和整理，并对施工资料的真实性、完整性和有效性负责。

3）应在工程竣工验收前，将工程的施工资料整理、汇总完成。

4）应负责编制两套施工资料，其中一套移交建设单位，一套自行保存。

3. 城建档案馆职责

（1）应负责接收、收集、保管和利用城建档案的日常管理工作。

（2）应负责对城建档案的编制、整理、归档工作进行监督、检查、指导，对国家和各省市重点、大型工程项目的工程档案编制、整理、归档工作，应指派专业人员进行指导。

（3）在工程竣工验收前，应对列入城建档案馆接收范围的工程档案进行预验收，并出具《建设工程竣工档案预验收意见》。

4. 工程资料编号管理

（1）分部（子分部）工程划分及代号规定：

1）分部（子分部）工程代号规定应参考《建筑工程施工质量验收统一标准》（GB 50300—2001）的分部（子分部）工程划分原则与国家质量验收推荐表格编码要求，并结合施工资料分类编号特点制定。

2）建筑工程共分为 9 个分部工程，分部（子分部）工程划分及代号见表 1-1。对于专业化程度高、施工工艺复杂、技术先进的子分部工程应分别单独组卷。需单独组卷的子分部名称及代号见表 1-1。

表 1-1　分部（子分部）工程划分及代号

序号	分部工程名称	分部工程代号	应单独组卷的子分部	应单独组卷的子分部代号
1	地基与基础	01	有支护土方	02
			地基（复合）	03
			桩基	04
			钢结构	09
2	主体结构	02	预应力	01
			钢结构	04
			木结构	05
			网架与索膜	06

序号	分部工程名称	分部工程代号	应单独组卷的子分部	应单独组卷的子分部代号
3	建筑装饰装修	03	幕墙	07
4	建筑屋面	04		
5	建筑给水排水及采暖	05	供热锅炉及辅助设备	10
6	建筑电气	06	变配电室（高压）	02
7	智能建筑	07	通信网络系统	01
			建筑设备监控系统	03
			火灾报警及消防联动系统	04
			安全防范系统	05
			综合布线系统	06
			环境	09
8	通风与空调	08		
9	电梯	09		

（2）施工资料编号的组成：

1）施工资料编号应填入右上角的编号栏。

2）通常情况下，资料编号应7位编号，由分部工程代号（2位）、资料的类别编号（2位）和顺序号（3位）组成，每部分之间用横线隔开。

编号形式如下：

××—××—×××　　　　共7位编号

①　　②　　③

① 为分部工程代号（共2位），应根据资料所属的分部工程，按表1-1规定的代号填写。

② 为资料的类别编号（共2位），应根据资料所属类别，按表1-2规定的类别编号填写。

③ 为顺序号（共3位），应根据相同表格、相同检查项目，按时间自然形成的先后顺序号填写。

举例如下：

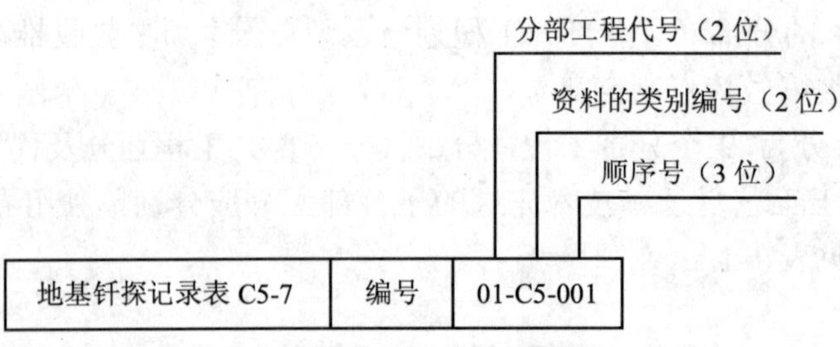

表1-2　工程资料分类表

类别编号	工程资料名称	表格编号（或资料来源）	归档保存单位			
			施工单位	监理单位	建设单位	城建档案馆
A类	**基建文件**					
A1	**决策立项文件**					
A1-1	项目建议书	建设单位			●	●
A1-2	项目建议书的批复文件	计划部门			●	●
A1-3	可行性研究报告	工程咨询单位			●	●
A1-4	可行性报告的批复文件	有关主管部门			●	●

类别编号	工程资料名称	表格编号（或资料来源）	归档保存单位			
			施工单位	监理单位	建设单位	城建档案馆
A1-5	关于立项的会议纪要、领导批示	组织单位			●	●
A1-6	专家对项目的有关建议文件	建设单位			●	●
A1-7	项目评估研究资料	建设单位			●	●
A2	**建设用地、征地、拆迁文件**					
A2-1	征占用地的批准文件和对使用国有土地的批准意见、拆迁协议、合同、安置方案等	政府有关部门			●	●
A2-2	规划意见书及附图	规划管理部门			●	●
A2-3	建设用地规划许可证、许可证附件及附图	规划管理部门		●	●	●
A2-4	国有土地使用证	国有土地管理部门			●	●
A2-5	国有土地使用权出让交易文件	交易双方			●	●
A3	**勘察、测绘、设计文件**					
A3-1	工程地质勘察报告	勘察单位	●	●	●	●
A3-2	水文地质勘察报告	勘察单位	●	●	●	●
A3-3	建筑用地规划红线图	规划管理部门	●	●	●	●
A3-4	验线合格文件	规划管理部门	●	●	●	●
A3-5	审定设计方案通知书及附图	规划管理部门			●	●
A3-6	审定设计方案通知书要求的，征求有关人防、环保、消防、交通、园林、市政、文物、通讯、保密、河湖、教育等部门的审查意见和要求取得的有关协议	有关部门			●	●
A3-7	初步设计图及说明	设计单位			●	
A3-8	施工图设计及说明	设计单位		●	●	
A3-9	设计计算书	设计单位			●	
A3-10	消防设计审核意见	消防管理部门		●	●	●
A3-11	施工图审查通知书	审查机构		●	●	●
A4	**工程招标投标及承包合同文件**					
A4-1	勘察招标投标文件	建设、勘察单位			●	
A4-2	设计招标投标文件	建设、设计单位			●	
A4-3	施工招标投标文件	建设、施工单位	●	●	●	
A4-4	监理招标投标文件	建设、监理单位		●	●	
A4-5	勘察合同	建设、勘察单位		●	●	●
A4-6	设计合同	建设、设计单位		●	●	
A4-7	施工合同	建设、施工单位	●	●	●	●
A4-8	监理合同	建设、监理单位		●	●	●
A5	**工程开工文件**					
A5-1	年度施工任务批准文件	建设主管部门			●	●
A5-2	修改工程施工图通知书	规划管理部门			●	●
A5-3	建设工程规划许可证、附件及附图	规划管理部门	●	●	●	●
A5-4	建设工程施工许可证	规划管理部门	●	●	●	●

类别编号	工程资料名称	表格编号（或资料来源）	归档保存单位			
			施工单位	监理单位	建设单位	城建档案馆
A5-5	工程质量监督手续	质量监督机构	●	●	●	●
A6	**商务文件**					
A6-1	工程投资估算文件	工程造价咨询单位			●	
A6-2	工程设计概算	工程造价咨询单位			●	
A6-3	施工图预算	工程造价咨询单位	●	●	●	
A6-4	施工预算	施工单位	●	●	●	
A6-5	工程结（决）算	合同双方	●	●	●	●
A6-6	交付使用固定资产清单	建设单位			●	●
A6-7	建设工程概况				●	●
A7	**工程竣工验收及备案文件**					
A7-1	建设工程竣工验收备案表	建设单位	●	●	●	●
A7-2	工程竣工验收报告	建设单位	●	●	●	●
A7-3	由规划、公安、消防、人防、环保等部门出具的认可文件或准许使用文件	主管部门	●	●	●	●
A7-4	《房屋建筑工程质量保修书》	建设与施工单位	●	●	●	
A7-5	《住宅质量保证书》《住宅使用说明书》	建设单位			●	
A7-6	建设工程规划验收合格证	规划管理部门	●	●	●	●
A7-7	建设工程竣工档案预验收意见	城建档案馆		●	●	
A8	**其他文件**					
A8-1	合同约定由建设单位采购的材料、构配件和设备的质量证明文件及进场报验文件	建设单位	●	●	●	
A8-2	工程竣工总结	建设单位			●	●
A8-3	工程未开工前的原貌、竣工新貌照片	建设单位			●	●
A8-4	工程开工、施工、竣工的录音录像资料	建设单位			●	●
B类	**监理资料**					
B1	**监理管理资料**					
	监理规划、监理实施细则	监理单位		●	●	●
	监理月报	监理单位		●	●	
	监理会议纪要	监理单位	●	●	●	
	监理工作日志	监理单位		●		
	监理工作总结（专题、阶段和竣工总结）	监理单位		●	●	●
B2	**监理工作记录**					
	施工组织设计（方案）报审表		●	●	●	
	施工测量放线报验申请表		●	●	●	
	施工进度计划报验申请表		●	●	●	
	工程材料/构配件/设备报审表		●	●	●	
	工程开工报审表		●	●	●	
	分包单位资格报审表		●	●	●	
	分项/分部工程报验申请表		●	●		
	工程复工报审表		●	●	●	
	费用索赔申请表		●	●	●	

类别编号	工程资料名称	表格编号（或资料来源）	归档保存单位			
			施工单位	监理单位	建设单位	城建档案馆
	工程款支付申请表		●	●		
	工程临时延期申请表		●	●	●	
	监理工程师通知回复单		●	●		
	监理工程师通知单		●	●		
	不合格项处置记录		●	●	●	
	工程暂停令		●	●	●	
B2	工程临时延期审批表		●	●	●	
	工程最终延期审批表		●	●	●	
	费用索赔审批表		●	●	●	
	工程款支付证书		●	●	●	
	旁站监理记录		●	●	●	●
	质量事故报告及处理资料	责任单位	●	●	●	
	见证取样备案文件	监理单位	●	●	●	
	竣工验收资料					
B3	工程竣工报验单		●	●	●	
	竣工移交证书		●	●	●	●
	工程质量评估报告	监理单位	●	●	●	●
	其他资料					
B4	监理工作联系单		●	●	●	
	工程变更单			●	●	
C类	**施工资料**					
	工程管理与验收资料					
	工程概况表		●			●
	建设工程质量事故调（勘）查笔录		●	●	●	●
	建设工程质量事故报告书		●	●	●	●
	单位（子单位）工程质量竣工验收记录		●	●	●	●
C1	单位（子单位）工程质量控制资料核查记录		●	●	●	
	单位（子单位）工程安全和功能检查资料核查及主要功能抽查记录		●	●	●	
	单位（子单位）工程观感质量检查记录		●		●	
	室内环境检测报告	检测单位提供	●		●	
	施工总结	施工单位编制	●		●	●
	工程竣工报告	施工单位编制	●	●	●	●
	施工管理资料					
	施工现场质量管理检查记录		●	●		
C2	企业资质证书及相关专业人员岗位证书	施工单位提供	●			
	见证记录	监理单位提供	●	●		
	施工日志		●			
	施工技术资料					
C3	施工组织设计及施工方案	施工单位编制	●			
	技术交底记录		●			

类别编号	工程资料名称	表格编号（或资料来源）	归档保存单位			
			施工单位	监理单位	建设单位	城建档案馆
C3	图纸会审记录		●	●	●	●
	设计变更通知单		●	●	●	●
	工程洽商记录		●	●	●	●
	施工测量记录					
	工程定位测量记录		●	●	●	●
	基槽验线记录		●		●	●
	楼层平面放线记录		●			
	楼层平面放线记录		●			
	建筑物垂直度、标高测量记录		●		●	
	沉降观测记录	测量单位提供	●	●	●	●
C4	**施工物资资料**					
	通用表格					
	材料、构配件进场检验记录		●			
	材料试验报告（通用）		●		●	
	设备开箱检验记录（机电通用）		●			
	设备及管道附件试验记录（机电通用）		●		●	
	建筑与结构工程					
	出厂质量证明文件					
	各种物资出厂合格证、质量保证书和商检证等	供应单位提供	●		●	
	半成品钢筋出厂合格证		●		●	
	预制混凝土构件出厂合格证		●		●	
	钢构件出厂合格证		●		●	
	预拌混凝土出厂合格证		●		●	●
	检测报告					
	钢材性能检测报告	供应单位提供	●		●	●
	水泥性能检测报告	供应单位提供	●		●	
	外加剂性能检测报告	供应单位提供	●		●	
	防水材料性能检测报告	供应单位提供	●		●	
	砖（砌块）性能检测报告	供应单位提供	●		●	
	门、窗性能检测报告（建筑外窗应有三性检测报告）	供应单位提供	●		●	
	吊顶饰面材料性能检测报告	供应单位提供	●		●	
	饰面板材性能检测报告	供应单位提供	●		●	
	饰面石材性能检测报告	供应单位提供	●		●	
	饰面砖性能检测报告	供应单位提供	●		●	
	涂料性能检测报告	供应单位提供	●		●	
	玻璃性能检测报告（安全玻璃应有安全检测报告）	供应单位提供	●		●	
	壁纸、墙布防火、阻燃性能检测报告	供应单位提供	●		●	
	装修用胶黏剂性能检测报告	检测单位提供	●		●	

类别编号	工程资料名称	表格编号（或资料来源）	归档保存单位			
			施工单位	监理单位	建设单位	城建档案馆
C4	防火涂料性能检测报告	检测单位提供	●		●	
	隔声/隔热/阻燃/防潮材料特殊性能检测报告	检测单位提供	●		●	
	钢结构用焊接材料检测报告	检测单位提供	●		●	
	高强度大六角头螺栓连接副扭矩系数检测报告	检测单位提供	●		●	
	扭剪型高强螺栓连接副预拉力检测报告	检测单位提供	●		●	
	木结构材料检测报告（含水率、木构件、钢件）	检测单位提供	●		●	
	幕墙性能检测报告（三性试验）	检测单位提供	●		●	●
	幕墙用硅酮结构胶检测报告	检测单位提供	●		●	●
	幕墙用玻璃性能检测报告	检测单位提供	●		●	
	幕墙用石材性能检测报告	检测单位提供	●		●	●
	幕墙用金属板性能检测报告	检测单位提供	●		●	
	材料污染物含量检测报告（执行 GB 50325—2001）	检测单位提供	●		●	
	复试报告					
	钢材试验报告		●		●	●
	水泥试验报告		●		●	●
	砂试验报告		●		●	●
	碎（卵）石试验报告		●		●	●
	外加剂试验报告		●		●	●
	掺和料试验报告		●		●	
	防水涂料试验报告		●		●	
	防水卷材试验报告		●		●	
	砖（砌块）试验报告		●		●	●
	轻骨料试验报告		●		●	
	预应力筋复试报告	检测单位提供	●		●	●
	预应力锚具、夹具和连接器复试报告	检测单位提供	●		●	
	装饰装修用门窗复试报告	检测单位提供	●		●	
	装饰装修用人造木板复试报告	检测单位提供	●		●	
	装饰装修用花岗石复试报告	检测单位提供	●		●	
	装饰装修用安全玻璃复试报告	检测单位提供	●		●	
	装饰装修用外墙面砖复试报告	检测单位提供	●		●	
	钢结构金相试验报告	检测单位提供	●		●	●
	钢结构用钢材复试报告	检测单位提供	●		●	●
	钢结构用焊接材料复试报告	检测单位提供	●		●	
	钢结构用高强度大六角头螺栓连接副复试报告	检测单位提供	●		●	
	钢结构用扭剪型高强螺栓连接副复试报告	检测单位提供	●		●	
	木结构材料复试报告	检测单位提供	●		●	
	幕墙用铝塑板复试报告	检测单位提供	●		●	●

类别编号	工程资料名称	表格编号（或资料来源）	归档保存单位			
			施工单位	监理单位	建设单位	城建档案馆
	幕墙用石材复试报告	检测单位提供	●		●	●
	幕墙用安全玻璃复试报告	检测单位提供	●		●	
	幕墙用结构胶复试报告	检测单位提供	●		●	●
	建筑给水、排水及采暖工程					
	管材的产品质量证明文件	供应单位提供	●		●	
	主要材料、设备等的产品质量合格证及检测报告	供应单位提供	●		●	
	绝热材料的产品质量合格证、检测报告	供应单位提供	●		●	
	给水管道材料卫生检测报告	供应单位提供	●		●	
	成品补偿器预拉伸证明书	供应单位提供	●		●	
	卫生洁具环保检测报告	供应单位提供	●		●	
	锅炉（承压设备）焊缝无损探伤检测报告	供应单位提供	●		●	
	水表、热量表的计量检定证书	供应单位提供	●		●	
	安全阀、减压阀的调试报告及定压合格证书	分别由试验单位及供应单位提供	●		●	
	主要器具和设备安装使用说明书	供应单位提供	●		●	
	建筑电气工程	供应单位提供	●		●	
	低压成套配电柜、动力、照明配电箱（盘柜）出厂合格证、生产许可证、试验记录、CCC 认证及证书复印件	供应单位提供	●		●	
C4	电力变压器、柴油发电机组、高压成套配电柜、蓄电池柜、不间断电源柜、控制柜（屏、台）出厂合格证、生产许可证和试验记录	供应单位提供	●		●	
	电动机、电加热器、电动执行机构和低压开关设备合格证、生产许可证、CCC 认证及证书复印件	供应单位提供	●		●	
	照明灯具、开关、插座、风扇及附件出厂合格证、CCC 认证及证书复印件	供应单位提供	●		●	
	电线、电缆出厂合格证、生产许可证、CCC 认证及证书复印件	供应单位提供	●		●	
	导管、电缆桥架和线槽出厂合格证	供应单位提供	●		●	
	型钢和电焊条合格证和材质证明书	供应单位提供	●		●	
	镀锌制品（支架、横担、接地极、避雷用型钢等）和外线金具合格证和镀锌质量证明书	供应单位提供	●		●	
	封闭母线、插接母线合格证、安装技术文件、CCC 认证及证书复印件	供应单位提供	●		●	
	裸母线、裸导线、电缆头部件及接线端子、钢制灯柱、混凝土电杆和其他混凝土制品合格证	供应单位提供	●		●	
	主要设备安装技术文件	供应单位提供	●		●	
	智能建筑系统工程（执行现行标准、规范）	专业施工单位提供	●		●	

类别编号	工程资料名称	表格编号（或资料来源）	归档保存单位			
			施工单位	监理单位	建设单位	城建档案馆
C4	**通风与空调工程**					
	制冷机组等主要设备和部件的产品合格证、质量证明文件	供应单位提供	●		●	
	阀门、疏水器、水箱、分集水器、减震器、储冷罐、集气罐、仪表、绝热材料等出厂合格证、质量证明及检测报告	供应单位提供	●		●	
	板材、管材等质量证明文件	供应单位提供	●		●	
	主要设备安装使用说明书	供应单位提供	●		●	
	电梯工程	供应单位提供	●		●	
	电梯设备开箱检验记录		●		●	
	电梯主要设备、材料及附件出厂合格证、产品说明书、安装技术文件	供应单位提供	●		●	
C5	**施工记录**					
	通用表格					
	隐蔽工程检查记录		●		●	●
	预检记录		●			
	施工检查记录（通用）		●			
	交接检查记录		●	●		
	建筑与结构工程					
	基坑支护变形监测记录	专业施工单位提供	●			
	桩（地）基施工记录	专业施工单位提供	●		●	●
	地基验槽检查记录		●		●	●
	地基处理记录		●		●	●
	地基钎探记录（应附图）		●		●	●
	混凝土浇灌申请书		●	●		
	预拌混凝土运输单		●			
	混凝土开盘鉴定		●			
	混凝土拆模申请单		●			
	混凝土搅拌测温记录表		●			
	混凝土养护测温记录表（应附图）		●			
	大体积混凝土养护测温记录（应附图）		●			
	构件吊装记录		●			
	焊接材料烘焙记录		●			
	地下工程防水效果检查记录		●		●	
	通风（烟）道、垃圾道检查记录		●			
	预应力筋张拉记录（一）		●		●	●
	预应力筋张拉记录（二）		●		●	●
	钢结构施工记录	专业施工单位提供	●		●	
	网架（索膜）施工记录	专业施工单位提供	●		●	

类别编号	工程资料名称	表格编号（或资料来源）	归档保存单位			
			施工单位	监理单位	建设单位	城建档案馆
C5	木结构施工记录	专业施工单位提供	●		●	
	幕墙注胶检查记录	专业施工单位提供	●		●	
	电梯工程					
	电梯承重梁、起重吊环埋设隐蔽工程检查记录		●		●	●
	电梯钢丝绳头灌注隐蔽工程检查记录		●		●	●
	电梯导轨、层门的支架、螺栓埋设隐蔽工程检查记录		●		●	●
	电梯电气装置安装检查记录（一）、（二）、（三）		●		●	
	电梯机房、井道预检记录		●		●	
	自动扶梯、自动人行道安装与土建交接预检记录		●		●	
	自动扶梯、自动人行道的相邻区域检查记录		●		●	
	自动扶梯、自动人行道电气装置检查记录（一）、（二）		●		●	
	自动扶梯、自动人行道整机安装质量检查记录		●		●	
C6	**施工试验记录**					
	通用表格					
	施工试验记录（通用）		●		●	
	设备单机试运转记录（机电通用）		●		●	●
	系统试运转调试记录（机电通）		●		●	●
	建筑与结构工程					
	锚杆、土钉锁定力（抗拔力）试验报告	检测单位提供	●		●	
	地基承载力检验报告	检测单位提供	●		●	●
	桩检测报告	检测单位提供	●		●	●
	土工击实试验报告		●		●	●
	回填土试验报告（应附图）		●		●	●
	钢筋机械连接形式检验报告	技术提供单位提交	●		●	
	钢筋连接工艺检验（评定）报告	检测单位提供	●		●	
	钢筋连接试验报告		●		●	●
	砂浆配合比申请单、通知单		●			
	砂浆抗压强度试验报告		●		●	
	砌筑砂浆试块强度统计、评定记录		●		●	●
	混凝土配备比申请单、通知单		●			
	混凝土抗压强度试验报告		●		●	
	混凝土试块强度统计、评定记录		●		●	●
	混凝土抗渗试验报告		●		●	●
	混凝土碱总量计算书	混凝土供应单位提供	●		●	●

类别编号	工程资料名称	表格编号（或资料来源）	归档保存单位			
			施工单位	监理单位	建设单位	城建档案馆
C6	饰面砖粘结强度试验报告		●		●	
	后置埋件拉拔试验报告	检测单位提供	●		●	
	超声波探伤报告		●		●	●
	超声波探伤记录		●		●	●
	钢构件射线探伤报告		●		●	●
	磁粉探伤报告	检测单位提供	●		●	●
	高强螺栓抗滑移系数检测报告	检测单位提供	●		●	
	钢结构焊接工艺评定	检测单位提供	●		●	
	网架节点承载力试验报告	检测单位提供	●		●	
	钢结构涂料厚度检测报告	检测单位提供	●		●	
	木结构胶缝试验报告	检测单位提供	●		●	
	木结构构件力学性能试验报告	检测单位提供	●		●	
	木结构防护剂试验报告	检测单位提供	●		●	
	幕墙双组分硅酮结构胶混匀性及拉断试验报告	检测单位提供	●		●	
	给水排水及采暖工程					
	灌（满）水试验记录		●			
	强度严密性试验记录		●		●	●
	通水试验记录		●			
	吹（冲）洗（脱脂）试验记录		●			
	通球试验记录		●		●	
	补偿器安装记录		●			
	消防栓试射记录		●		●	●
	安全附件安装检查记录		●		●	●
	锅炉封闭及烘炉（烘干）记录		●		●	●
	锅炉煮炉试验记录		●		●	●
	锅炉试运行记录		●		●	●
	安全阀调试记录	试验单位提供	●		●	●
	建筑电气工程					
	电气接地电阻测试记录		●		●	●
	电气防雷接地装置隐检与平面示意图		●		●	●
	电气绝缘电阻测试记录		●		●	
	电气器具通电安全检查记录		●		●	
	电气设备空载试运行记录		●		●	
	建筑物照明通电试运行记录		●		●	
	大型照明灯具承载试验记录		●		●	
	高压部分试验记录	检定单位提供	●		●	●
	漏电开关模拟试验记录		●		●	
	电能表检定记录	检定单位提供	●		●	
	大容量电气线路结点测温记录		●		●	
	避雷带支架拉力测试记录		●		●	

类别编号	工程资料名称	表格编号（或资料来源）	归档保存单位			
			施工单位	监理单位	建设单位	城建档案馆
C6	智能建筑工程（执行现行标准、规范）	专业施工单位提供	●		●	
	通风与空调工程					
	风管漏光检测记录		●			
	风管漏风检测记录		●			
	现场组装除尘器、空调机漏风检测记录		●			
	各房间室内风量温度测量记录		●			
	管网风量平衡记录		●			
	空调系统试运转调试记录		●		●	●
	空调水系统试运转调试记录		●		●	●
	制冷系统气密性试验记录		●		●	●
	净化空调系统测试记录		●		●	●
	防排烟系统联合试运行记录		●		●	●
	电梯工程					
	轿厢平层准确度测量记录		●		●	
	电梯层门安全装置检验记录		●		●	●
	电梯电气安全装置检验记录		●		●	
	电梯整机功能检验记录		●		●	●
	电梯主要功能检验记录		●		●	
	电梯负荷运行试验记录		●		●	●
	电梯负荷运行试验曲线图		●		●	
	电梯噪声测试记录		●		●	
	自动扶梯、自动人行道安全装置检验记录（一）、（二）		●		●	
	自动扶梯、自动人行道整机性能、运行试验记录		●		●	●
C7	**施工质量验收记录**					
	结构实体同条件混凝土强度试验报告		●	●	●	
	钢筋保护层厚度试验记录		●	●	●	
	检验批质量验收记录	执行 GB 50300—2001 和专业施工质量验收规范	●	●		
	分项工程质量验收记录表		●	●		
	分部（子分部）工程质量验收记录表		●	●	●	●
D	**竣工图**	编制单位提供	●		●	●

注：本表的归档保存单位是指竣工后有关单位对工程资料的归档保存，施工过程中工程资料的留存应按有关程序和约定执行。

3）应单独组卷的子分部工程见表 1-1，资料编号应为 9 位编号，由分部工程代号（2 位）、子分部工程代号（2 位）、资料的类别编号（2 位）和顺序号（3 位）组成，每部分之间用横线隔开。

编号形式如下：

××—××—××—×××

① ② ③ ④

共 9 位编号

① 为分部工程代号（2 位），应根据资料所属的分部工程，按表 1-1 规定的代号填写。

② 为子分部工程代号（2 位），应根据资料所属的子分部工程，按表 1-1 规定的代号填写。

③ 为资料的类别编号（2 位），应根据资料所属类别，按表 1-2 规定的类别编号填写。

④ 为顺序号（共 3 位），应根据相同表格、相同检查项目，按时间自然形成的先后顺序号填写。

举例如下：

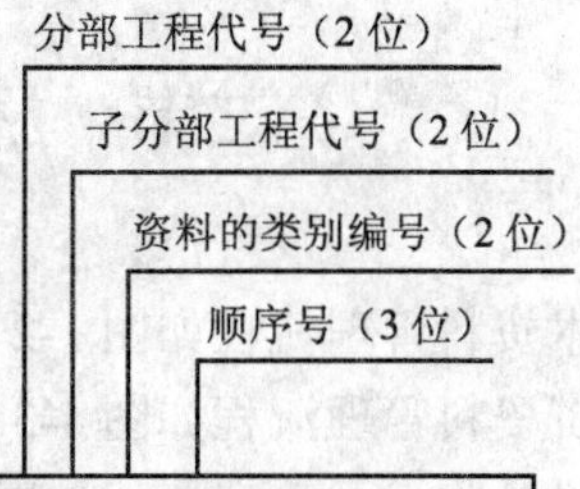

超声波探伤报告表 C6-15	编号	02-04-C6-001

（3）顺序号填写原则：

1）对于施工专用表格，顺序号应按时间先后顺序，用阿拉伯数字从 0011 开始连续标注。

2）对于同一施工表格（如隐蔽工程检查记录、预检记录等）涉及多个（子）分部工程时，顺序号应根据（子）分部工程的不同，按（子）分部工程的各检查项目分别从 001 开始连续标注。举例如下：

表 C5-1　隐蔽工程检查记录

编号：03—C5—001

工程名称			
隐检项目	门窗安装（预埋件、锚固件或螺栓）	隐检日期	

表 C5-1　隐蔽工程检查记录

编号：03—C5—002

工程名称			
隐检项目	门窗安装（预埋件、锚固件或螺栓）	隐检日期	

表 C5-1　隐蔽工程检查记录

编号：03—C5—003

工程名称			
隐检项目	轻质隔墙安装（预埋件、连接件或拉结筋）	隐检日期	

（4）无统一表格或外部提供的施工资料：无统一表格或外部提供的施工资料，应根据表 1-2，在资料的右上角注明编号，填写要求按照上述三项的规定。

（5）监理资料编号：

1）监理资料编号应填入右上角的编号栏。

2）对于相同的表格或相同的文件材料，应分别按时间自然形成的先后顺序从 001 开始，连续标注。

3）监理资料中的施工测量放线报验申请表、工程材料/构配件/设备报审表应根据报验项目编号。对于相同的报验项目，应分别按时间自然形成的先后顺序从 001 开始，连续标注。

第二节　施工资料管理流程

（1）施工技术资料管理流程如图 1-2 所示。
（2）施工物资资料管理流程如图 1-3 所示。
（3）施工质量验收记录管理流程如图 1-4 所示。
（4）分项工程质量验收流程如图 1-5 所示。
（5）子分部工程质量验收流程如图 1-6 所示。
（6）分部工程质量验收流程如图 1-7 所示。
（7）工程验收资料管理流程如图 1-8 所示。

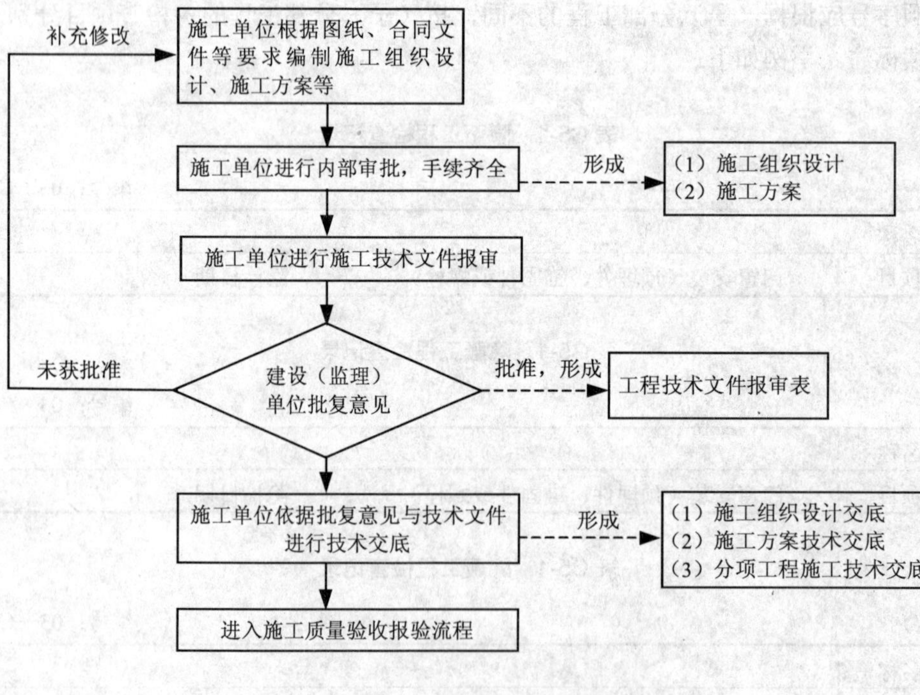

图 1-2　施工技术资料管理流程

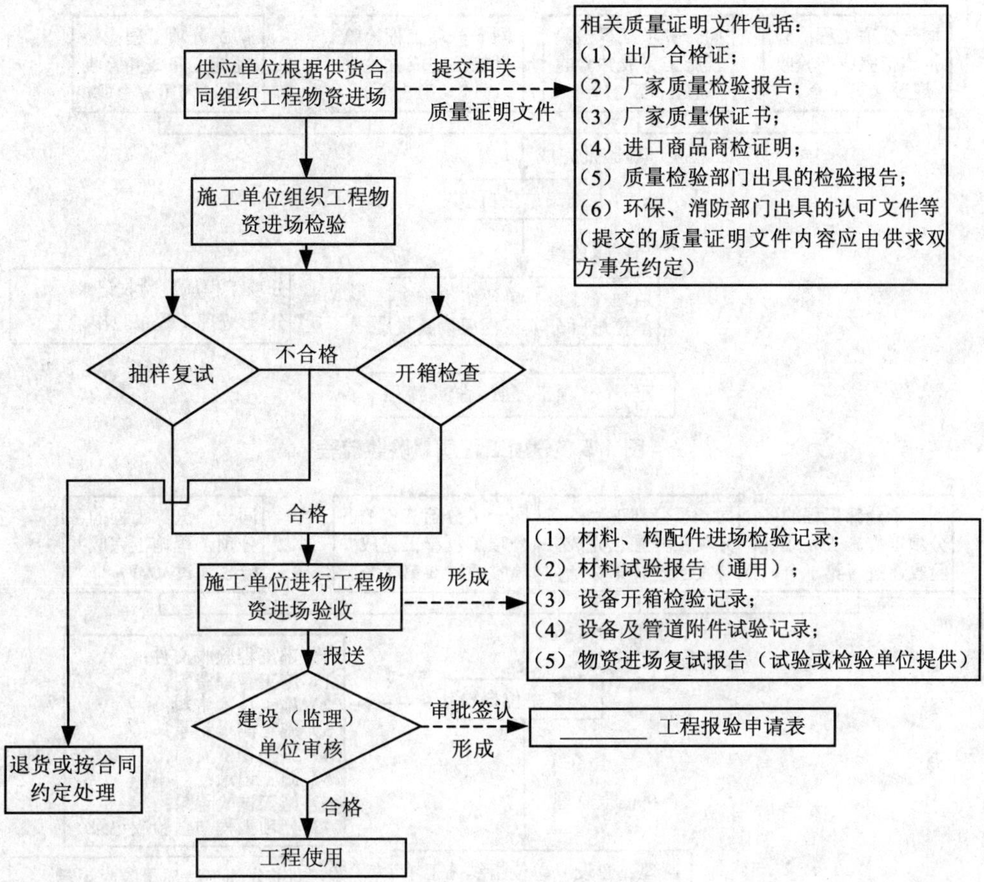

图 1-3 施工物资资料管理流程

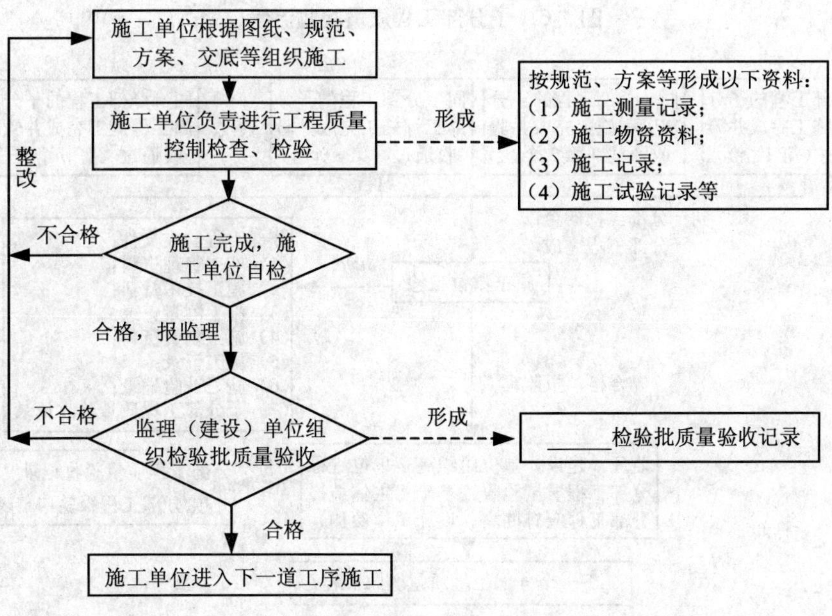

图 1-4 施工质量验收记录管理流程

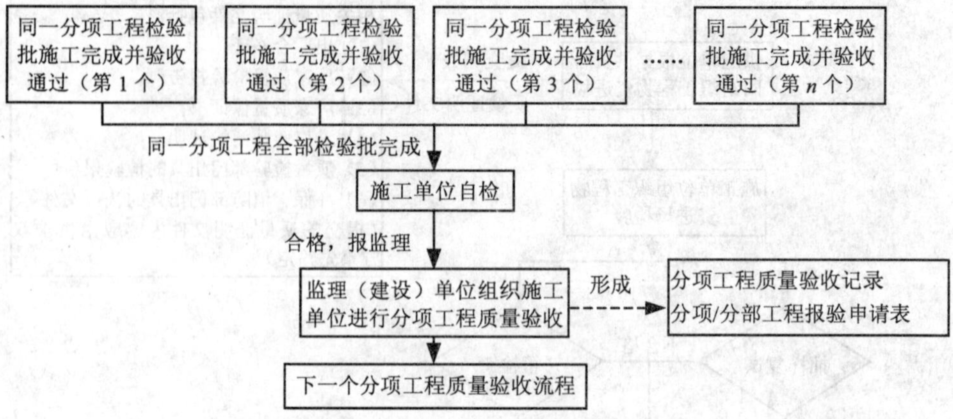

图1-5 分项工程质量验收流程

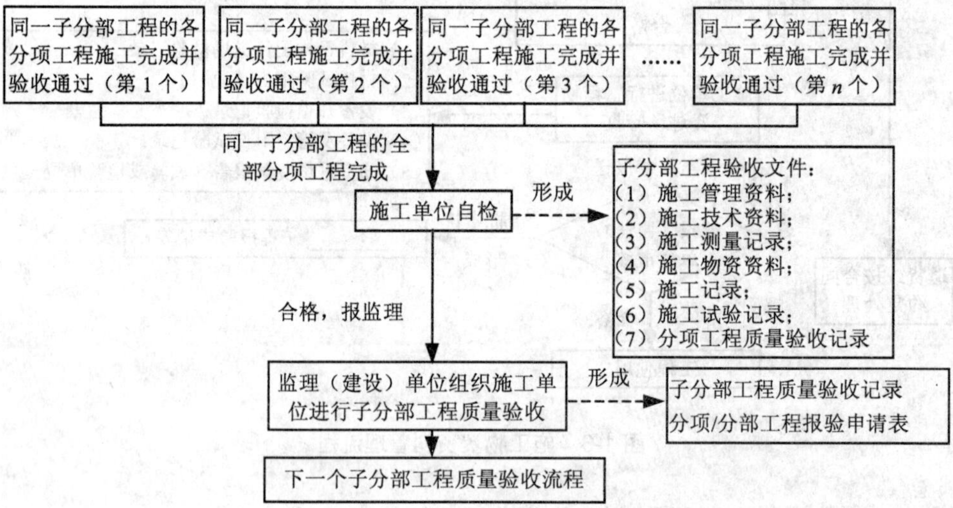

图1-6 子分部工程质量验收流程

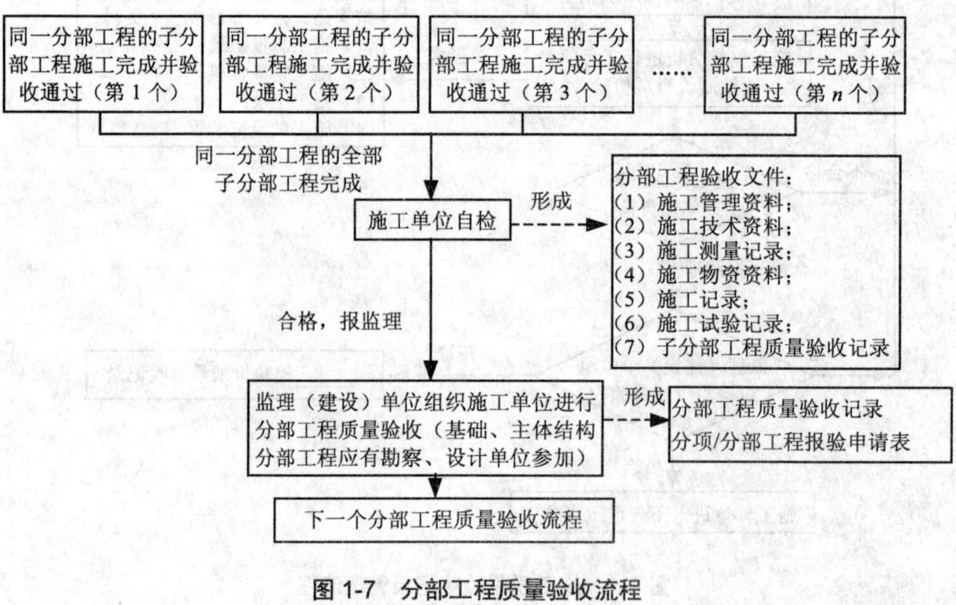

图1-7 分部工程质量验收流程

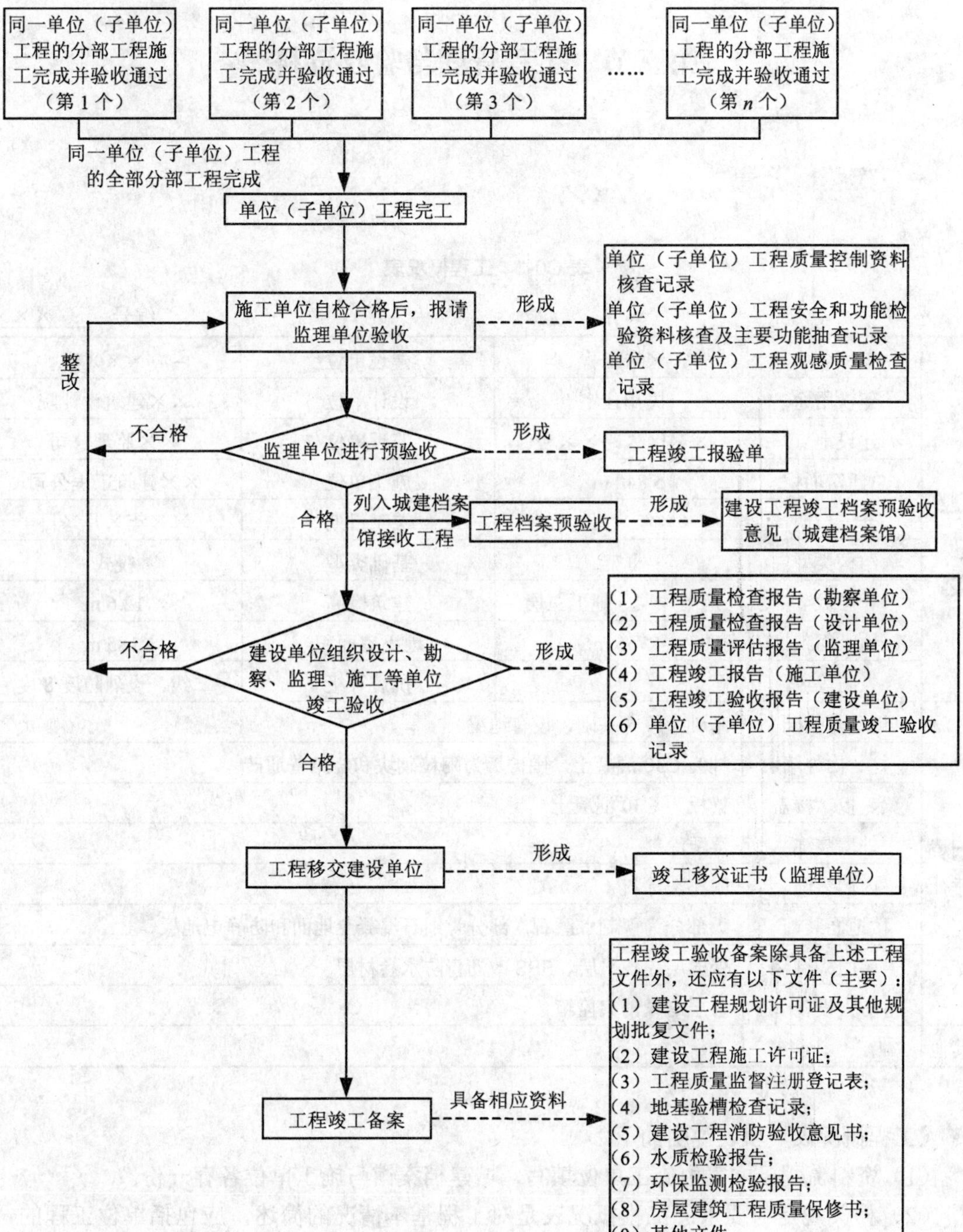

图1-8 工程验收资料管理流程

第三节 工程管理与验收资料

一、工程概况表

表 C0-1 工程概况表

编号：×××

一般情况	工程名称	××工程	建设单位	×××
	建设用途	民用住宅	设计单位	××建筑设计院
	建设地点	××区×路××号	监理单位	××监理公司
	总建筑面积	5 840 m^2	施工单位	××建筑工程公司
	开工日期	××年×月×日	竣工日期	××年×月×日
	结构类型	框架	基础类型	筏式
	层数	地下一层、地上三层	建筑檐高	12.6 m
	地上面积	4 755 m^2	地下室面积	1 185 m^2
	人防等级		抗震等级	二级，设烈防度 8 度
构造特征	地基与基础	基础为筏式基础，设有地梁		
	柱、内外墙	柱为 C30 混凝土，围护墙为陶粒砌块和烧结普通砖		
	梁、板、楼盖	梁板为 C30 混凝土		
	外墙装饰	浮雕涂料		
	内墙装饰	耐擦洗涂料		
	楼地面装饰	大部分为现制水磨石，部分为细石混凝土地面和防静电地板		
	屋面构造	保温层、找平层、SBS 改沥青防水卷材层		
	防火设备	各层均设消火栓箱		
其他				

《工程概况表》填表说明如下。

（1）资料流程：本表由施工单位填写，城建档案馆与施工单位各存一份。

（2）相关规定与要求：工程概况表是对工程基本情况的简述，应包括单位工程的一般情况、构造特征等。

（3）注意事项：

1）“一般情况”栏内，工程名称应填写全称，与建设工程规划许可证、施工许可证及施工图纸中的工程名称一致；

2）“构造特征”栏内，应结合工程设计要求，做到重点突出；

3）“其他”栏内可填写工程的独特特征，或采用的新技术、新产品、新工艺等。

二、建设工程质量事故调（勘）查记录

表 C0-2　建设工程质量事故调（勘）查记录

编号：　×××

工程名称	××工程	日期	××年×月×日	
调（勘）查时间	××年×月×日×时××分至×时××分			
调（勘）查地点	××区××（工程项目所在地）			
参加人员	单位	姓名	职务	电话
被调查人	××建筑工程公司		项目经理	
陪同调（勘）查人员			施工员	
			质检员	
调（勘）查记录	××年×月×日在 6 层柱混凝土施工时，由于振捣工没有按照混凝土振捣操作规程操作，致使 6 层①～Ⓐ轴交接处一根柱混凝土发生漏筋、孔洞等质量缺陷			
现场物证照片	☑有　□无　共 5 张　共 4 页			
事故证据资料	☑有　□无　共 8 张　共 5 页			
被调查人签字		调（勘）查人		

《建设工程质量事故调（勘）查记录》填表说明如下。

（1）资料流程：本表由调查人填写，各有关单位保存。

（2）相关规定与要求：建设工程质量事故调（勘）查记录是当工程发生质量事故后，调查人员对工程质量事故进行初步调查了解和现场勘察所形成的记录。

（3）注意事项：

1）填写时应注明工程名称、调查时间、地点、参加人员及所属单位、联系方式等；

2）“调（勘）查记录”栏应填写工程质量事故发生时间、具体部位、原因等，并初步估计造成的损失；

3）应采用影像的形式真实记录现场情况，作为分析事故的依据；

4）本表应本着实事求是的原则填写，严禁弄虚作假。

三、建设工程质量事故报告书

表 C0-3　建设工程质量事故报告书

编号：　×××

工程名称	××工程	建设地点	××区××路××号
建设单位	××大学	设计单位	××建筑设计院
施工单位	××建筑工程公司	建筑面积/m²	6 321.00
		工作量/元	631.00 万
结构类型	框架	事故发生时间	××年×月×日
上报时间	××年×月×日	经济损失/元	2 000.00

事故经过、后果与原因分析： ××年×月×日在 6 层柱混凝土施工时，由于振捣工没有按照混凝土振捣操作规程操作，致使 6 层①～Ⓐ轴交接处一根柱混凝土发生漏筋、孔洞等质量缺陷					
事故发生后采取的措施： 经研究决定对该柱采取返工处理，重新进行混凝土浇筑					
事故责任单位、责任人及处理意见： 事故责任单位：混凝土施工班组 责任人：振捣工 处理意见： （1）对直接责任人进行质量意识教育，切实加强混凝土操作规程培训学习及贯彻执行，持证上岗，并处以适当经济处罚； （2）对所在班组进行批评，切实加强过程控制					
负责人	×××	报告人	×××	日期	××年×月×日

《建设工程质量事故报告书》填表说明如下：

（1）资料流程：本表由调查人填写，各有关单位保存。

（2）相关规定与要求：凡工程发生重大质量事故，应按表 C0-2 及表 C0-3 的要求进行记载。其中发生事故时间应记载年、月、日、时、分；估计造成损失，指因质量事故导致的返工、加固等费用，包括人工费、材料费和一定数额的管理费；事故情况，包括倒塌情况（整体倒塌或局部倒塌的部位）、损失情况（伤亡人数、损失程度、倒塌面积等）；事故原因，包括设计原因（计算错误、构造不合理等）、施工原因（施工粗制滥造，材料、构配件或设备质量低劣等）、设计与施工的共同问题、不可抗力等；处理意见，包括现场处理情况、设计和施工的技术措施、主要责任者及处理结果。

（3）注意事项：本表应本着实事求是的原则填写，严禁弄虚作假。

四、单位（子单位）工程质量竣工验收记录

表 1-3 单位（子单位）工程质量竣工验收记录

工程名称	××工程	结构类型	框架	层数（建筑面积）	8 层（5600 m²）
施工单位	××建筑工程公司	技术负责人	×××	开工日期	××年×月×日
项目经理	×××	项目技术负责人	×××	竣工日期	××年×月×日

序号	项目	验收记录	验收结论
1	分部工程	共 9 分部，经查 9 分部核定符合标准及设计要求 9 分部	经各专业分部工程验收，工程质量符合检验标准
2	质量控制资料核查	共 46 项，经审查符合要求 46 项，经核定符合规范要求 46 项	质量控制资料经核查共 46 项符合有关规范要求
3	安全和主要使用功能核查及抽查结果	共核查 26 项，符合要求 26 项，共抽查 11 项，符合要求 11 项，经返工处理符合要求 0 项	安全和主要使用功能共核查 26 项符合要求，抽查其中 11 项使用功能均满足

4	观感质量验收	共抽查 23 项，符合要求 23 项，不符合要求 0 项		观感质量验收为好	
5	综合验收结论	经对本工程综合验收，各分部分项工程设计要求，施工质量满足有关施工质量验收规范和标准要求，单位工程竣工验收合格			
参加验收单位	建设单位 （公章）	监理单位 （公章）		施工单位 （公章）	设计单位 （公章）
	单位（项目）负责人： ××× ××年××月×日	总监理工程师： ××× ××年××月×日		单位负责人； ××× ××年××月×日	单位（项目）负责人： ××× ××年××月×日

《单位（子单位）工程质量竣工验收记录》填表说明如下：

（1）资料流程：本表由调查人填写，各有关单位保存。

（2）相关规定与要求如下：

1）单位工程完工，施工单位组织自检合格后，应报请监理单位进行工程预验收，通过后向建设单位提交工程竣工报告并填报《单位（子单位）工程质量竣工验收记录》。建设单位应组织设计单位、监理单位、施工单位等进行工程质量竣工验收并记录，验收记录上各单位必须签字并加盖公章。

2）凡列入报送城建档案馆的工程档案，应在单位工程验收前由城建档案馆对工程档案进行预验收，并出具《建设工程竣工档案预验收意见》。

3）单位工程质量竣工验收记录应由施工单位填写，验收结论由监理单位填写，综合验收结论应由参加验收各方共同商定，并由建设单位填写，主要对工程质量是否符合设计和规范要求及总体质量水平做出评价。

4）进行单位（子单位）工程质量竣工验收时，施工单位应同时填报《单位（子单位）工程质量控制资料核查记录》、《单位（子单位）工程安全和功能检查资料核查及主要功能抽查记录》、《单位（子单位）工程观感质量检查记录》，作为单位（子单位）工程质量竣工验收记录的附表。

（3）注意事项：本表应本着实事求是的原则填写，严禁弄虚作假。

五、单位（子单位）工程质量控制资料核查记录

表 1-4 单位（子单位）工程质量控制资料核查记录

工程名称		××工程	施工单位	××建筑工程公司	
序号	项目	资料名称	份数	核查意见	核查人
1	建筑与结构	图纸会审、设计变更、洽商记录	23	设计变更、洽商记录齐全	×××
2		工程定位测量、放线记录	41	定位测量准确、放线记录齐全	
3		原材料出厂合格证书及进场检（试）验报告	156	水泥、钢筋、防水材料等有出厂合格证及复试报告	
4		施工试验报告及见证检测报告	102	钢筋连接、混凝土抗压强度实验报告等符合要求，且按 30% 进行见证取样	

工程名称		××工程	施工单位	××建筑工程公司	
序号	项目	资料名称	份数	核查意见	核查人
5		隐蔽工程验收记录	112	隐蔽工程检查记录齐全	
6		施工记录	96	地基验槽、钎探、预检等安全	
7		预制构件、预拌混凝土合格证	53	预拌混凝土合格证齐全	
8		地基、基础、主体结构检验及抽样检测资料	10	基础、主体经监督部门检验，其抽样检测资料符合规范要求	
9		分项、分部工程质量验收记录	47	质量验收符合规范要求	
10		工程质量事故及事故调查处理资料	—	无工程质量事故	
11		新材料新工艺施工记录		大体积混凝土施工记录齐全	
12					
1	给排水与采暖	图纸会审、设计变更、洽商记录	7	洽商记录齐全、清楚	×××
2		材料、配件出厂合格证书及进场检（试）验报告	31	合格证齐全、有进场检验报告	
3		管道、设备强度试验、严密性试验记录	3	强度试验记录齐全、符合要求	
4		隐蔽工程验收记录	14	隐蔽工程检查记录齐全	
5		系统清洗、灌水、通水、通球试验记录	27	灌水、通水等试验记录齐全	
6		施工记录	14	各种预检记录齐全	
7		分项、分部工程质量验收记录	7	质量验收符合规范规定	
8					
1	建筑电气	图纸会审、设计变更、洽商记录		洽商记录齐全、清楚	×××
2		材料、配件出厂合格证书及进场检（试）验报告	5	材料、主要设备出厂合格证书齐全、有进场检验报告	
3		设备调试记录	1	设备调试记录齐全	
4		接地、绝缘电阻测试记录	9	接地、绝缘电阻测试记录齐全、符合要求	
5		隐蔽工程验收记录	9	隐蔽工程检查记录齐全	
6		施工记录	9	各种预检记录齐全	
7		分项、分部工程质量验收记录	9	质量验收符合规范规定	
8					
1	通风与空调	图纸会审、设计变更、洽商记录	4	洽商记录齐全、清楚	×××
2		材料、配件出厂合格证书及进场检（试）验报告	13	合格证齐全、有进场检验报告	
3		制冷、空调、水管道强度试验、严密性试验记录	31	制冷、空调、水管道记录齐全	
4		隐蔽工程验收记录	16	隐蔽工程检查记录齐全	
5		制冷设备运行调试记录	15	各种调试记录符合要求	
6		通风、空调系统调试记录	15	通风、空调系统调试记录正确	
7		施工记录	7	预检记录符合要求	
8		分项、分部工程质量验收记录	6	质量验收符合规范规定	
9					

<table>
<tr><td colspan="2">工程名称</td><td>××工程</td><td colspan="2">施工单位</td><td colspan="2">××建筑工程公司</td></tr>
<tr><td>序号</td><td>项目</td><td>资料名称</td><td colspan="2">份数</td><td>核查意见</td><td>核查人</td></tr>
<tr><td>1</td><td rowspan="8">电梯</td><td>图纸会审、设计变更、洽商记录</td><td colspan="2">—</td><td>安装中无设计变更</td><td rowspan="8">×××</td></tr>
<tr><td>2</td><td>材料、设备出厂合格证书及开箱检验记录</td><td colspan="2">12</td><td>设备合格证齐全，有开箱记录</td></tr>
<tr><td>3</td><td>隐蔽工程验收记录</td><td colspan="2">20</td><td>隐蔽工程检查记录齐全</td></tr>
<tr><td>4</td><td>施工记录</td><td colspan="2">14</td><td>各种施工记录齐全</td></tr>
<tr><td>5</td><td>接地、绝缘电阻测试记录</td><td colspan="2">3</td><td>电阻值符合要求，记录齐全</td></tr>
<tr><td>6</td><td>负荷试验、安全装置检查记录</td><td colspan="2">3</td><td>检查记录符合要求</td></tr>
<tr><td>7</td><td>分项、分部工程质量验收记录</td><td colspan="2">15</td><td>质量验收符合规范规定</td></tr>
<tr><td>8</td><td></td><td colspan="2"></td><td></td></tr>
<tr><td>1</td><td rowspan="8">建筑智能化</td><td>图纸会审、设计变更、洽商记录、竣工图及设计说明</td><td colspan="2">6</td><td>洽商记录、竣工图及设计说明齐全</td><td rowspan="8">×××</td></tr>
<tr><td>2</td><td>材料、设备出厂合格证及技术文件及进场检（试）验报告</td><td colspan="2">25</td><td>材料、设备出厂合格证及技术文件齐全，有进场检验报告</td></tr>
<tr><td>3</td><td>隐蔽工程验收记录</td><td colspan="2">19</td><td>隐蔽工程检查记录齐全</td></tr>
<tr><td>4</td><td>系统功能测定及设备调试记录</td><td colspan="2">13</td><td>系统功能调试记录齐全</td></tr>
<tr><td>5</td><td>系统技术、操作和维护手册</td><td colspan="2">2</td><td>有系统技术操作和维护手册</td></tr>
<tr><td>6</td><td>系统管理、操作人员培训记录</td><td colspan="2">6</td><td>有系统管理操作人员培训记录</td></tr>
<tr><td>7</td><td>系统测试报告</td><td colspan="2">8</td><td>系统检测报告齐全，符合要求</td></tr>
<tr><td>8</td><td>分项、分部工程质量验收记录</td><td colspan="2">8</td><td>质量验收符合规范规定</td></tr>
<tr><td colspan="7">结论：

通过工程质量控制资料核查，该工程资料齐全、有效，各种施工实验、系统调试记录等符合有关规范规定，同意竣工验收。

总监理工程师：×××
施工单位项目经理：×××　　　　（建设单位项目负责人）

××年×月×日　　　　××年×月×日</td></tr>
</table>

《单位（子单位）工程质量控制资料核查记录》填表说明如下：

（1）资料流程：本表由施工单位按照所列质量控制资料的种类、名称进行检查，并填写份数，然后提交给监理单位验收。

（2）相关规定与要求：

1）单位（子单位）工程质量控制资料是单位工程综合验收的一项重要内容，是单位工程包含的有关分项工程中检验批主控项目、一般项目要求内容的汇总表；

2）《建筑工程施工质量验收统一标准》（GB 50300—2001）中规定了建筑与结构 11 项，给水排水与采暖 7 项，建筑电气 7 项，通风与空调 8 项，电梯 7 项，建筑智能化 8 项。

（3）注意事项如下：

1）本表其他各栏内容均由监理单位进行核查，独立得出核查结论。合格后填写具体核查意见，如齐全，具体核查人在“核查人”栏签字。

2）总监理工程师在“结论”栏里填写综合性结论。

3）施工单位项目经理在“结论”栏里签字确认。

六、单位（子单位）工程安全和功能检验资料核查及主要功能抽查记录

表 1-5　单位（子单位）工程安全和功能检验资料核查及主要功能抽查记录

<table>
<tr><td colspan="2">工程名称</td><td>××工程</td><td colspan="2">施工单位</td><td colspan="2">××建筑工程公司</td></tr>
<tr><td>序号</td><td>项目</td><td>安全和功能检查项目</td><td>份数</td><td>核查意见</td><td>抽查结果</td><td>核查（抽查）人</td></tr>
<tr><td>1</td><td rowspan="10">建筑与结构</td><td>屋面淋水试验记录</td><td>3</td><td>试验记录齐全</td><td>合格</td><td rowspan="10">×××
×××</td></tr>
<tr><td>2</td><td>地下室防水效果检查记录</td><td>6</td><td>检查记录齐全</td><td></td></tr>
<tr><td>3</td><td>有防水要求的地面蓄水试验记录</td><td>19</td><td>厕浴间防水记录齐全</td><td>合格</td></tr>
<tr><td>4</td><td>建筑物垂直度、标高、全高测量记录</td><td>4</td><td>记录符合测量规范要求</td><td>合格</td></tr>
<tr><td>5</td><td>抽气（风）道检查记录</td><td>3</td><td>检查记录齐全</td><td></td></tr>
<tr><td>6</td><td>幕墙及外窗气密性、水密性、耐风压检测报告</td><td>1</td><td>“三性”试验报告符合要求</td><td></td></tr>
<tr><td>7</td><td>建筑物沉降观测测量记录</td><td>1</td><td>符合要求</td><td></td></tr>
<tr><td>8</td><td>节能、保温测试记录</td><td>4</td><td>保温测试记录符合要求</td><td></td></tr>
<tr><td>9</td><td>室内环境检测报告</td><td>5</td><td>有害物指标满足要求</td><td></td></tr>
<tr><td>10</td><td></td><td></td><td></td><td></td></tr>
<tr><td>1</td><td rowspan="6">给排水与采暖</td><td>给水管道通水试验记录</td><td>20</td><td>通水试验记录齐全</td><td>合格</td><td rowspan="6">×××
×××</td></tr>
<tr><td>2</td><td>暖气管道、散热器压力试验记录</td><td>32</td><td>压力试验记录齐全</td><td></td></tr>
<tr><td>3</td><td>卫生器具满水试验记录</td><td>27</td><td>满水试验记录齐全</td><td>合格</td></tr>
<tr><td>4</td><td>消防管道压力试验记录</td><td>33</td><td>压力试验符合要求</td><td></td></tr>
<tr><td>5</td><td>排水干管通球试验记录</td><td>19</td><td>试验记录齐全</td><td>合格</td></tr>
<tr><td>6</td><td></td><td></td><td></td><td></td></tr>
<tr><td>1</td><td rowspan="5">电气</td><td>照明全负荷试验记录</td><td>5</td><td>符合要求</td><td>合格</td><td rowspan="5">×××
×××</td></tr>
<tr><td>2</td><td>大型灯具牢固性试验记录</td><td>10</td><td>试验记录符合要求</td><td>合格</td></tr>
<tr><td>3</td><td>避雷接地电阻测试记录</td><td>3</td><td>记录齐全符合要求</td><td>合格</td></tr>
<tr><td>4</td><td>线路、插座、开关接地检验记录</td><td>30</td><td>检验记录齐全</td><td></td></tr>
<tr><td>5</td><td></td><td></td><td></td><td></td></tr>
<tr><td>1</td><td rowspan="5">通风空调</td><td>通风、空调系统试运行记录</td><td>2</td><td>符合要求</td><td></td><td rowspan="5"></td></tr>
<tr><td>2</td><td>风量、温度测试记录</td><td>9</td><td>有不同风量、温度记录</td><td>合格</td></tr>
<tr><td>3</td><td>洁净室内洁净度测试记录</td><td>5</td><td>测试记录符合要求</td><td></td></tr>
<tr><td>4</td><td>制冷机组试运行调试记录</td><td>6</td><td>机组运行调试正常</td><td></td></tr>
<tr><td>5</td><td></td><td></td><td></td><td></td></tr>
<tr><td>1</td><td rowspan="3">电梯</td><td>电梯运行记录</td><td>2</td><td>运行记录符合要求</td><td>合格</td><td rowspan="3">×××
×××</td></tr>
<tr><td>2</td><td>电梯安全装置检测报告</td><td>2</td><td>安检报告齐全</td><td></td></tr>
<tr><td>3</td><td></td><td></td><td></td><td></td></tr>
<tr><td>1</td><td rowspan="3">智能建筑</td><td>系统试运行记录</td><td>7</td><td>系统运行记录齐全</td><td></td><td rowspan="3">×××</td></tr>
<tr><td>2</td><td>系统电源及接地检测报告</td><td>5</td><td>检测报告符合要求</td><td></td></tr>
<tr><td>3</td><td></td><td></td><td></td><td></td></tr>
<tr><td colspan="7">结论：
　　对本工程安全、功能资料进行核查，基本符合要求。对单位工程的主要功能进行抽样检查，其检查结果合格，满足使用功能，同意竣工验收。

施工单位项目经理：×××　　　　　　总监理工程师：×××
　　　　　　　　　　　　　　　　　（建设单位项目负责人）

××年×月×日　　　　　　　　　　　××年×月×日</td></tr>
</table>

《单位（子单位）工程安全和功能检验资料核查及主要功能抽查记录》填表说明如下。

（1）资料流程：本表由施工单位按所列内容检查并填写数份后，提交给监理单位。

（2）相关规定与要求：

1）施工验收对能否满足安全和使用功能的项目进行强化验收；

2）对主要项目进行抽查记录，填写该表。

（3）注意事项：

1）本表其他栏目由总监理工程师或建设单位项目负责人组织核查、抽查并由监理单位填写；

2）监理单位经核查和抽查合格，由总监理工程师在表中“结论”栏填写综合性验收结论，并由施工单位项目经理签字确认；

3）如条件具备，安全和功能的检测应在分部工程验收时进行；分部工程验收时凡已经做过的安全和功能检测项目，单位工程竣工验收时不再重复检测，只核查检测报告是否符合有关规定。

（4）其他：抽查项目由验收组协商确定。

七、单位（子单位）工程观感质量检查记录

表 1-6 单位（子单位）工程观感质量检查记录

工程名称			××工程							施工单位			××建筑工程公司		
序号	项目		抽查质量状况										质量评价		
													好	一般	差
1	建筑与结构	室外墙面	√	√	√	√	√	○	√	√	√	√	√		
2		变形缝	√	○	√	√	○	√	○	√	√	○		√	
3		水落管、屋面	√	√	○	√	√	√	√	√	√	√	√		
4		室内墙面	√	√	√	○	√	√	√	√	√	√	√		
5		室内顶棚	√	√	√	○	√	√	√	√	√	√	√		
6		室内地面	√	√	√	○	√	√	√	√	√	√	√		
7		楼梯、踏步、护栏	○	√	○	√	√	√	○	√	√	○		√	
8		门窗	√	√	√	√	√	√	√	√	√	√	√		
1	给水排水与采暖	管道接口、坡度、支架	√	√	√	√	○	√	√	√	√	√	√		
2		卫生器具、支架、阀门	√	√	√	√	√	√	○	√	√	√	√		
3		检查口、扫除口、地漏	√	√	√	√	√	√	√	√	√	√	√		
4		散热器、支架	√	○	√	√	○	○	√	√	√	○		√	
1	建筑电气	配电箱、盘、板、接线盒	√	√	√	√	√	○	√	√	√	√	√		
2		设备器具、开关、插座	√	√	√	√	√	○	√	√	√	√	√		
3		防雷、接地	√	√	√	√	√	√	√	√	√	√	√		

工程名称		××工程									施工单位		××建筑工程公司		
序号	项目		抽查质量状况										质量评价		
													好	一般	差
1	通风与空调	风管、支架	√	√	√	√	√	√	√	√	○	√	√		
2		风口、风阀	○	√	○	○	√	√	√	√	√	○		√	
3		风机、空调设备	√	√	√	√	√	√	√	√	√	√	√		
4		阀门、支架	√	√	√	√	√	√	√	√	√	√	√		
5		水泵、冷却塔													
6		绝热													
1	电梯	运行、平层、开关门	√	√	√	√	√	√	√	√	√	√	√		
2		层门、信号系统	√	○	√	√	√	√	√	√	√	√	√		
3		机房	√	○	√	○	√	○	√	√	○	√		√	
1	智能建筑	机房设备安装及布局	√	√	√	○	√	√	√	√	√	√	√		
2		现场设备安装													
3															
观感质量综合评价			好												
检查结论	工程观感质量综合评价为好，验收合格。 施工单位项目经理：××× ××年×月×日								总监理工程量：××× （建设单位项目负责人） ××年×月×日						

第四节　施工管理资料

一、施工现场质量管理检查记录

表 1-7　施工现场质量管理检查记录

工程名称	××工程				
开工日期	××年×月×日		施工许可证（开工证）	×××	
建设单位	××集团公司		项 目 负 责 人	×××	
设计单位	××建筑设计院		项 目 负 责 人	×××	
监理单位	××监理公司		总监理工程师	×××	
施工单位	××建筑工程公司	项目经理	×××	项目技术负责人	×××

序号	项 目	内 容
1	现场质量管理制度	质量例会制度；月评比及奖罚制度；三检及交接检制度；质量与经济挂钩制度
2	质量责任制	岗位责任制；设计交底会制；技术交底制；挂牌制度
3	主要专业工种操作上岗证书	测量工、钢筋工、起重工、木工、混凝土工、电焊工、架子工有证
4	分包方资质与对分包单位的管理制度	
5	施工图审查情况	审查报告及审查批准书××设××号
6	地质勘察资料	地质勘察报告
7	施工组织设计、施工方案及审批	施工组织设计编制、审核、批准齐全
8	施工技术标准	有模板、钢筋、混凝土灌筑等20多种
9	工程质量检验制度	有原材料及施工检验制度；抽测项目的检验计划
10	搅拌站及计量设置	有管理制度和计量设施精确度及控制设施
11	现场材料、设备存放与管理	钢材、砂石、水泥及玻璃、地面砖的管理办法
检查结论： 施工现场质量管理制度完整，符合要求，工程质量有保障。 总监理工程师：××× （建设单位项目负责人） ××年×月×日		

《施工现场质量管理检查记录》填表说明如下：

（1）资料流程：本表由施工单位填写，施工单位、监理单位各保存一份。

（2）相关规定与要求：

1）建筑工程项目经理部应建立质量责任制度及现场管理制度；健全质量管理体系；制定施工技术标准；审查资质证书、施工图、地质勘察资料和施工技术文件等；

2）施工单位应按规定填写《施工现场质量管理检查记录》（表C1-1），报项目总监理工程师（或建设单位项目负责人）检查，并做出检查结论；

3）当项目管理有重大调整时，应重新填写。

（3）注意事项：

1）表中各单位名称应填写全称，与合同或协议书中名称一致；

2）检查结论应明确，不应采用模糊用语。

二、有见证取样和送检管理资料

1. 有见证取样和送检见证人备案书

有见证取样和送检见证人备案书

××市建设工程 质量监督站：

××建筑工程 试验室：

我单位决定，由 ××× 同志担任 ××大厦 工程有见取证取样和送检见证人，有关的印章和签字如下，请查收备案。

有见证取样和送检印章　　　　见证人签字

××监理公司

×××

×××

有见证取样和送检印章

建设单位名称（盖章）：××集团公司　　××年×月×日

监理单位名称（盖章）：××监理公司　　××年×月×日

施工项目负责人签字：×××　　××年×月×日

2. 见证记录

见 证 记 录

工程名称： ××大厦

取样部位： 地上四层②～③/Ⓒ～Ⓓ轴顶板

样品名称： 混凝土标养试块　　取样数量： 一组

取样地点： 施工现场　　取样日期： ××年×月×日

见证记录：

见证取样取自06号罐车。试块上已作标识。

有见证取样和送检印章　　××监理公司 有见证取样和送检印章

取样人签字： ×××

见证人签字： ×××

《见证记录》填写说明如下：

（1）相关规定与要求：

1）施工过程中，见证人应按照事先编写的见证取样和送检计划进行取样及送检；

2）试样上应做好样品名称、取样部位、取样日期等标识；

3）单位工程有见证取样和送检次数不得少于试验总数的30%，试验总次数在10次以下的不得少于2次；

4）送检试样应存施工现场随机抽取，不得另外制作。

（2）注意事项：见证人员及检测人员必须对所取试样实事求是，不许弄虚作假，否则应承担相应的法律责任。

3. 有见证试验汇总表

有见证试验汇总表

工程名称：××大厦

施工单位：××建筑工程公司

建设单位：××集团公司

监理单位：×× 监理公司

见 证 人：×××

试验室名称：×× 建筑工程试验室

试验项目	应送试件总组数	有见证试验组数	不合格组数	备注
混凝土试块	65	27	0	
砌筑砂浆试块	20	8	0	
钢筋原材	42	15	0	
直螺纹钢筋接头	20	8	0	
SBS 防水卷材	5	3	0	

施工单位：××建筑工程公司　　制表人：×××

填制日期：××年×月×日

《有见证试验汇总表》填写说明如下：

（1）相关规定与要求：

1）本表由施工单位填写，并纳入工程档案；

2）见证取样及送检资料必须真实、完整，符合规定，不得伪造、涂改或丢失；

3）如试验不合格，应加倍取样复试。

（2）注意事项：

1）“试验项目”指规范规定的应进行见证取样的某一项目；

2）“应送试总次数”指该项目按照设计、规范、相关标准要求及试验计划应送检总次数；

3）“有见证试验次数”指该项目按见证取样要求的实际试验次数。

三、施工日志

表 C2-1 施工日志

编号：×××

<table>
<tr><td>时间</td><td>天气状况</td><td>风力</td><td>最高/最低温度</td><td>备注</td></tr>
<tr><td>白天</td><td>晴</td><td>2～3 级</td><td>24℃/19℃</td><td></td></tr>
<tr><td>夜间</td><td>晴</td><td>1～2 级</td><td>17℃/8℃</td><td></td></tr>
<tr><td colspan="5">生产情况记录（施工部位、施工内容、机械作业、班组工作、生产存在问题等）：
地下二层
（1）Ⅰ段（①～⑬/Ⓐ～Ⓙ轴）顶板钢筋绑扎，埋件固定，塔吊作业，型号××，钢筋班组 15 人，组长：×××；
（2）Ⅱ段（⑭～⑲/Ⓐ～Ⓙ轴）梁开始钢筋绑扎，塔吊作业，型号××，钢筋班组 18 人；
（3）Ⅲ段（⑲～㉘/Ⓑ～Ⓕ轴）该部位施工图纸由设计单位提出修改，待设计通知单下发后，组织相关人员施工；
（4）Ⅳ段（㉘～㊶/Ⓑ～Ⓖ轴）剪力墙、柱模板安装，塔吊作业，型号××，木工班组 21 人；
（5）发现问题：Ⅰ段顶板（①～⑬/Ⓐ～Ⓙ轴）钢筋保护层厚度不够，马镫铁间距未按要求布置</td></tr>
<tr><td colspan="5">技术质量安全工作记录（技术质量安全活动、检查评定验收、技术质量安全问题等）：
（1）建设、设计、监理、施工单位在现场召开技术质量安全工作会议，参加人员：×××（职务）等；
1）±0.000 以下结构于×月×日前完成；
2）地下三层回填土×月×日前完成，地下二层回填土×月×日前完成；
3）对施工中发现问题（××××××××××问题）立即返修，整改复查，符合设计、规范要求；
（2）安全生产方面：由安全员带领 3 人巡视检查，主要是："三宝、四边、五临边"，检查全面到位，无隐患；
（3）检查评定验收：各施工班组施工工序合理、科学，Ⅱ段（⑭～/Ⓐ～Ⓙ轴）梁、Ⅳ段（㉘～㊶/Ⓑ～Ⓖ轴）剪力墙、柱予以验收，实测误差达到规范要求
参加验收人员
监理单位：×××（职务）等
施工单位：×××（职务）等</td></tr>
<tr><td>记录人</td><td>×××</td><td>日期</td><td colspan="2">××年×月×日　星期×</td></tr>
</table>

《施工日志》填表说明如下：

（1）资料流程：本表由施工单位填写并保存。

（2）相关规定与要求：

1）施工日志是施工活动的原始记录，是编制施工文件、积累资料、总结施工经验的重要依据，由项目技术负责人具体负责；

2）施工日志应以单位工程为记载对象，从工程开工起至工程竣工止，按专业指定专人负责逐日记载，并保证内容真实、连续和完整；

3）施工日志可以采用计算机录入、打印，也可按规定样式手工填写，并装订成册，必须保证字迹清晰、内容齐全，由各专业负责人签字。

（3）注意事项：施工日志填写内容应根据工程实际情况确定，一般应含工程概况、当日生产情况、技术质量安全情况、施工中发生的问题及处理情况、各专业配合情况、安全生产情况等。

四、技术交底记录

表 C2-2　技术交底记录

编号：×××

工程名称	××工程	交底日期	××年×月×日
施工单位	××建设集团有限公司	分项工程名称	胶合木结构
交底摘要	胶合木结构施工		

交底内容：

适用于层板胶合木制作技术生产的胶合木结构的质量验收。

一、材料质量要求

（1）将木纹平行于长度方向的木板层叠胶合称为层板胶合木。软质树种的层板厚度不应大于 45 mm，硬质树种不应大于 40 mm。

（2）层板的目测定级规定如下：

1）定级应以每块木板的全长为依据，并应以较差的面层为准。应将密度异常小的木板剔除。

2）已定级的木板锯解后应按新的尺寸重新定级。

3）木节尺寸应按两根包括木节而平行于木板宽面边缘的直线测量，如果有两个或更多的木节在两根线内，或部分在线内，则在 200 mm 长度内所有木节在两条平行线之间的尺寸（包括部分木节）的总和为有效木节尺寸。

4）在同一截面上出现两个或更多的木节时，它们的尺寸之和不应超过最大允许的木节。

5）当层板是由两块木板拼合时，应按拼合后的层板宽度确定木节的允许尺寸。

6）层板分为 I_b、II_b和III_b三个等级，当受弯构件需加受拉区面层，则另加 I_{bt}级，其目测选材标准列于表 1 和表 2 中。

表 1　层板材质标准

序号	缺陷名称	材质等级		
		I_b与 I_{bt}	II_b	III_b
1	腐朽，压损，严重的压应木，大量含树脂的木板，宽面上的漏刨	不允许	不允许	不允许
2	木节： （1）凸出于板面的木节 （2）在层板较差的宽面任何 200 mm 长度上所有木节尺寸的总和不得大于构件面宽	不允许 1/3	不允许 2/5	不允许 1/2
3	斜纹：斜率不大于/%	5	8	15

4	裂纹： （1）含树脂的振裂 （2）窄面的裂缝（有对面裂缝时，用两者之和）深度不得大于构件面宽 （3）宽面上的裂缝（含劈裂、振裂）深 $b/8$，长 $2b$，若贯穿板厚而平行于板边长 $l/2$	不允许 1/4 允许	不允许 1/3 允许	不允许不限 允许
5	髓心	不允许	不限	不限
6	翘曲、顺弯或扭曲不大于 4/1 000，横弯不大于 2/1 000，树脂条纹宽不大于 $b/12$，长不大于 l/b，干树脂囊宽 3 mm，长小于 b，木板侧边漏刨长 3 mm，刃具撕伤木纹，变色但不变质，偶尔的小虫眼或分散的针孔状虫眼，最后加工能修整的微小损棱	允许	允许	允许

注：1. 木节是指活节、健康节、紧节、松节及节孔；

2. b 为木板（或拼合木板）的宽度；l 为木板的长度；

3. I_{bt} 级层板位于梁受拉区外层时，在较差的宽面任何 200 mm 长度上所有木节尺寸的总和不得大于构件面宽的 $l/4$，在表面加工后距板边 13 mm 的范围内，不允许存在尺寸大于 10 mm 的木节及撕伤木纹；

4. 构件截面宽度方向由两块木板拼合时，应按拼合后的宽度定级。

表 2 边翘材横向翘曲的限值

木板厚度/mm	木板宽度/mm		
	≤100	150	≥200
20	1.0	2.0	3.0
30	0.5	1.5	2.5
40	0	1.0	2.0
45	0	0	1.0

（3）层板按弹性模量定级的规定：

1）以弹性模量为主并应满足必要的目测要求；

2）弹性模量与目测要求的综合规定；

3）上述两种定级方法均要求层板的弹性模量应达到或超过规定值。

（4）胶应能形成坚固和耐久的连接，胶连接的完整性应在结构物使用期间保持始终。

二、施工工艺

（一）层板胶合木制作

1. 一般规定

（1）层板抛光后的厚度 t 和截面面积 A 不应超过表 3 的规定。

表 3 在不同使用条件下层板抛光后的厚度与截面面积限值

使用条件等级	1		2		3	
厚度和截面积 / 树种	t/mm	A/mm²	t/mm	A/mm²	t/mm	A/mm²
软质树种	45	10 000	45	9 000	35	7 000
软质树种	40	7 500	40	7 500	35	6 000

当截面面积超过表 3 的限值时，宜在层板底面开槽，用以保证胶缝的平整度，槽宽不应大于 4 mm，槽深不应大于板厚的 1/3。相邻层板的槽口应相互错开，不小于层板的厚度。

弧形构件的层板厚度（单位：mm）应随曲率半径ρ减小而减薄，可按下式确定：

$$t\leqslant \rho/200$$

（2）层板宽度大于 200 mm 时，应用两块木板拼合，如图 1（b）所示，相邻两层木板间的拼缝间距应等于或大于木板厚度或等于或大于 25 mm。

（3）层板胶合木在垂直荷载作用下受弯时，除上下两层之外，拼缝不需胶合。当有外观要求时，上、下两个面层的拼缝应用加填料的胶封闭。在水平荷载作用下受弯时，或用于使用条件等级为 3 级时，全部拼缝均应胶合。

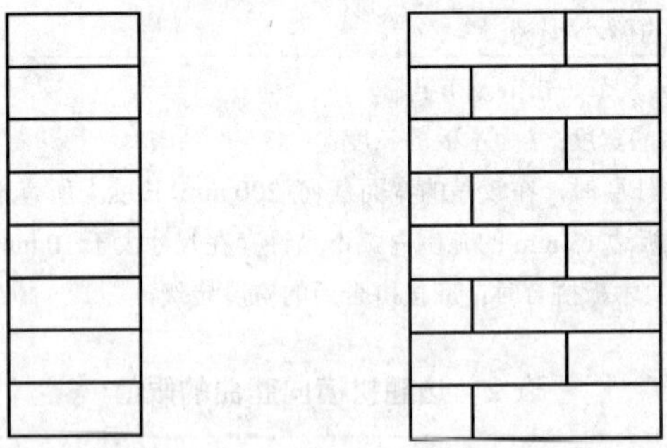

图 1　层板胶合木的截面

2. 胶合木制作

（1）层板坯料应在纵向接长和表面加工之前，窑干或气干 8%～15%的含水率。

（2）层板坯料纵向接长应采用指形接头（以下简称指接，见图 2）。表 4 列出推荐的指接剖面尺寸范围。

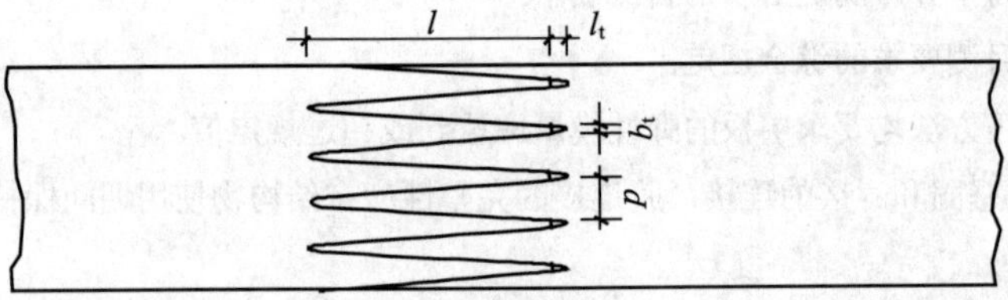

图 2　指接剖面的几何关系

表 4　推荐的直接剖面尺寸

指端宽度 b_t/mm	指长 l/mm	指边坡度 $s=(p-2b_t)/2(l-l_t)$
0.5～1.2	20～30	$l/12$～$l/8$

注：p——指形接头的指距，mm；l_t——指形接头指端缺口的长度，mm。

（3）指接的间距按层板的受力情况，分别规定如下：

1）受拉构件：当构件应力达到或超过设计值的 75%时，相邻层板之间的距离应为 150 mm；

2）受弯构件的受拉区：在构件 1/8 高度的受拉外层再加一块层板的范围内，相邻层板之间的指接间距应为 150 mm；

3）受拉构件或受弯构件的受拉区 10%高度内，层板自身的指接间距不应小于 1 800 mm；

4）需修补后出厂的构件的受拉区最外层和相邻的内层，距修补块端头的每一侧小于 150 mm 的范围内，皆不允许有指接接头。

（4）木板应用指接胶合接长至设计的长度，经过养护后抛光。

落叶松、花旗松等不易胶合的木材及需要化学药剂处理的木材，应在抛光后 6 h 内胶合。

易于胶合的木材及不需化学药剂处理的木材，应在抛光后 24 h 内胶合。

（5）木板胶合前应清楚灰尘、污垢及渗出的胶液和化学处理药剂，但不得用砂纸打磨。两块木板的胶合面均应均匀涂胶，用胶量不得少于 350 g/m^2。指接应双面涂胶。

（6）胶合时木板含水率，对于不需用化学药剂处理的木材应在 8%～15%之间，对于需用化剂处理的木材应在 11%～18%之间。各层木板之间及指接木板之间的含水率差别不应超过 4%。

（7）胶合时必须均匀加压，加压可从构件的任意位置开始，逐步延伸至端部。为在夹紧期间保持足够的压力，在夹紧后应立即开始拧紧螺栓加压器调整压力，压力应按表 5 所列数值控制。

表 5　不同层板厚度的胶合面压力

层板厚度 t/mm	t≤35	35<t≤45（底面有刻槽）	35<t≤45（底面无刻槽）
胶合面压力/（N/mm^2）	0.6	0.8	1.0

注：不应采用钉加压。

（8）弧形构件胶合时应采用模架，模架拱面的曲率半径应稍小于弧形构件下表面的曲率半径，以抵消卸模后构件的回弹，其值按下式确定：

$$\rho_0=\rho（1-1/n）$$

式中：ρ_0——模架拱面的曲率半径，mm；

ρ——弧形构件下表面的设计曲率半径，mm；

n——木板层数。

（9）在制作工段内的温度应不低于 15℃，空气的相对湿度应在 40%～75%的范围内。

胶合构件的养护，当木材初始温度为 18℃时，室内的温度应不低于 20℃；当木材初始温度为 15℃时，室内的温度应不低于 25℃。养护时空气的相对温度应不低于 30%。

在养护完全结束前，胶合构件不应受力或置于温度在 15℃以下的环境中。

（10）需在胶合前进行化学药剂处理的木材，应在胶合前完成机械加工。

（11）当采用弹性模量与目测配合定级时，应按以下规定测定木板的弹性模量；

1）以一片木板作为试件；

2）在每个工作班的开始、结尾和在生产过程中每间隔 4 h 各选取 1 片木板；

3）将木板平卧放置在距端头 75 mm 的两个辊轴上，其中之一能在垂直木板长度方向旋转；

4）在跨度中点加载，荷载准确度应在±1%之内；

5）在加载点用读数能达到 0.025 mm 的仪表测量挠度；

6）进行适当的预加载后，将仪表调到 0 读数；

7）最后荷载应以试件的应力不超过 10 MPa 为限；

8）读出最后荷载下的挠度；

9）根据最后荷载的挠度求得弹性模量；

10）在测试的100个试件中，有95个试件的弹性模量高于规定值，即被认可。

（二）胶合木结构安装

（1）胶缝应检验完整性，并应按照表 6 规定胶缝脱胶试验方法进行。对于每个树种、胶种、工艺过程至少应检验 5 个全截面试件。脱胶面积与试验方法和循环次数有关，每个试件的脱胶面积所占的百分率应小于表7所列限值。

表6　胶缝脱胶试验方法

使用条件类别①	1		2		3
胶的型号②	Ⅰ	Ⅱ	Ⅰ	Ⅱ	Ⅰ
试验方法	A	C	A	C	A

注：① 层板胶合木的使用条件根据气候环境分为3类：

1类——空气温度达到20℃，相对湿度每年有2～3周超过65%。大部分软质树种木材的平均平衡含水率不超过12%；

2类——空气温度达到20℃，相对湿度每年有2～3周超过85%，大部分软质树种木材的平均平衡含水率不超过20%；

3类——导致木材的平均平衡含水率超过20%的气候环境，或木材处于室外无遮盖的环境中。

② 胶的型号有Ⅰ型和Ⅱ型两种：

Ⅰ型——可用于各类使用条件下的结构构件（当选用间苯二酚树脂胶或酚醛间苯二酚树脂胶时，结构构件温度应低于85℃）；

Ⅱ型——只能用于1类或2类的使用条件，结构构件温度应经常低于50℃（可选用三聚氰胺脲醛树脂胶）。

表7　胶缝脱胶率

试验方法	胶的型号	循环次数		
		1	2	3
A	Ⅰ	—	5	10
C	Ⅱ	10	—	—

（2）对于每个工作班应从每个流程或每 10 m³ 的产品中随机抽取 1 个全截面试件，对胶缝完整性进行常规检验，并应按照表 8 规定的胶缝完整性试验方法进行。结构胶的型号与使用条件应满足表 7 的要求。脱胶面积与试验方法及循环次数有关，每个试件的脱胶面积所占的百分率应小于表 7 和表 9 所列限值。

表8　常规检验的胶缝完整性试验方法

使用条件类别①	1	2	3
胶的型号②	Ⅰ和Ⅱ	Ⅰ和Ⅱ	Ⅰ
试验方法	脱胶试验方法C或胶缝抗剪试验	脱胶试验方法C或胶缝抗剪试验	脱胶试验方法A或B

注：参见表6。

表9　胶缝脱胶率

试验方法	胶的类型	循环次数	
		1	2
B	Ⅰ	4	8

每个全截面试件胶缝抗剪试验所求得的抗剪强度和木材破坏百分率符合下列要求：

1）每条胶缝的抗剪强度平均值应不小于 6.0 N/mm²。对于针叶材和杨木，当木材破坏达到 100%时，其抗剪强度达到 4.0 N/mm² 也被认可。

2）与全截面试件平均抗剪强度相应的最小木材破坏百分率及与某些抗剪强度相应的木材破坏百分率列于表 10。

表 10 与抗剪强度相应的最小木材破坏百分率

项目	平均值			个别数值		
抗剪强度 f_v/（N/mm²）	6	8	≥11	4～6	6	≥10
最小木材破坏百分率/%	90	70	45	100	75	20

注：中间值可用插入法求得。

（3）应按下列规定检查指接范围内的木材缺陷和加工缺陷：

1）不允许存在裂缝、涡纹及树脂条纹；

2）木节距指端的净距不应小于木节直径的 3 倍；

3）I_b 和 I_{bt} 级木板不允许有缺指或坏指，II_b 和 II_b 级木板的缺指或坏指的宽度不得超过允许木节尺寸的 1/3；

4）在指长范围内及离指距 75 mm 的距离内，允许存在钝棱或边缘缺损，但不得超过两个角，且任一角的钝棱面积不得大于木板正常界面面积的 1%。

（4）层板接长的指接弯曲强度应符合下列规定。

1）见证试验：当新的指接生产线试运转或生产线发生显著的变化（包括指形接头更换剖面）时，应进行弯曲强度试验。

试件应取生产中指接的最大截面。

根据所有树种、指接几何尺寸、胶种、防腐剂或阻燃剂处理等不同的情况，分别取至少 30 个试件。

凡属因木材缺陷引起破坏的试验结果应剔除，并补充试件进行试验，以取得至少 30 个有效试验数据，据此进行统计分析，求得指接弯曲强度标准值 f_{mk}。

2）常规实验：从一个生产工作班至少取 3 个试件，尽可能在工作班内按时间和截面尺寸均匀分布。从每一生产批料中至少选一个试件，试件的含水率应与生产的构件一致，并应在试件制成后 24h 内进行试验。其他要求与见证试验相同。

常规试验合格的条件是 15 个有效指接时间的弯曲强度标准值大于等于 f_{mk}。

审核人		交底人		接受交底人	

《技术交底记录》填表说明如下：

（1）附件收集：必要的图纸、图片、“四新”（新材料、新工艺、新产品、新技术）的相关文件。

（2）资料流程：本表由施工单位填写，交底单位与接收交底单位各存一份，也应报送监理（建设）单位。

（3）相关规定与要求如下：

1）技术交底记录应包括施工组织设计交底、专项施工方案技术交底、分项工程施工技术交底、“四新”技术交底和设计变更技术交底。各项交底应有文字记录，交底双方签认应齐全。

2）重点和大型工程施工组织设计交底应由施工企业的技术负责人把主要设计要求、施工措施以及重要事项对项目主要管理人员进行交底。其他工程施工组织设计交底应由项目技术负责人进行交底。

3）专项施工方案技术交底应由项目专业技术负责人负责，根据专项施工方案对专业工长进行交底。

4）分项工程施工技术交底应由专业工长对专业施工班组（或专业分包）进行交底。

5）“四新”技术交底应由项目技术负责人组织有关专业人员编制。

6）设计变更技术交底应由项目技术部门根据变更要求，并结合具体施工步骤、措施及注意事项等对专业工长进行交底。

（4）注意事项：交底内容应有可操作性和针对性，能够切实地指导施工，不允许出现“详见×××规程”之类的语言。技术交底记录应对安全事项重点单独说明。

（5）其他：当做分项工程施工技术交底时，应填写“分项工程名称”栏，其他技术交底可不填写。

五、图纸会审记录

表 C2-3 图纸会审记录

编号：×××

工程名称	××工程		日期	××年×月×日
地点	×××		专业名称	建筑结构
序号	图号	图纸问题		图纸问题交底
1	结-1	结构说明 3 中。混凝土材料：地下室底板外墙使用抗渗混凝土。未给出抗渗等级		抗渗等级为 P8
2	结-3.结-5	地下一层顶板③～⑤/⑥～⑤轴分布筋未标注		分布筋双向双排，均为ϕ8@200
3	结-10	Z14 中标高为 25.20～28.00 m 与剖面图不符		Z14 标高应改为 21.50～28.00 mm
4	建-1.结-3.结-12	地下室外墙防水层使用 SBS Ⅱ型防水卷材。是否需加砌砖墙做防水保护层		砌 120 nU Ⅱ厚砖墙做保护层
签字栏	建设单位	监理单位	设计单位	施工单位
	×××	×××	×××	×××

《图纸会审记录》填表说明如下：

（1）资料流程：由施工单位整理、汇总后转签，建设单位、监理单位、施工单位、城建档案馆各保存一份。

（2）相关规定与要求如下：

1）监理、施工单位应将各自提出的图纸问题及意见，按专业整理、汇总后报建设单位，由建设单位提交设计单位做交底准备。

2）图纸会审应由建设单位组织设计，监理和施工单位技术负责人及有关人员参加。设计单位对各专业问题进行交底，施工单位负责将设计交底内容按专业汇总、整理，形成图纸会审记录。

3）图纸会审记录应由建设、设计、监理和施工单位的项目相关负责人签认，形成正式图纸会审记录。不得擅自在会审记录上涂改或变更其内容。

（3）注意事项：图纸会审记录应根据专业（建筑结构、给水排水及采暖、电气、通风与空调等）汇总、整理。

图纸会审记录一经各方签字确认后即成为设计文件的一部分，是现场施工的依据。

六、设计变更通知单

表 C2-4 设计变更通知单

编号：×××

工程名称		××工程		专业名称	结构
设计单位名称		×××设计院		日期	××年×月×日
序号	图号	变更内容			
1	结施-2、3	DL1、DL2 梁底标高－2.000 改为－1.800。切 DL1 上挑耳取消			
2	结施-14	Z10 中配筋ϕ8 改为ϕ20。根数不变			
3	结施-30	KL—2、KL—44 的梁高 700 改为 900			
4	结施-40	二层梁顶 LL—18 梁高出板面 0.55 改为 0.60			
签字栏	建设（监理）单位		设计单位		施工单位

《设计变更通知单》填表说明如下：

（1）附件收集：所附的图纸及说明文件等。

（2）资料流程：由设计单位发出，转签后建设单位、监理单位、施工单位、城建档案馆各保存一份。

（3）相关规定与要求：设计单位应及时下达设计变更通知单，内容翔实，必要时应附图，并逐条注明应修改图纸的图号。设计变更通知单应由设计专业负责人以及建设（监理）和施工单位的相关负责人签认。

（4）注意事项：设计变更是施工图纸的补充和修改的记载，是现场施工的依据。由建设单位提出设计变更时，必须经设计单位同意。不同专业的设计变更应分别办理，不得办理在同一份设计变更通知单上。

（5）其他："专业名称"栏应按专业填写，如基础、建筑结构、给水排水及采暖、电气、通风与空调工程等。

七、工程洽商记录

表 C2-5 工程洽商记录

编号：×××

<table>
<tr><td colspan="2">工程名称</td><td colspan="2">××工程</td><td colspan="2">专业名称</td><td>结构</td></tr>
<tr><td colspan="2">提出单位名称</td><td colspan="2">×××建设集团有限公司</td><td colspan="2">日期</td><td>××年×月×日</td></tr>
<tr><td colspan="2">内容提要</td><td colspan="5">支撑系统布置</td></tr>
<tr><td>序号</td><td>图号</td><td colspan="5">洽商内容</td></tr>
<tr><td></td><td>结施-4</td><td colspan="5">关于⑥/⑥～⑩轴内钢楞配置方向与钢模板块垂直，直接承受板块传来的荷载。布置图示如下
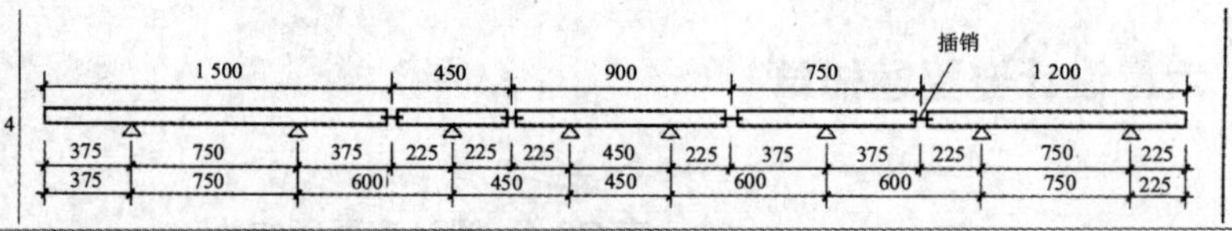
</td></tr>
<tr><td rowspan="2">签字栏</td><td colspan="2">建设单位</td><td>监理单位</td><td colspan="2">设计单位</td><td>施工单位</td></tr>
<tr><td colspan="2"></td><td></td><td colspan="2"></td><td></td></tr>
</table>

《工程洽商记录》填表说明如下：

（1）附件收集：所附的图纸及说明文件等。

（2）资料流程：由施工单位、建设单位或监理单位其中一方发出，经各方签认后存档。

（3）相关规定与要求：

1）工程洽商记录应分专业办理，内容翔实，必要时应附图，并逐条注明应修改图纸的图号；工程洽商记录应由设计专业负责人以及建设、监理和施工单位的相关负责人签认；

2）设计单位如委托建设（监理）单位办理签认，应办理委托手续。

（4）注意事项：不同专业的洽商应分别办理，不得办理在同一份上；签字应齐全，签字栏内只能填写人员姓名，不得另写其他意见。

（5）其他：

1）本表由建设单位、监理单位、施工单位、城建档案馆各保存一份；

2）"专业名称"栏应按专业填写。如基础、建筑结构、给排水及采暖、电气、通风与空调工程等。

第二章　建设单位文件资料的管理

一、建设单位文件资料的形成过程

建设单位文件资料的形成过程如图 2-1 所示。

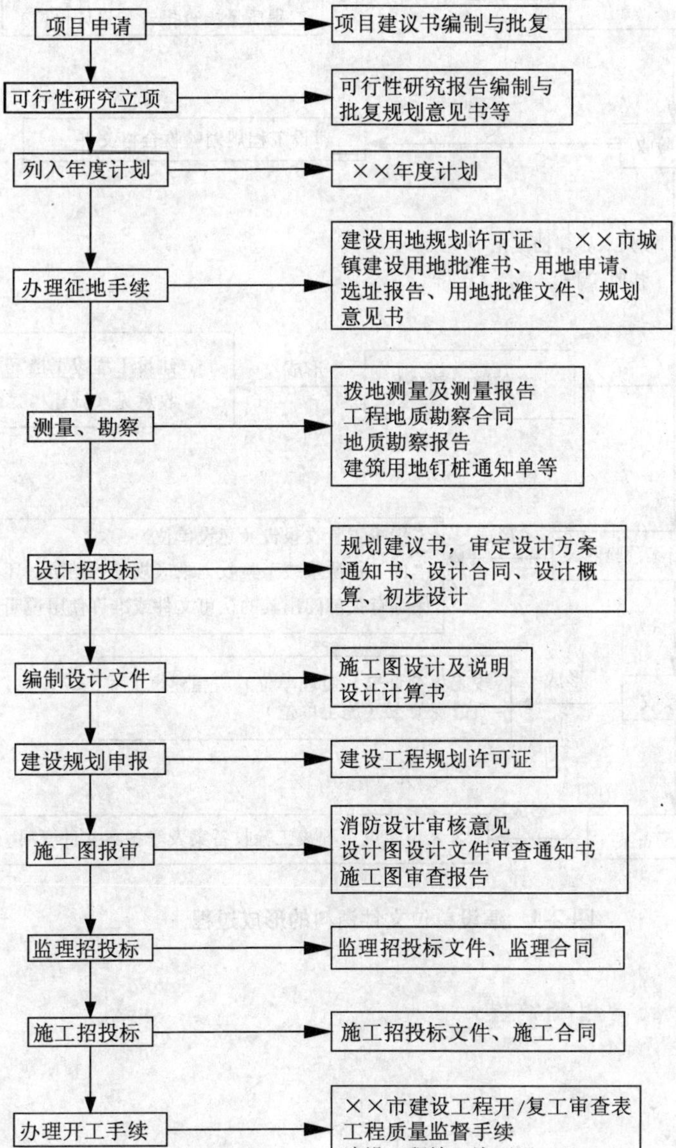

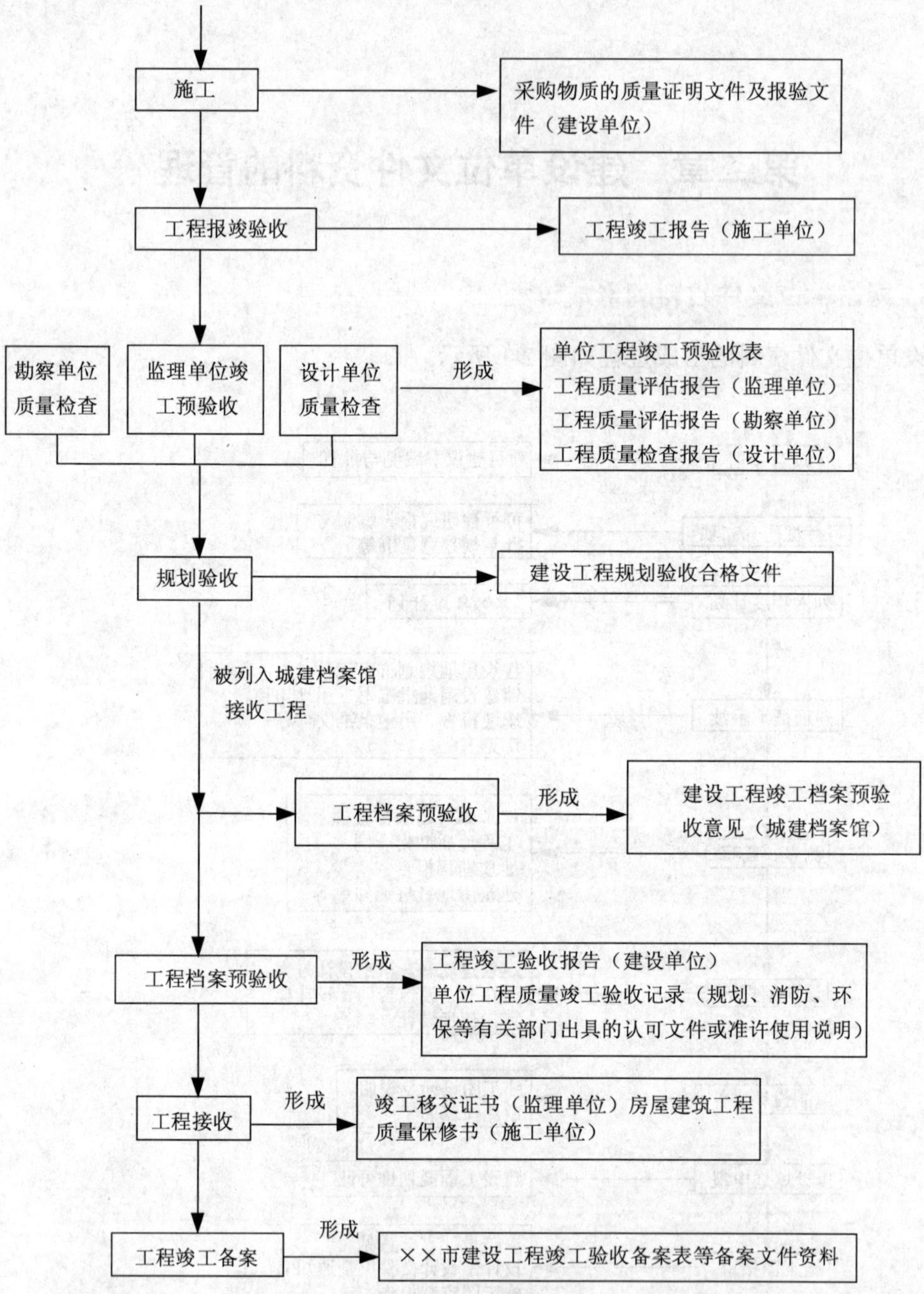

图 2-1 建设单位文件资料的形成过程

二、建设单位文件资料的管理

（一）立项文件

1．发展改革部门批准的立项文件

发展改革部门批准的立项文件是由发展改革部门批准的该项目的立项文件，由建设

单位负责收集、提供。

2．项目建议书

项目建议书是由建设单位自行编制或委托其他有相应资质的咨询或设计单位编制并申报的文件，由建设单位负责收集、提供。

3．立项会议纪要

立项会议纪要是由建设单位或其上级主管部门就该项目召开立项研究会议所形成的纪要文件，由组织会议的单位负责提供。

4．项目建议书的批复文件

项目建议书的批复文件是建设单位的上级主管单位或国家有关主管部门（一般是发展改革部门），对该项目建议书的批复文件。由负责批复的主管部门提供。

5．可行性研究报告及附件

可行性研究报告及附件是由建设单位自行编制或委托具有相应资质的工程咨询、设计单位编制可行性研究报告，由编制单位提供。

6．项目评估研究资料

项目评估研究资料是由建设单位或主管部门（一般是发展改革部门）组织会议，对该项目的可行性研究报告进行评估论证之后所形成的资料，由组织评估的单位负责提供，建设单位负责收集。

7．可行性报告的批复文件

可行性报告的批复文件是由发展改革部门对该项目的可行性研究报告做出的批复文件。

8．初步设计审批文件

初步设计审批文件由发展改革部门组织，对该项目初步设计进行审查之后所形成的批复文件。

9．专家对项目的有关建议文件

专家对项目的有关建议文件是由建设单位或有关部门组织专家会议所形成的有关建议性方面的文件，由组织的单位提供，建设单位负责收集。

10．年度计划审批文件或年度计划备案材料

年度计划审批文件或年度计划备案材料是由建设单位组织自行编制或由其有关主管部门批准的计划文件。

（二）建设规划用地

1．建设项目选址意见书

建设项目选址意见书是由建设单位提出申请，规划部门批准的文件。

2．规划线测图（航测图）

规划线测图（航测图）是由建设单位到规划主管部门办理，由规划部门提供的相关图纸文件。

3．建设项目用地定位通知书

建设项目用地定位通知书是由建设单位到规划部门办理的用地定位通知书，由规划部门提供。

4．建设用地规划许可证及附图

建设用地规划许可证及附图是由建设单位到规划部门办理的，由规划部门提供。

5．建设用地预审

建设用地预审是由建设单位到国土资源部门办理，由国土资源部门提供。

6．征（占）用土地的批准文件和使用国有土地的批准意见

征（占）用土地的批准文件和使用国有土地的批准意见由具有相应批准权限的政府批准形成，由国土资源部门批准的文件。

7．建设用地批准书

建设用地批准书由建设单位到国土资源部门办理，由国土资源部门负责提供。

8．土地使用证

土地使用证由建设单位到有相应权限的国土资源部门办理，由批准部门提供。

9．拆迁安置方案及有关协议

拆迁安置方案及有关协议由相关部门负责提供。

（三）勘察设计文件勘察、设计文件

1．工程地质（水文）勘察报告

工程地质（水文）勘察报告是建设单位委托勘察单位进行勘察，由勘察单位编制而成的文件，勘察单位负责提供。

2．设计方案（报批图）

设计方案（报批图）由设计单位负责制定，规划部门审批后确定。

3．审定设计方案（报批图）的审查意见

审定设计方案（报批图）的审查意见分别由人防、环保、交通、园林、市政、电力、电信、卫生、消防等部门提出审批意见，由负责审查的部门负责提供。

4．建筑工程规划许可证、附件及附图

建筑工程规划许可证、附件及附图由建设单位到规划部门办理，规划部门负责提供。

5．初步设计图及说明

初步设计图及说明由设计单位负责编制形成并提供。

6．施工图设计及说明

施工图设计及说明由设计单位负责编制形成并提供。

7．设计计算书

设计计算书由设计单位负责编制形成并提供。

8．施工图审查合格证书

施工图审查合格证书由施工图审查机构对设计的施工图进行审查，审查合格后发给的合格证书，由施工图审查机构提供。

（四）工程招投标及合同文件

1．勘察、设计、施工、监理等各种招投标文件及中标通知书

招标文件由建设单位自行编制或委托具有相应资质的招标代理机构编制，投标文件分别由勘察、设计、监理、施工单位编制，中标通知书由建设单位或招标代理机构编制

而成，监管部门备案。由编制单位负责提供。

2. 勘察、设计、监理、施工合同文件

勘察、设计、监理、施工合同文件由建设单位分别与勘察、设计、监理、施工单位协商签订而成，并到建设主管部门备案。由参与签订的单位负责提供。

（五）工程开工文件

1. 验线合格文件

验线合格文件是由规划部门进行验线审查后形成的文件，由规划部门负责提供。

2. 建筑工程竣工档案责任书

建筑工程竣工档案责任书由城建档案馆与建设单位签订而成，当地城建档案馆负责提供统一格式的责任书。

3. 工程质量监督手续

建设单位到质量监督机构办理履行工程质量监督的手续，由质量监督机构负责提供。

4. 建筑工程施工许可证

建筑工程施工许可证是由建设单位到建设行政主管部门办理工程施工许可，建设行政主管部门负责提供。

（六）商务文件

1. 工程设计概算

工程设计概算由建设单位自行编制或委托工程造价咨询单位负责编制，也可能是设计单位编制的。由编制单位提供。

2. 施工图预算

施工图预算是由设计单位负责编制的，也可能是由建设单位自行编制或委托工程造价咨询单位负责编制的文件，由编制单位负责提供。

3. 工程结、决算

工程结、决算是由建设单位和施工单位即合同的双方编制并认可后形成的文件。

（七）工程竣工验收及备案文件

1. 建设工程竣工档案预验收意见

建设工程竣工档案预验收意见是由负责编制的单位申报，城建档案馆进行预验收，而后形成的意见。由城建档案馆提供。

2. 规划、消防、环保等部门出具的认可文件或准许使用文件

分别由各参与验收的单位出具的文件。

3. 房屋建筑工程质量保修书

房屋建筑工程质量保修书是由建设单位与施工单位经过协商后签订的文件。

4. 单位工程竣工验收备案表

单位工程竣工验收备案表，在单位工程竣工验收合格后，由建设单位负责到质检监督部门办理。

5．单位工程竣工验收报告

由建设单位负责提供。

（八）其他文件

1．建筑工程概况表

建筑工程概况表是由建设单位向城建档案馆移交工程档案时填写的表格。

2．工程竣工总结

工程竣工总结是由建设单位编制的综合性总结，简要介绍工程建设的全过程，建设单位可根据以下要求编写工程竣工总结：

（1）概述：

① 工程立项的依据和建设目的。

② 工程概况，包括工程位置、规模、数量、概算（包括征（占）用土地、拆迁、补偿费）、结算、决算等。

③ 工程设计、工程监理、工程施工招投标情况。

（2）设计、施工单位：

① 设计单位、设计内容、工程设计特点及建筑新材料。

② 开、竣工日期，施工管理、技术、质量等方面情况。

③ 质量事故及处理情况。

④ 建筑红线内的市政公用工程施工情况（包括给排水、电力、通信、热力、燃气等）及道路、绿化施工情况。

（3）工程质量及经验教训：

① 工程质量鉴定意见和评价。

② 工程遗留问题及处理意见。

（4）其他需要说明的问题：对于组织工程竣工验收会的工程，可将验收会上的工程竣工报告作为工程竣工总结。

3．工程开工前、施工过程中、竣工时录像及照片

工程开工前、施工过程中、竣工时录像及照片由建设单位收集、提供。

4．住宅使用说明书

住宅使用说明书由施工单位负责提供。

三、建设单位文件资料范例

1．建设工程竣工档案责任书

2．建设工程竣工档案预验收意见

3．建筑工程概况表

报送建设工程竣工档案

责

任

书

××省住房和城乡建设厅制

编号:

根据《××省城市建设档案管理办法》第十条规定，城建档案管理部门与建设单位就工程项目竣工档案报送一事，签订责任书如下:

1. 工程基本情况

项目名称:

建设地点:

建设规模:

开工时间:　　　年　　月　　日，　竣工时间:　　　年　　月　　日

建设单位:

建设单位联系人:　　　　　　电话:

施工单位:

施工单位联系人:　　　　　　电话:

设计单位:

设计单位联系人:　　　　　　电话:

监理单位:

监理单位联系人:　　　　　　电话:

2. 建设单位责任人

(1) 建设单位必须确定专人负责工程项目资料的收集、管理工作。

(2) 工程开工前，建设单位应对施工单位进行工程项目档案工作交底，明确上交工程项目档案的内容、标准及奖罚措施。

(3) 工程竣工时，建设单位负责通知城建档案管理部门对工程项目档案进行预验收。

(4) 工程竣工后，建设单位应当在 6 个月内将一套完整的工程项目竣工档案原件报送城建档案管理部门。

3. 城建档案管理部门责任

(1) 城建档案管理部门应当在接到建设单位的验收通知后的 20 个法定工作日内，到双方确定的验收地点进行验收。

(2) 按国家及省有关标准和规定对工程项目竣工档案验收合格后，及时颁发《工程项目竣工档案合格证》。

4. 处理措施

建设单位未按要求时限和范围报送工程项目竣工档案的，应按《××省城市建设档案管理办法》第二十二条规定责令限期改正，逾期未改的，处以 1 万元至 5 万元罚款。

本责任书一式两份，城建档案管理部门和建设单位各执一份。

城建档案管理部门(公章):

负责人(签名):　　　　　　　　　　　年　　月　　日

建设单位(公章):

负责人(签章):　　　　　　　　　　　年　　月　　日

第三章　监理单位文件资料的管理

一、监理单位文件资料的形成过程

监理单位文件资料的形成过程如图 3-1 所示。

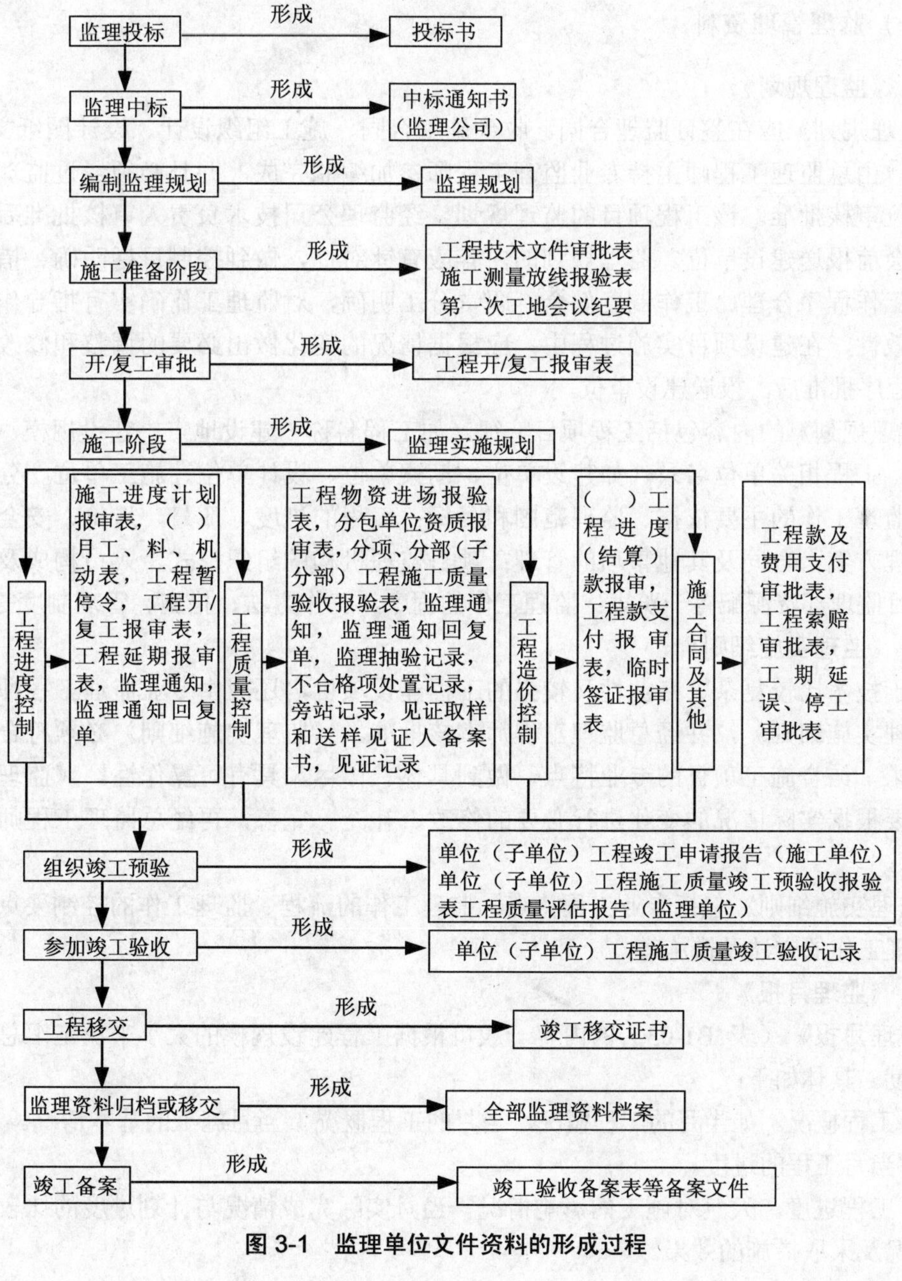

图 3-1　监理单位文件资料的形成过程

二、监理单位文件资料的管理

监理单位文件资料的管理是指监理工程师受建设单位的委托，在其进行监理工作期间，对工程建设实施过程中所形成的与监理相关的文档进行收集积累、加工整理、组卷归档和检索利用等进行的一系列工作。

监理文件资料管理的对象是监理文件资料，它们是工程建设监理信息的主要载体之一。建设工程监理文件档案资料管理的主要内容包括：监理文件资料的收发与登录，监理文件资料的传阅及发文，监理文件资料的分类存放，监理文件资料的借阅、更改与作废，监理单位文件资料的分类、编号、提供单位及保存时间。

（一）监理管理资料

1. 《监理规划》

《监理规划》应在签订监理合同、收到施工合同、施工组织设计、设计图纸文件后 1 个月内，由总监理工程师主持专业监理工程师参加编制完成，并且必须经过监理单位和建设单位审核批准。该工程项目的监理规划，经监理公司技术负责人审核批准后，在监理交底会前报送建设单位。监理规划的内容应有针对性，做到控制目标明确、措施得力有效、工作程序合理、工作制度健全、职责分工明确，对监理工作确实有指导作用。并应有时效性，在建设项目实施过程中，应根据情况的变化做出必要的调整和修改，再经原审批程序批准后，报送建设单位。

《监理规划》的内容包括工程项目特征（如工程名称、建设地点、建设规模、工程特点等）；工程相关单位名录（如建设单位、勘察单位、设计单位、施工单位、分包单位等）；监理工作的主要依据、监理范围和目标；工程的进度、质量、造价、安全控制、旁站监理方案；合同及其他事项的管理；项目监理机构的组织形式、人员构成及职责分工；项目监理部资源配置一览表；监理工作的程序、工作方法、措施、管理制度等。

2. 《监理实施细则》

对于技术比较复杂、专业性又较强的工程建设项目，还应由专业监理工程师负责编制《监理实施细则》，并经总监理工程师审核批准。《监理实施细则》必须符合监理规划的要求，结合施工项目的专业特点，做到具体、详尽，具有可操作性。《监理实施细则》也要根据实际情况的变化进行必要的修改、补充、完善，再经总监理工程师审核批准。

《监理实施细则》包括专业工程特点、监理工作的流程、监理工作的控制要点及目标值、监理工作的方法及措施等。

3. 《监理月报》

《监理月报》（表 B1-03）的内容一般可根据工程建设规模的大小来决定汇总内容的详细程度。具体如下：

1）工程概况。如当月的工程概况，当月的工程概况。当月施工的基本情况。

2）当月工程的进度。

3）工程进度。天气对施工的影响情况，当月实际完成情况与计划进度的比较，进度完成情况及采取措施的效果。

4）工程质量与安全。当月工程质量及安全情况，当月采取的工程质量、安全措施及效果。

5）工程质量与工程款支付。工程量的审核情况，工程款审批情况及当月支付情况，工程款支付情况分析，当月采取的措施及效果。

6）合同及其他事项的处理情况。工程变更、工程延期、费用索赔等。

7）当月的监理工作小结。对本月进度、质量、安全、工程款支付等方面情况的综合评价，当月的监理工作情况，有关本施工项目的建议和意见，下月监理工作的重点等。

《监理月报》应由项目总监理工程师组织编制，签署后报送建设单位和本监理单位。报送的时间由监理单位和建设单位协商确定，一般在收到施工单位项目经理部报来的工程进度、汇总了当月已完成的工程量和当月计划完成工程量的工程量表、工程款支付申请表等相关资料后，在最短的时间内提交，大约为5～7d。

4.《监理会议纪要》

《监理会议纪要》应由项目监理部根据会议记录整理，经过总监理工程师审阅，并经过与会各方代表会签。再发至有关参建各方，并应做好签收手续。

监理例会是参建各方为了相互沟通情况、交流信息、协调处理、研究解决各自在合同履约过程中存在的各种问题的一种主要协调方式。其会议纪要由项目监理部根据会议记录整理，内容主要包括：

1）例会的地点与时间。

2）会议主持人。

3）与会人员的姓名、单位、职务。

4）例会的主要内容、决议事项，及其负责落实的单位、负责人与时限要求。

5）其他事项。

如果例会中对重大问题有不同意见时，应将各方的主要观点，特别是相互对立的意见记入"其他事项"中，会议纪要内容必须真实准确、简明扼要。

5.《监理工作日志》

《监理工作日志》以项目监理工作为记载对象，自该项目监理工作开始起至该项目监理工作结束止，应由专人负责逐日如实记载。

日志主要记录以下内容：

1）每日人员、材料、构配件、设备的变化情况。

2）每日施工的具体部位、工序的质量、进度情况，材料使用情况，抽检、复检情况，施工程序执行情况，人员、设备的安排情况等。

3）对于发现的施工问题，当时是否要求施工单位及时纠正，是否发了监理通知单。

4）施工单位提出的问题，监理人员的答复等。

5）每日的施工进度执行情况，索赔情况，安全文明施工情况。

6）记录发生争议时各方的相同和不同意见以及协调情况。

7）每日天气和温度情况，天气和温度对工序质量的影响及采取的措施情况。

6.《监理工作总结》（专题、阶段和竣工）

监理工作总结可分为专题总结、阶段总结和竣工总结。施工阶段监理工作结束后，监理单位应向建设单位提交项目监理工作竣工总结。是否写专题总结、阶段总结可视情况而定。

《监理工作总结》的内容包括工程概况，监理组织机构，监理人员和投入的监理设施，监理合同履行情况，监理工作成效，施工过程中出现的问题及处理情况和建议，必要时还可以附上工程照片或录像等。

《监理工作总结》应由总监理工程师主持编写并批准，然后报送建设单位和本监理单位。

7. 工程技术文件报审

施工单位编写的工程技术文件，须经施工单位相关部门审批后，填写《工程技术文件报审表》报项目监理部。总监理工程师组织专业监理工程师审查，填写审查意见，由总监理工程师签署审核结论。

8. 分包单位资格报审

施工总承包单位应选择具有承担分包工程施工资质和能力的单位，填写《分包单位资格报审表》报项目监理部，专业监理工程师审查总承包单位报送的分包单位有关资质资料，符合有关规定后，报总监理工程师审批。

9. 《监理通知》

当监理工程师或总监理工程师发现施工过程中存在一定问题时，总监理工程师要签发《监理通知》。

10. 《监理通知回复单》

施工单位在接到《监理通知》之后，根据通知中提到的问题，认真分析，制定措施，及时整改，并把整改的结果填写《监理通知回复单》（表 B1-10），经项目经理签字，项目经理部盖章后，报项目监理部复查。

11. 《工作联系单》

《工作联系单》（表 B1-11）用于工程有关各方之间传递意见、决定、通知、要求等信息。

12. 《工程变更单》

《工程变更单》用于工程变更。工程一旦发生变更，往往会增加或减少费用，此时应由施工单位填写《工程变更单》，报给项目监理部，由项目监理部进行审核，并与施工单位及建设单位协商后，由总监理工程师签认，建设单位批准。当工程变更与设计有关时，还需设计代表签字。

13. 竣工移交证书

工程竣工验收完成后，由项目总监理工程师和建设单位代表共同签署《竣工移交证书》，并加盖监理单位、建设单位公章。

（二）监理质量控制资料

1. 施工测量放线报验

1）施工单位应将施工测量方案，红线桩的校核成果，水准点的引测结果填写《施工测量放线报验表》，并附上《工程定位测量记录》报项目监理部查验。

2）施工单位在施工场地设置平面坐标控制网（或控制导线）及高程控制网后，也应填写《施工测量放线报验表》报项目监理部查验。

3）对施工轴线控制桩的位置，各楼层墙轴线、柱轴线、边线、门窗洞口位置线、水平控制线、轴线竖向投测控制线等放线结果，施工单位也应填写《施工测量放线报验表》，并附《楼层放线记录》，报项目监理部查验。

4）沉降观测报验。《沉降观测记录》也应采用《施工测量放线报验表》形式，报项目监理部查验。

2．工程物资进场报验

工程物资进场后，施工单位应根据有关规定对使用的主要原材料、构配件和设备进行检查，合格后填写《工程物资进场报验表》，并附出厂质量证明文件、进场复试报告、商检证等相关资料，报项目监理部，监理工程师签署审查意见。

3．分部（子分部）工程施工质量验收报验

施工单位完成分部（子分部）工程施工，经过自检合格后，填写《分部（子分部）工程施工质量验收报验表》，并附《____分部（子分部）工程施工质量验收记录》和相关附件，报项目监理部，总监理工程师应组织验收并签署意见。

4．监理抽检

当监理工程师对工程巡视检查或对质量有怀疑进行抽检时，填写《监理抽检记录》。《监理抽检记录》由监理工程师负责填写，总监理工程师审定。若是需要发生费用的检查，应事先征得建设单位的同意。

5．不合格项处置

监理工程师在隐蔽工程验收和检验批验收中，针对不合格的工程填写《不合格项处置记录》，监督施工单位整改。

签发人为发现问题的监理工程师或总监理工程师，验收人应是签发人或总监理工程师。

6．旁站监理

监理人员在实施旁站监理时填写《旁站监理记录》，并由旁站监理人员及施工单位现场专职质检员会签。

7．单位（子单位）工程施工质量竣工预验收报验

施工单位在单位（子单位）工程完工，经自检合格并达到竣工预验收条件后填写《单位（子单位）工程施工质量竣工预验收报验表》，并附相应的竣工资料（包括分包单位的竣工资料）报项目监理部，申请工程竣工预验收。总监理工程师应组织项目监理部人员与施工单位人员，根据有关规定共同对工程进行竣工预验收。对于存在的问题，施工单位应及时整改，整改合格后由总监理工程师签署《单位（子单位）工程施工质量竣工预验收报验表》。

8．见证取样和送检见证人备案书

1）每个单位工程都应该按照有关规定，设定取样和送检见证人员，见证人员应由该工程的监理单位或建设单位具备岗位资格的专业技术人员担任，并由该工程监理单位或建设单位填写《见证取样和送检见证人备案书》，施工单位项目负责人签字，报送负责该工程的质量监督机构和检测试验单位备案。

2）单位工程施工前，监理单位应根据施工单位报送的施工试验计划编制见证取样和送检计划，内容包括单位工程应有见证取样和送检的项目，取样的原则与方式，应做的试验，检测总数及见证试验，检测次数等。

9．工程质量评估报告

工程竣工预验收合格后，由项目总监理工程师向建设单位提交《工程质量评估报告》。《工程质量评估报告》包括工程概况。施工单位基本情况，主要采取的施工方法，工程地基基础和主体结构及各分部的质量状况，施工中发生过的质量事故和主要质量问题及原因分析和处理结果；对工程质量的综合评估意见。

评估报告由项目总监理工程师及监理单位技术负责人签字，并加盖公章。

10．质量事故处理资料

施工中发生的质量事故，应按有关规定上报处理，项目总监理工程师应将《质量事故处理资料》书面报告有关部门。

（三）监理进度控制资料

1．《工程开/复工报审表》

1）当现场具备开工条件且已做好各项施工准备工作后，施工单位应及时填写，《工程开/复工报审表》报项目监理部审批。总监理工程师审批后报建设单位。

2）无论由何方原因造成的工程暂停，在暂停原因消失具备复工条件时，施工单位应及时填写《工程开/复工报审表》报项目监理部审批。总监理工程师审批后报建设单位。

2．《施工进度计划报审表》

施工单位应根据建设工程施工合同的约定，及时编制施工总进度计划，年进度计划、月进度计划，并及时填写《施工进度计划报审表》报项目监理部审批。总监理工程师应及时审批后报建设单位。

3．《（ ）月工、料、机动态表》

施工单位每月25日前，报《（ ）月工、料、机动态表》；主要施工设备进场调试合格后开始使用前也应填写本表报项目监理部。塔吊、外用电梯等的安检资料及计量设备检定资料应作为本表的附表，监理单位留存备案。

4．《工程延期报审表》

工程发生延期事件时，施工单位在合同约定的期限内，向项目监理部提交《工程延期报审表》，在项目监理部最终评估出延期天数并与建设单位协商一致后，总监理工程师才给予批复。

5．《工程暂停令》

总监理工程师根据实际情况，按合同规定签发《工程暂停令》。

（四）监理造价控制资料

1．《工程进度（结算）款报审表》

施工单位根据完成的工程量，按照施工合同的约定，计算相应的工程进度款，然后填写《（ ）工程进度（结算）款报审表》（表B4-01）报项目监理部审批。

2．工程变更费用报审

施工单位根据工程变更单完成的工程量，填写《工程变更费用报审表》报项目监理部审查。

3. 费用索赔报审

索赔事件终止后，施工单位填写《费用索赔报审表》报项目监理部审批。

4. 临时签证报审

当现场发生临时签证事项时，施工单位填写《临时签证报审表》，报项目监理部审批。

5.《工程款支付报审表》

施工单位在申请支付工程款时填写此表。

三、监理单位文件资料的填写范例

工程技术文件报审表

B1-07　　　　（××监）

<table>
<tr><td>工程名称</td><td>××工程</td><td>编号</td><td>××××</td></tr>
<tr><td colspan="4">致：××监理公司（监理公司）
现报上关于××工程施工组织设计工程技术文件，请予以审核。</td></tr>
<tr><td>序号</td><td>名称及类别</td><td colspan="2">编制人</td></tr>
<tr><td>1</td><td>××工程施工组织设计</td><td colspan="2">×××</td></tr>
<tr><td></td><td></td><td colspan="2"></td></tr>
<tr><td></td><td></td><td colspan="2"></td></tr>
<tr><td></td><td></td><td colspan="2"></td></tr>
<tr><td colspan="4">技术负责人（签字）：×××
施工单位名称：××建筑工程有限公司　申报人（签字）：×××　××年×月×日</td></tr>
<tr><td colspan="4">监理工程师审核意见：
本施工组织设计的安排满足工程要求，进度安排合理，质量计划全面，施工技术措施具体，安全方案和保证措施明确，可以按该施工组织设计要求施工。

监理工程师（签字）：×××　××年×月×日</td></tr>
<tr><td colspan="4">总监理工程师审核意见：
同意按该施工组织设计施工

监理单位名称：××监理公司　总监理工程师（签字）：×××　××年×月×日</td></tr>
</table>

分包单位资格报审表

B1-08　　　　　　　　　　　　　　　　　　　　　　　　　　　　（××监）

<table>
<tr><td>工程名称</td><td colspan="2"></td><td>编号</td><td></td></tr>
<tr><td colspan="5">致：××监理公司（监理公司）：
经考核，我方拟选择××土方工程有限公司（分包单位）承担下列工程的施工。分包后，我方仍然承担总承包单位的全部责任。请予以审核。

附：1. 分包单位营业执照
2. 企业资质等资料
3. 分包单位业绩资料</td></tr>
<tr><td>分包工程名称（部位）</td><td>工程量</td><td colspan="2">金额</td><td>其他说明</td></tr>
<tr><td>土方工程</td><td>77 003 m³</td><td colspan="2">61.602 4 万元</td><td>占全部工程的 0.31%</td></tr>
<tr><td></td><td></td><td colspan="2"></td><td></td></tr>
<tr><td></td><td></td><td colspan="2"></td><td></td></tr>
<tr><td>合计</td><td>77 003 m³</td><td colspan="2">61.602 4 万元</td><td>占全部工程的 0.31%</td></tr>
<tr><td colspan="5">
施工单位名称：　　　　项目经理（签字）：　　　　××年×月×日</td></tr>
<tr><td colspan="5">监理工程师审核意见：
该分包单位经审查核实，具备分包资格及条件，拟同意分包，请总监理工程师审核。

监理工程师（签字）：
××年×月×日</td></tr>
<tr><td colspan="5">总监理工程师审核意见：
经审核，该分包单位具备分包资格，同意分包。

监理单位名称：　　　　总监理工程师（签字）：　　　　××年×月×日</td></tr>
</table>

监理通知

B1-09 （××监）

工程名称	××工程	编 号	××××

致：××建筑工程有限公司（施工单位）

事由：关于模板安装完毕后，模板内存有较多垃圾的清理问题。

内容：根据我方项目监理部人员的巡检发现，你公司在模板安装完毕后，模板内存在较多残留木块、浮浆残渣、刨花碎石等垃圾问题，在混凝土浇筑之前必须认真清理干净。在口头对你方现场施工人员提出要求后，并未得到施工人员的充分重视。

为此特发此通知，要求你公司对此项目的问题进行认真清理，并将清理的结果报我方项目监理部。

监理工程师（签字）： ××年×月×日

监理单位名称：××监理公司 总监理工程师（签字）：××× ××年×月×日

监理通知回复单

B1-10　　（××监）

工程名称	××工程	编号	××××
致：××监理公司（监理单位） 我方接到第（××××）号监理通知后，已按要求完成了模板内垃圾的清理工作，特此回复，请予以复查。 详细内容： 我项目经理部收到（××××）号监理通知后，立即组织有关人员对现场模板内的垃圾进行了彻底的检查和清理，现已全部清理干净。经自检达到了浇筑混凝土的要求。同时，对有关的施工人员进行了质量意识教育，并保证在今后的施工过程中严格控制施工质量，确保工程质量目标的实现。 施工单位名称：××建筑工程有限公司 项目经理（签字）：×××　　××年×月×日			
复查意见： 经复查对（××××）号《监理通知》提出的问题，项目部进行了全面的整改处理，达到了浇筑混凝土的要求。 监理工程师（签字）：×××　　××年×月×日 监理单位名称：××监理公司　总监理工程师（签字）：×××　××年×月×日			

竣工移交证书

B1-13 （××监）

<table>
<tr><td>工程名称</td><td>××程</td><td>编号</td><td>××××</td></tr>
<tr><td colspan="4">致：______________________（建设单位）
兹证明施工单位__××__建筑工程有限公司 第三项目经理部施工的__××工程__，已按施工合同的要求完成，并验收合格，从即日起该工程移交建设单位管理，并进入保修期。

附件：单位（子单位）工程施工质量验收记录</td></tr>
<tr><td colspan="2">总监理工程师（签字）</td><td colspan="2">监理单位（章）</td></tr>
<tr><td colspan="2">×××
××年×月×日</td><td colspan="2">××年×月×日</td></tr>
<tr><td colspan="2">建设单位代表（签字）</td><td colspan="2">建设单位（章）</td></tr>
<tr><td colspan="2">×××
××年×月×日</td><td colspan="2">××年×月×日</td></tr>
</table>

工程物资进场报验表

B1-13　　　　　　　　　　　　　　　　　　　　　　　　　　　　　　　　　　（××监）

工程名称	××工程	编号	××××

致：　××监理公司　（监理单位）

现报上关于　结构　工程的物资进场检验记录，该批物资经我方检验符合设计、规范及合同要求，请予以批准使用。

物资名称	主要规格	单位	数量	委托单编号	使用部位
碎石	××××	m^3	××	××××	地上3~7层结构
砂子	××××	m^3	××	××××	地上3~7层结构

附件：

名称	页数		编号
1. 出厂质量证明文件	×	页	××××
2. 进场检验记录	×	页	××××
3. 进场试验报告	×	页	××××

施工单位检验意见：

报验的工程材料的质量证明文件齐全，进场复试合格，同意报项目监理部审批。

施工单位名称：××建筑工程有限公司

技术负责人（签字）：　　　　　　　　　　　　××年×月×日

审查意见：

物资质量控制资料齐全、有效；材料试验合格，验收合格。

监理单位名称：××监理公司　　监理工程师（签字）：×××　　　　××年×月×日

分部（子分部）工程施工质量验收报检表

B2-03　　　　　　　　　　　　　　　　　　　　　　　　　　（××监）

<table>
<tr><td>工程名称</td><td>××工程</td><td>编号</td><td>××××</td></tr>
<tr><td colspan="4">致：××监理公司（监理单位）
现报上关于主体结构分部（子分部）工程施工，经我方自检符合设计、规范及合同的有关要求，请予以验收。

附件：
名称　页数
1. 分部（子分部）工程施工质量验收记录　×页
2. 分部（子分部）工程施工质量控制资料核查记录及其资料　×页
3. 分部（子分部）工程安全和功能检验资料核查及主要功能抽查记录及其资料　×页
4. 分部（子分部）工程施工观感质量检查评价记录　×页

施工单位名称：××建筑工程有限公司　项目经理（签字）：×××　××年×月×日</td></tr>
<tr><td colspan="4">验收结论：
1. 所报附件材料真实、齐全、有效。
2. 所报分部实体工程质量符合规范和设计要求。
验收合格。

监理单位名称：××监理公司　总监理工程师（签字）：×××　××年×月×日</td></tr>
</table>

不合格项处置记录

B2-05 （××监）

<table>
<tr><td>工程名称</td><td>××工程</td><td>编号</td><td>××××</td></tr>
<tr><td colspan="4">致：××建筑工程有限公司（施工单位）
由于以下情况的发生，使你单位在地上6层的卫生间发生不合格项，请及时采取措施予以整改。
不合格项发生部位与原因：
地上6层卫生间的大便器高水箱放水时，有部分水从接口处流出。
具体情况：
经检查发现，地上6层卫生间的大便器高水箱放水时，有部分水从接口处流出，请马上进行整改，以防止卫生间渗漏。

监理单位名称：××监理公司　　监理工程师（签字）：×××　　××年×月×日</td></tr>
<tr><td colspan="4">致：××监理公司（监理单位）
根据你方要求，我方已完成整改，请给予验收。

不合格项整改措施：
经检查发现，地上6层卫生间的大便器高水箱放水时，有部分水从接口处流出的原因是因为大便器高水箱冲洗管与大便器间的皮碗绑扎不牢所致，我们将其拆开后，用铜丝绑扎牢固，并及时恢复了相应的工程内容，现已全部整改完毕。

不合格项整改结果：
根据你方指示，我方已完成整改工作。

施工单位名称：××建筑工程有限公司　　项目经理（签字）：×××　　××年×月×日</td></tr>
<tr><td colspan="4">整改结论：
同意验收。

监理单位名称：××监理公司　　监理工程师（签字）：×××　　××年×月×日</td></tr>
</table>

旁站监理记录

B2-06　　　　　　　　　　　　　　　　　　　　　　　　　　　　（××监）

<table>
<tr><td>工程名称</td><td>××工程</td><td>日期及气候</td><td>××年×月×日</td><td>编号</td><td>××××</td></tr>
<tr><td colspan="6">旁站监理的部位或工序：

主体结构 1 层的全部混凝土柱的浇筑。</td></tr>
<tr><td>开始时间</td><td>××年×月×日</td><td colspan="2">结束时间</td><td colspan="2">××年×月×日</td></tr>
<tr><td colspan="6">施工情况：
主体结构 1 层的全部混凝土柱的浇筑自××年×月×日×时×分开始至××年×月×日×时×分浇筑完毕。混凝土全部采用预拌混凝土，利用混凝土罐车运输，泵送混凝土连续浇筑。混凝土振捣采用插入式振捣器。</td></tr>
<tr><td colspan="6">监理情况：
经查施工企业现场持证上岗的质检人员为×××，一直在岗；施工机械完好；混凝土浇筑完全符合施工方案以及工程建设强制性标准的要求；商品混凝土已按预拌混凝土标准进行了出厂检验和交货检验，并根据实际情况留置了 3 组混凝土试块。</td></tr>
<tr><td colspan="6">发现问题：
一切正常，未发现异常情况。</td></tr>
<tr><td colspan="6">处理意见：</td></tr>
<tr><td colspan="6">备注：</td></tr>
<tr><td colspan="3">施工单位名称：××建筑工程有限公司

质检员（签字）：　　　　××年×月×日</td><td colspan="3">监理单位名称：××监理公司

旁站监理人员（签字）：×××　××年×月×日</td></tr>
</table>

单位（子单位）工程施工质量竣工预验收报检表

B2-07　　　　（××监）

<table>
<tr><td>工程名称</td><td>××工程</td><td>编号</td><td>××××</td></tr>
<tr><td colspan="4">致：××监理公司（监理单位）我方已按合同要求完成了××工程，经自检合格，请予以检查和验收。

附件：
单位竣工资料

施工单位名称：××建筑工程有限公司　　项目经理（签字）：×××　　××年×月×日</td></tr>
<tr><td colspan="4">审查意见：
经预验收，该工程：
1. 符合——（符合/不符合）相关现行法律、法规要求；
2. 符合——（符合/不符合）相关现行工程建设标准和规范的要求；
3. 符合——（符合/不符合）设计文件的要求；
4. 符合——（符合/不符合）施工承包合同的要求。
综上所述，该工程预验收结论为：　合格（合格/不合格）

可以　（可以/不可以）组织正式验收。

监理单位名称：××监理公司　　总监理工程师（签字）：×××　　××年×月×日</td></tr>
</table>

B2-08

见证取样和送检见证人备案书

＿＿×　×　市建筑工程＿＿质量监督站：

＿＿＿×××＿＿＿＿试验室：

我单位决定，由＿＿×××、×××＿＿同志担任＿＿＿＿＿＿××＿＿工程的见证取样和送检见证人。

有关的印章和签字如下，请查收备案。

见证取样和送检印章	见证人签字
××监理公司 见证取样和送检印章	××× ×××

建设单位名称（盖章）：××工程大学　　××年×月×日

监理单位名称（盖章）：××监理公司　　××年×月×日

施工项目负责人签字：×××　　××年×月×日

工程开/复工报审表

B3-01　　　　　　　　　　　　　　　　　　　　　　　　　　　　（××监）

<table>
<tr><td>工程名称</td><td>××工程</td><td>编号</td><td>××××</td></tr>
<tr><td colspan="4">致：××监理公司（监理单位）
根据合同约定，我方已完成了开/复工条件，特此申请施工，请核查并批准开/复工。

附件：具备的开工条件
1. 工程施工许可证（复印件）;
2. 施工组织设计;
3. 主要管理人员资格证明;
4. 特殊工种人员资格证明;
5. 施工测量放线;
6. 主要人员、材料、设备进场;
7. 施工现场道路、水电、通信等。
已达到开工条件。

施工单位名称：××建筑工程有限公司　　项目经理（签字）：×××　　××年×月×日</td></tr>
<tr><td colspan="4">审查意见：
所报工程开工资料齐全、有效，具备动工条件。

监理工程师（签字）：××　　××年×月×日

审批结论：
同意于××年×月×日开工。

监理单位名称：××监理公司　　监理工程师（签字）：×××　　××年×月×日</td></tr>
</table>

工程变更费用报审表

B4-02　　　　　　　　　　　　　　　　　　　　　　　　　　（××监）

工程名称	××工程	编号	××××

致：××监理公司（监理单位）

根据第（××）号工程变更单，申请费用如下表，请审核。

项目名称	变更前			变更后			工程量增（+）减（—）/元
	工程量/m^3	单价/元	合计/元	工程量/m^3	单价/元	合计/元	
土方工程	77 003	8.00	616 024.00	79 367	8.00	634 936.00	+18 912
合计			616 024.00			634 936.00	+18 912

施工单位名称：××建筑工程有限公司　　项目经理（签字）：×××　　××年×月×日

审查意见：

1. 工程量符合实际情况。
2. 此变更符合《工程变更单》所包括的工作内容。
3. 定额项目选用合理，单价、合价计算正确。

同意施工单位提出的该项变更费用申请。

监理工程师（签字）：×××　　××年×月×日

监理单位名称：××监理公司　　总监理工程师（签字）：×××　　××年×月×日

临时签证报审表

B4-04　　　　　　　　　　　　　　　　　　　　　　　　　　　　（××监）

<table>
<tr><td>工程名称</td><td>××工程</td><td>编号</td><td>××××</td></tr>
<tr><td>签证的原因或性质</td><td colspan="3"></td></tr>
<tr><td colspan="4">签证内容或简图:

（略）

施工单位（盖章）: ××建筑工程有限公司　　项目经理（签字）: ×××　　××年×月×日</td></tr>
<tr><td colspan="4">审查意见:

监理工程师（签字）: ×××　　××年×月×日
监理单位（盖章）: ××监理公司　　总监理工程师（签字）: ×××　　××年×月×日</td></tr>
</table>

工程款支付报审表

B4-05　　　　　　　　　　　　　　　　　　　　　　　　　　　　　　（××监）

<table>
<tr><td>工程名称</td><td>××工程</td><td>编号</td><td>××××</td></tr>
<tr><td colspan="4">致：××监理公司（监理单位）
我方已完成了±0.00 以下的全部工程内容工作，按施工合同的规定，建设单位应在 2006 年 7 月 1 日前支付该项工程款共计（大写）人民币叁佰陆拾玖万圆整，（小写）¥3 690 000.00，请予以审批。

附件：1. 工程量清单
2. 计算方法

施工单位（盖章）：××建筑工程有限公司　　项目经理（签字）：×××
××年×月×日</td></tr>
<tr><td colspan="4">审批意见：
根据施工合同规定，经审核，同意本期支付工程款共计（大写）人民币叁佰陆拾玖万圆整。

其他：1. 施工单位申报款为：人民币叁佰陆拾玖万圆整。
2. 经审核施工单位应得款为：人民币叁佰陆拾玖万圆整。
3. 本期应扣款为：（无）
4. 本期应付款为：人民币叁佰陆拾玖万圆整。

附件：项目监理部审查记录

监理单位（盖章）：××监理公司　　总监理工程师（签字）：×××　　××年×月×日</td></tr>
</table>

第四章　施工单位文件资料的管理

一、施工单位文件资料的形成过程

施工单位文件资料的形成过程如图 4-1、图 4-2、图 4-3、图 4-4、图 4-5、图 4-6、图 4-7 所示。

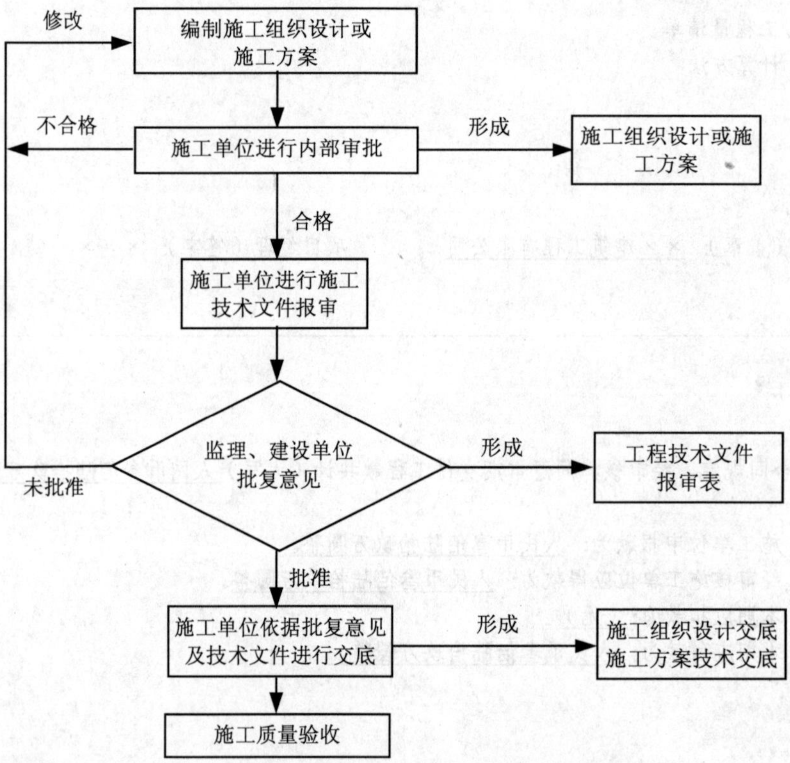

图 4-1　施工单位文件资料形成过程

二、施工单位资料（通用部分）的管理

在建筑工程的各类内业资料中，最为复杂、重要且比较容易出现问题的当属施工资料。根据相关规定，在施工过程中所形成的内业资料，应该按照报验、报审程序，通过施工单位的有关部门审核后，再报送建设单位或监理单位进行审核认定。施工资料的报验、报审具有时限性的要求，与工程有关的各单位应在合同中约定报验、报审的时间及应该承担的责任。如果没有约定，施工资料的申报、审批应遵守国家和当地建设行政主管部门的有关规定，并不得影响正常施工。

对于有分包的工程，总承包方应在与分包方签订的分包合同中，明确施工资料的提交份数、时间及质量等要求。分包方应在工程完工时，按照合同的约定将施工资料及时移交给总承包方。

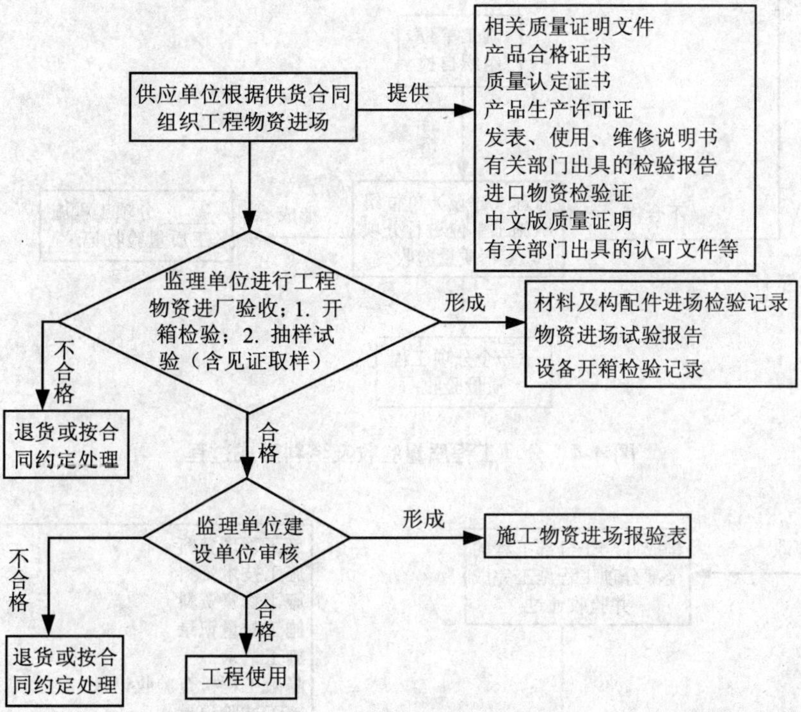

图 4-2　施工物资资料形成过程

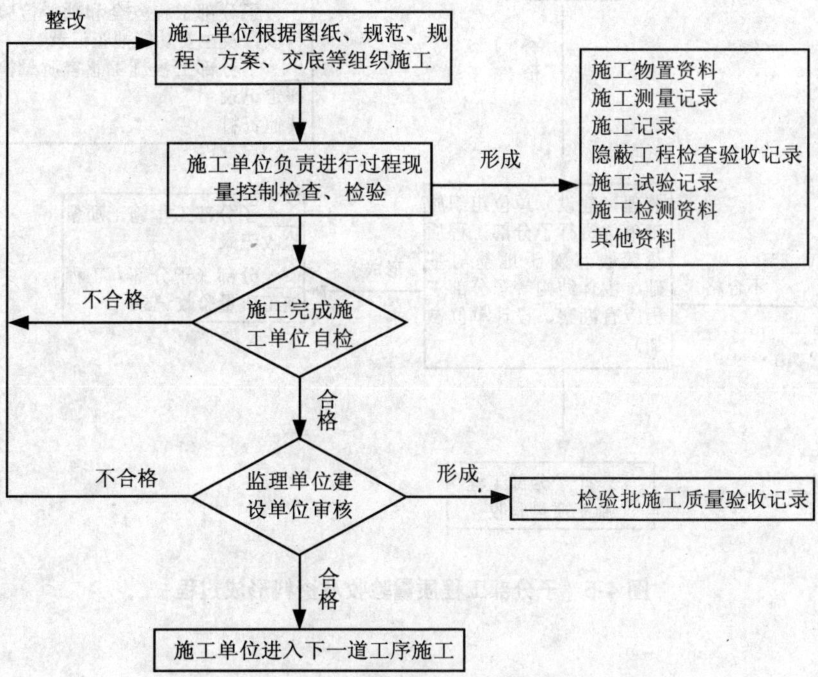

图 4-3　检验批质量验收及资料形成过程

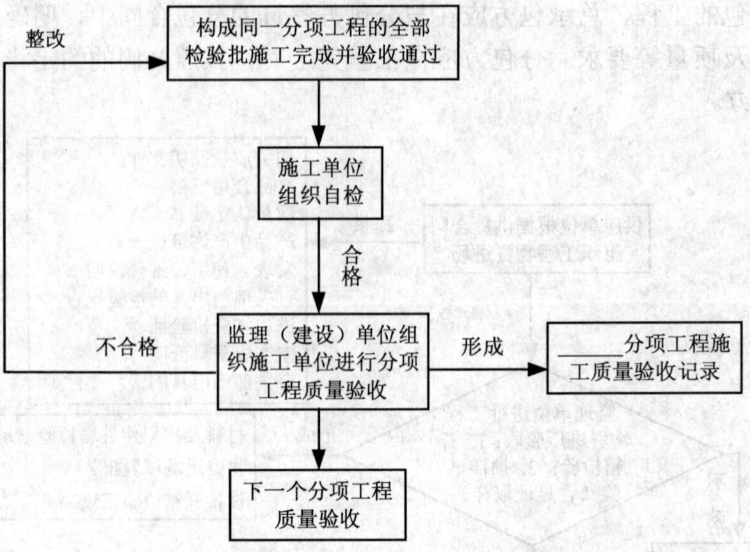

图 4-4　分项工程质量验收及资料形成过程

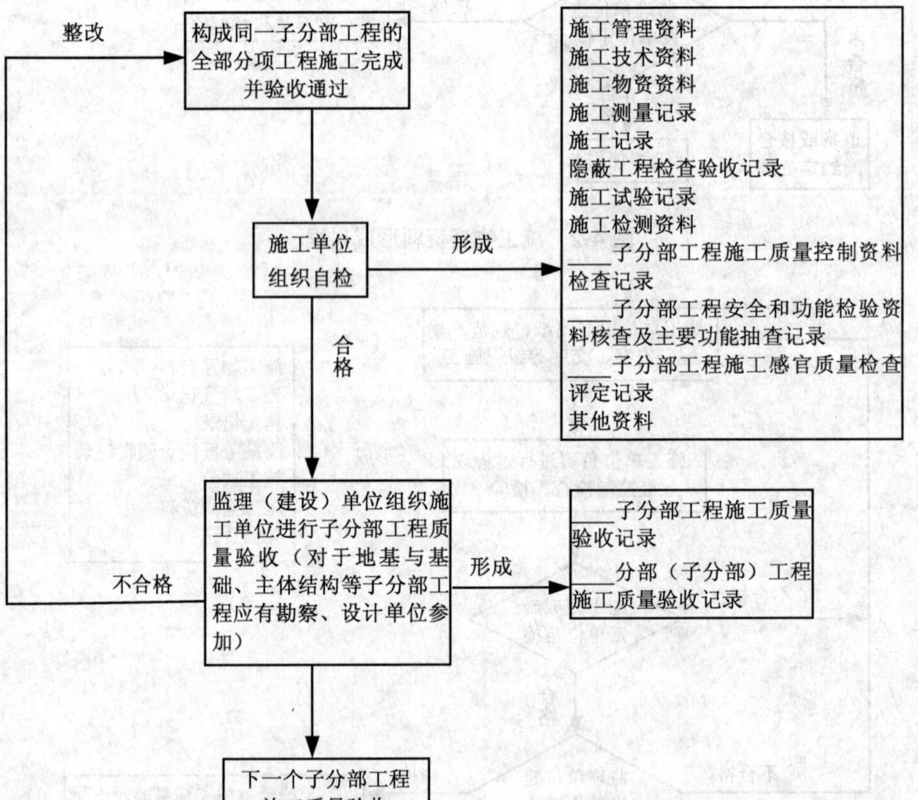

图 4-5　子分部工程质量验收及资料形成过程

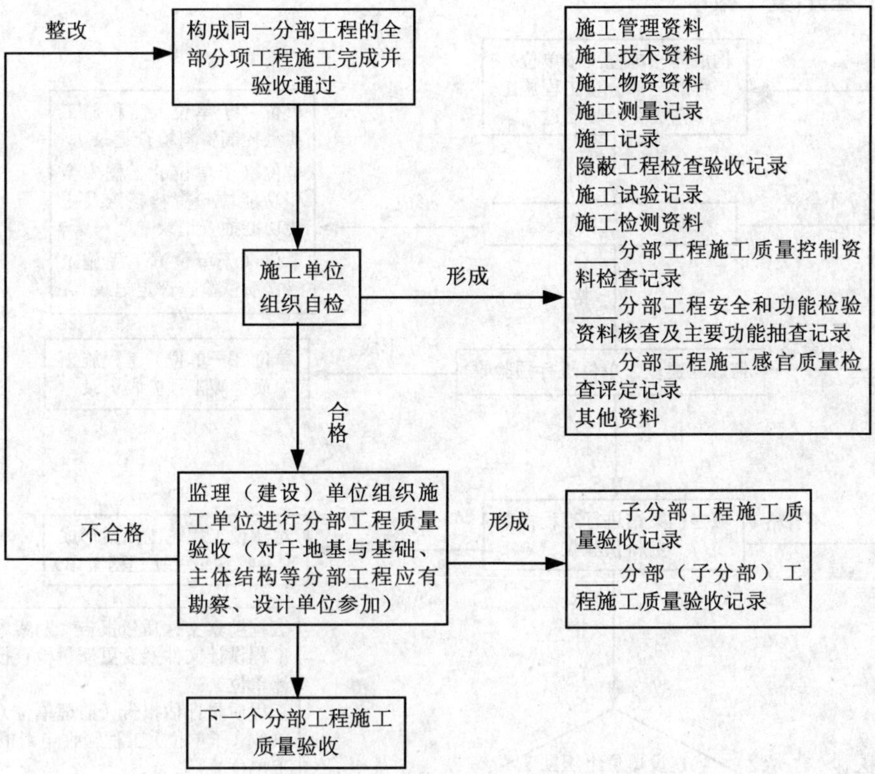

图 4-6　分部工程质量验收及资料形成过程

（一）施工管理资料

施工管理资料是施工单位制定的管理制度，控制质量、安全、工期措施，对人员、物资组织管理等的资料。

1. 施工现场质量管理检查

施工单位应该按照《××省建筑工程施工质量验收标准》统一标准的规定，填写《施工现场质量管理检查记录》，报项目总监理工程师（或建设单位项目负责人）审核确认。

2. 建设工程特殊工种上岗证审查

工程开工前，施工单位应该填写《建设工程特殊工种上岗证审查表》，并附相应证书复印件，报监理单位审核。

3. 《施工日志》

《施工日志》应由项目经理部确定专人负责填写，记录从工程开工之日起至竣工之日止的全部技术质量管理和生产经营活动。

主要内容包括：

（1）生产情况：施工部位、施工内容、机械作业、班组工作以及生产存在的问题等。

（2）技术质量安全活动：技术质量安全措施的贯彻实施、检查评定验收及发生的技术质量安全问题等。

4．工程开/复工报审

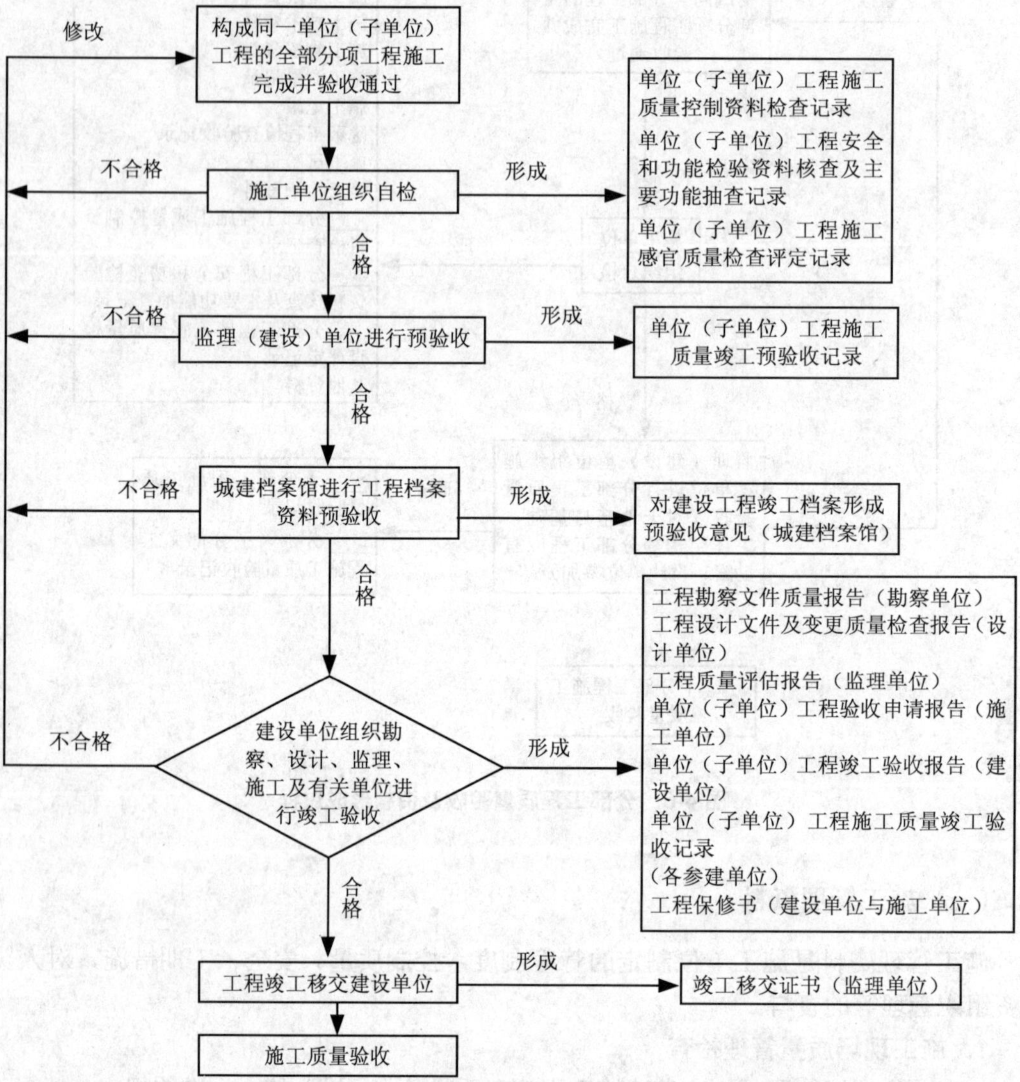

图 4-7 单位（子单位）工程竣工验收及资料形成过程

施工单位在完成施工准备并取得施工许可证之后，应填写《工程开/复工报审表》，向监理（建设）单位提出开工申请，监理（建设）单位应及时审批。

5．《工程停/复工报告》

施工过程中由于某些原因而导致工程需要停工，或停正后经采取措施重新具备施工条件时，施工单位应填写《工程停/复工报告》，报监理（建设）单位审批。

（二）施工技术资料

施工技术资料是施工单位用以指导、规范和科学化施工的资料。

1．单位工程施工组织设计

施工单位在正式施工前编制《单位工程施工组织设计》，经施工单位相关部门审核，由总工程师审批后填写《工程技术文件报审表》，报监理单位审定签字实施。

2．施工方案及专项施工方案专家论证审查报告

主要分部（子分部）、分项工程，重点部位、技术复杂或采用新技术的关键工序应编制《专项施工方案》。冬、雨期施工也应编制冬、雨期施工方案。施工方案应经施工单位相关部门审核，并经总工程师审批后，再填写《工程技术文件报审表》，报监理单位审定签字实施。施工方案也可采用单位工程施工组织设计等相关用表。

另外，根据建设部关于“危险性较大工程安全专项施工方案专家论证审查报告”（建质[2004]213 号）的指示精神，凡是危险性较大的工程必须编制安全专项施工方案，并且必须经过专家论证审查后，方可施工。其安全专项施工方案及专家论证审查意见，均是施工技术资料的重要组成部分。

3．《技术、质量交底记录》

（1）《技术、质量交底记录》是对施工图、设计变更、施工技术规范、施工质量验收标准、操作规程、施工组织设计、施工方案、分项工程施工操作技术，新技术施工方法等进行的具体要求与指导。

（2）技术、质量交底由总工程师、技术质量部门负责人、项目技术负责人、有关技术质量人员及施工人员分别负责，并由交底人和被交底人签字确认。

4．设计交底

施工图纸会审前，建设单位召集设计、监理和施工单位人员，由设计人员进行设计交底，并填写《设计交底记录》，经各方签字后实施。

5．图纸会审

工程开工前，由建设单位组织设计、监理和施工单位有关人员进行施工图纸会审，由施工单位进行记录整理汇总，填写《图纸会审记录》，经各方签字后实施。

6．《设计变更通知单》

工程设计变更时，设计单位应及时签发《设计变更通知单》，经项目总监理工程师（建设单位负责人）审定后，转交施工单位。

7．《工程洽商记录》

《工程洽商记录》应分专业办理，内容应该翔实，如果涉及设计变更时应由设计单位出具《设计变更通知单》。工程洽商记录由提出方填写，各参加方签字。

8．《技术联系（通知）单》

《技术联系（通知）单》是用于施工单位与建设、设计、监理等单位进行技术联系与处理时使用的文件。技术联系（通知）单应写明需解决或交代的具体内容。经协商各方同意签字可代替《设计变更通知单》。

（三）施工物资资料

施工物资资料包括建筑材料、成品、半成品、构配件、器具、设备及附件等的出厂质量证明文件，材料、构配件进场检验记录，试样委托单及试验报告，设备开箱检验记录等。

（1）出厂质量证明文件（产品合格证、质量认证书、检验报告、产品生产许可证、特定产品核准证和进口物资商检证、中文版质量证明、安装、使用、维修说明书）由供应单位提供。施工、监理单位有关人员应在质量证明文件背面“标注章”内签字确认。“标注章”样式如下：

工程名称			
使用部位			
进场日期		进场数量	
施工技术负责人		采购员	
监理工程师		意见	

（2）质量证明文件为复印件时，应与原件内容一致，必须加盖原件存放单位的公章，注明原件存放处，并由经办人签字和注明签字日期。如果质量证明为传真件，则应转换成为复印件再保存。

（3）凡使用的新材料、新产品、新设备均应具有产品质量标准、试验要求、鉴定证书及主要设备生产许可证，并提供安装维修、使用工艺标准等相关技术文件。并且在使用前进行试验和检验。

（4）主要物资进场时，施工、供应单位应（必要时应有监理、建设单位参加）共同对其品种、规格、数量、外观质量及出厂质量证明文件进行检验，填写《材料、构配件进场检验记录》。

（5）设备及附件进场时，建设、监理、施工和供应单位有关专业技术人员应共同开箱检验，填写《____设备开箱检验记录》。

（6）需做进场试验的建筑材料、构配件或对其质量有疑义时，应进行取样或见证取样，填写《试样委托单》送检测单位试验。

（7）施工物资进场经施工单位自检合格后填写《工程物资进场报验表》。

（8）质量证明文件幅面小于A4幅面纸时，将质量证明文件按其先后顺序粘贴在《____质量证明文件粘贴表》。

（四）施工测量记录

施工测量记录是施工中用各种测量仪器和工具，对工程的位置、垂直度及沉降量等进行度量和测定所形成的记录。记录中应有测量依据和过程，并应进行复核检查，监理工程师及有关人员应查验签字。

安装抄测记录是用于各种构件、管道及设备安装时，对轴线、标高及坡度等进行测量控制的记录。施工单位完成抄测后，应填写《___安装抄测记录》，并填报《施工测量放线报验表》，报监理单位审核签字。

（五）施工记录

施工记录是对重要工程项目或关键部位的施工方法、使用材料、构配件、操作人员、时间、施工情况等进行的记载，并经有关人员签字。

各参建单位之间，在对所施工工程相互交接时，应进行交接检查验收，填写《交接检查验收记录》。其记录的内容包括质量情况、遗留问题、工序要求、注意事项、成品保护等。

（六）隐蔽工程检查验收记录

隐蔽工程检查验收记录是指在对被掩埋（盖）的重要工程或关键部位的掩埋（盖）前，由施工单位、监理（建设）单位（有时也需勘察、设计单位参加）共同对工程的相关资料和实物质量进行检查验收所形成的记录（必要时应附简图）。记录必须真实，结论中必须写明工程质量是否符合要求，可否掩埋（盖）进行下道工序施工等，并由有关人员签字或盖章。

施工单位应根据工程结构构造和检查验收的要求，填写《____隐蔽工程检查验收记录》，报监理单位审核签字。

（七）施工检测资料

施工检测资料是对已完工程质量、设备单机试运转、系统调试运行进行现场检测、试验或实物取样的室内试验等所形成的资料。

（1）施工检测按规定应委托检测单位进行，并填写《现场检测委托单》。

（2）混凝土、砂浆检测（试验），应填写《混凝土、砂浆委托单》。

（3）施工检测记录：按照设计要求和规范规定由施工单位做施工检测的工程项目，当没有专用施工检测用表时，应填写《___施工检测记录》。

（4）设备单机试运转记录：设备单机试运转记录应按《___设备单机试运转记录》测试和填写。

（5）系统调试、试运行记录：系统调试、试运行记录包括给排水与采暖系统、水处理系统、通风系统、制冷系统、净化系统、电气系统及智能系统的调试、试运行，按《____系统调试、试运行记录》测试和填写。

（八）检验批、分项工程、分部（子分部）工程施工质量验收记录

建筑工程的检验批、分项工程、分部（子分部）工程施工质量验收按《××省建筑工程施工质量验收标准》统一标准规定执行。

（九）单位（子单位）工程竣工验收资料

包括工程概况、工程质量事故调查与报告、单位（子单位）。工程施工质量竣工验收资料及单位（子单位）工程施工总结等文件。

1. 工程概况

工程概况主要包括单位工程的一般情况、构造特征、机电系统及其他内容。

2. 工程质量事故调（勘）查记录与工程质量事故报告

凡工程发生质量事故；应按《工程质量事故调（勘）查记录》与《工程质量事故报告》中的要求进行填写记录，并按国家建设行政主管部门的有关规定及时上报。

3. 单位（子单位）工程施工质量竣工验收

单位（子单位）工程完工，按《××省建筑工程施工质量验收标准》统一标准要求，施工单位自验收合格后，报监理单位进行工程预验收。监理单位预验收合格后，施工单位填写《单位（子单位）工程验收申请报告》，报建设单位验收。

4．单位（子单位）工程施工总结

单位（子单位）工程施工总结是建筑工程施工的综合性或专题总结资料，由施工单位项目负责人负责编制，应包括以下内容：

（1）工程施工的过程及完成情况。

（2）采用的施工方法和主要技术、管理、组织措施。

（3）工程施工质量情况评价。

（4）施工资料的收集、整理和归档情况。

（5）主要建筑设备及系统的调试情况。

（6）安全和功能情况。

（7）新技术、新工艺、新材料、新产品的推广及应用情况。

（8）经济效益和社会效益。

（9）取得的经验教训。

三、建筑与结构工程施工资料的管理

建筑与结构工程的内业资料包括地基基础、主体结构、装饰装修及屋面工程 4 个分部工程资料的管理内容。

建筑与结构工程的具体内业资料的分类、编号、提供单位与归档保存见表 4-1。

（一）施工物资资料

1．混凝土

（1）混凝土供应单位必须向施工单位提供《预拌混凝土出厂合格证》、《预拌混凝土运输交接记录》和《混凝土抗渗性能检测报告》。

表 4-1 建筑与结构工程资料分类、编号、提供单位与归档保存表

类别	归档文件资料名称	资料编号	提供单位	归档保管单位				
				建设单位	施工单位	设计单位	监理单位	城建档案馆
C3 施工物资资料	出厂质量证明文件							
	各种材料、构件、半成品、成品质量证明文件		供应单位	√	√			√
	钢筋机械连接形式检验报告		技术提供单位	√	√			√
	水泥性能检验报告		供应单位	√	√			√
	砂、石性能检验报告		供应单位	√	√			√
	外加剂性能检验报告		供应单位	√	√			√
	掺合料性能检验报告		供应单位	√	√			
	防水涂料性能检验报告		供应单位	√	√			√
	防水卷材性能检验报告		供应单位	√	√			√
	砖（砌块）性能检验报告		供应单位	√	√			√
	轻骨料性能检验报告		供应单位	√	√			√
	保温材料的外墙外保温系统耐候性检验报告		供应单位	√	√			√

类别	归档文件资料名称	资料编号	提供单位	归档保管单位				
				建设单位	施工单位	设计单位	监理单位	城建档案馆
	胶粉 EPS 颗粒保温浆料外墙外保温系统抗拉强度检验报告		供应单位	√	√			√
	EPS 板现浇混凝土外墙外保温系统黏结强度检验报告		供应单位	√	√			√
	保温材料的外墙外保温系统抗风荷载性能、抗冲击性、吸水量、耐冻融性、热阻、抹面层不透水性、保护层水蒸气渗透阻检验报告		供应单位	√	√			√
	外墙外保温系统组成材料性能检验报告		供应单位	√	√			√
	门、窗性能检验报告（建筑外窗应有三性能检测报告及力学性能检测报告）		供应单位	√	√			√
	吊顶材料性能检验报告		供应单位	√	√			√
	饰面板材性能检验报告		供应单位	√	√			√
	饰面石材性能检验报告		供应单位	√	√			√
	饰面砖性能检验报告		供应单位	√	√			√
	轻质隔墙材料性能检验报告		供应单位	√	√			√
	涂料性能检验报告		供应单位	√	√			√
	玻璃性能检验报告		供应单位	√	√			√
C3 施工物资资料	壁纸、墙布防火、阻燃性能检验报告		供应单位	√	√			√
	装修用胶黏剂性能检验报告		供应单位	√	√			√
	隔声/隔热/阻燃/防潮材料特殊性能检验报告		供应单位	√	√			√
	木结构材料检验报告		供应单位	√	√			√
	材料污染物含量检验报告		供应单位	√	√			√
	预拌混凝土出厂合格	表 C3-05	供应单位	√	√			√
	钢材性能检验报告		供应单位	√	√			√
	试验报告							√
	钢材物理性能试验报告	表 C3-06-1	检测单位	√	√			√
	钢材化学分析试验报告	表 C3-06-2	检测单位	√	√			√
	水泥试验报告	表 C3-07	检测单位	√	√			√
	砂试验报告	表 C3-08	检测单位	√	√			√
	碎（卵）石试验报告	表 C3-09	检测单位	√	√			√
	混凝土早强、减水类外加剂试验报告	表 C3-10-1	检测单位	√	√			
	混凝土引气剂试验报告	表 C3-10-2	检测单位	√	√			√
	混凝土缓凝剂试验报告	表 C3-10-3	检测单位	√	√			√
	混凝土泵送剂试验报告	表 C3-10-4	检测单位	√	√			√
	砂浆防水剂试验报告	表 C3-10-5	检测单位	√	√			√
	混凝土防水剂试验报告	表 C3-10-6	检测单位	√	√			√
	混凝土防冻剂试验报告	表 C3-10-7	检测单位	√	√			√
	混凝土膨胀剂试验报告	表 C3-10-8	检测单位	√	√			√

类别	归档文件资料名称	资料编号	提供单位	归档保管单位				
				建设单位	施工单位	设计单位	监理单位	城建档案馆
C3 施工物资资料	混凝土速凝剂试验报告	表 C3-10-9	检测单位	√	√			√
	砌筑砂浆增塑剂试验报告	表 C3-10-10	检测单位	√	√			√
	掺合料试验报告	表 C3-11	检测单位	√	√			√
	轻骨料试验报告	表 C3-12	检测单位	√	√			√
	烧结普通砖试验报告	表 C3-13-1	检测单位	√	√			√
	烧结空心砖、空心砌砖、烧结多孔砖试验报告	表 C3-13-2	检测单位	√	√			√
	粉煤灰砖试验报告	表 C3-13-3	检测单位	√	√			√
	蒸压灰砂砖、蒸压灰砂空心砖试验报告	表 C3-13-4	检测单位	√	√			√
	粉煤灰砌块试验报告	表 C3-14-1	检测单位	√	√			√
	轻骨料混凝土小型空心砌块试验报告	表 C3-14-2	检测单位	√	√			√
	普通混凝土小型空心砌块试验报告	表 C3-14-3	检测单位	√	√			√
	木结构材料试验报告		检测单位	√	√			√
	膨胀珍珠岩试验报告	表 C3-15	检测单位	√	√			√
	聚苯乙烯泡沫塑料	表 C3-16	检测单位	√	√			√
	胶粉 EPS 颗粒浆料试验报告	表 C3-17	检测单位	√	√			√
	苯板胶黏剂性能试验报告	表 C3-18	检测单位	√	√			√
	耐碱玻璃纤维网格布试验报告	表 C3-19	检测单位	√	√			√
	门窗力学性能试验报告	表 C3-20-1						
	门窗物理性能试验报告	表 C3-20-2						
	门窗保温性能试验报告	表 C3-20-3						
	密封材料试验报告	表 C3-21						
	外墙涂料试验报告	表 C3-22						
	合成树脂乳液内墙涂料试验报告	表 C3-23-1	检测单位	√	√			√
	水溶性内墙涂料试验报告	表 C3-23-2	检测单位	√	√			√
	外墙饰面砖试验报告	表 C3-24	检测单位	√	√			√
	防水涂料试验报告	表 C3-25	检测单位	√	√			√
	防水卷材试验报告	表 C3-26	检测单位	√	√			√
	装饰装修材料有害物质试验报告	表 C3-27	检测单位	√	√			√
C4 施工测量记录	工程定位测量记录	表 C4-2	施工单位	√	√		√	√
	基槽（孔）验线记录	表 C4-3	施工单位	√	√		√	√
	楼层平面放线记录	表 C4-4	施工单位		√			
	楼层标高抄测记录	表 C4-5	施工单位		√			
	建筑物垂直度、标高、全高测量记录	表 C4-6	施工单位	√	√		√	√
	建筑物沉降观测测量记录	表 C4-7	施工单位	√	√			√

类别	归档文件资料名称	资料编号	提供单位	归档保管单位				
				建设单位	施工单位	设计单位	监理单位	城建档案馆
C5 施工记录	地基验槽（孔）记录	表 C5-2	施工单位	√	√			√
	地基处理记录	表 C5-3	施工单位	√	√			√
	预拌混凝土运输交接记录	表 C5-4	施工单位		√			
	混凝土开盘鉴定	表 C5-5	施工单位		√			
	混凝土工程施工记录	表 C5-6	施工单位	√	√		√	
	混凝土拆模申请批准单	表 C5-7	施工单位		√			
	混凝土养护测温记录	表 C5-8	施工单位		√		√	
	大体积混凝土养护测温记录	表 C5-9	施工单位	√	√			
	混凝土结构同条件养护试件测温记录	表 C5-10	施工单位	√	√		√	
	构件安装记录	表 C5-11	施工单位	√	√			
	焊接材料烘焙记录	表 C5-12	施工单位	√	√			
	木结构施工记录		施工单位	√	√			
	涂料施工记录	表 C5-13	施工单位		√			
C7 施工检测记录	锚固抗拔承载力检测报告	表 C7-06	检测单位	√	√			√
	地基平板载荷试验报告	表 C7-07	检测单位	√	√			√
	土工击实试验报告	表 C7-08	检测单位	√	√			√
	回填土密实检测报告	表 C7-09	检测单位	√	√			√
	钢筋（材）焊接接头物理性能检测报告	表 C7-10	检测单位	√	√			√
	钢筋机械连接接头抗拉强度检验报告	表 C7-11	检测单位	√	√			√
	砂浆配合比试验报告	表 C7-12	检测单位	√	√			√
	砂浆抗压强度检测报告	表 C7-13	检测单位	√	√			
	贯入法砂浆抗压强度检测报告	表 C7-14	检测单位	√	√			√
	地下工程防水效果检验记录	表 C7-27	检测单位	√	√			
	防水工程淋（蓄）水检验记录	表 C7-28	检测单位	√	√			√
	通风（烟）道检查记录	表 C7-29	检测单位	√	√			
	墙体传热系数检测报告	表 C7-30	检测单位	√	√			√
	室内环境污染物检测委托单	表 C7-31	检测单位		√			
	室内环境污染物检测报告	表 C7-32	检测单位	√	√			√

（2）现场搅拌混凝土，应有使用原材料的质量证明文件、《混凝土配合比试验报告》、《混凝土开盘鉴定》、《混凝土抗压强度检测报告》和《混凝土抗渗性能检测报告》。

2．预制构件

（1）相关规定：预制构件应有出厂合格证。其出厂合格证中的以下各项应填写齐全，不得有错填和漏填。如委托单位，工程名称，构件的名称、型号、数量及生产日期，合同证编号，合同编号，混凝土设计强度的等级、配合比编号、出厂强度，主筋的种类、规格、机械性能，结构性能，生产许可证等。

对于国家实行产品许可证的大型屋面板、预应力短（长）向圆孔板等，按照相关规定应有产品许可证编号。对于需要采取技术处理措施的，首先必须满足有关技术方面的要求，并且须经有关技术负责人和设计人批准签字，否则不得使用。

资料员应及时收集、整理和验收预制构件的出厂合格证，任何单位和个人不得涂改、伪造、损毁或抽撤预制构件的出厂合格证。如果预制构件的合格证是抄件（如复印件），则应注明原件的编号、存放单位、抄件的时间，并有抄件人、抄件单位的签字和盖章。

（2）注意事项：预制混凝土构件出厂合格证应有生产厂家质检部门的盖章，并应有试验编号和生产日期，以便和生产厂家的有关资料查证核实。使用单位应认真查看合格证中各个项目的数据是否符合规范相关规定。如果发现预制构件存在质量问题，又需要经过有关技术负责人和设计人批准签字后采取技术措施使用的，必须在合格证上明确标注使用的工程项目和具体部位。

与预制构件出厂合格证相关的施工资料还有施工组织设计、设计变更、洽商记录、技术交底、施工日志、施工试验记录、施工记录、隐检记录、预检记录、工程质量检验评定及竣工图等，因此预制构件的合格证不仅应与实际所用的预制构件相一致，还应与以上施工资料对应一致。

3．钢筋与型钢

钢筋、型钢及连接材料进场时应有出厂质量证明文件。钢筋采用机械连接接头施工时，技术提供单位应提供钢筋机械连接形式检验报告。钢筋与型钢应进行见证取样和送检，有《钢材物理性能试验报告》。对于加工过程中钢筋与型钢发生脆断、焊接性能不良、力学性能异常和进口的钢材，应进行化学分析试验，有《钢材化学分析试验报告》。

（1）相关规定：钢筋、型钢及连接材料应有出厂质量合格证及试验报告单，并应按照有关标准的规定抽取试样作机械性能试验。进场时应按炉罐（批）号及规格分批检验，核对标志及外观检查。其产品质量必须合格，应先试验后使用。产品的出厂合格证由其生产厂家质量检验部门提供给使用单位，用以证明其产品质量已达到的各项规定指标。其主要内容包括：出厂日期、检验部门印章、合格证的编号、钢种、规格、数量、机械性能、化学成分等数据和结论。

钢筋和型钢的必试项目有物理必试项目和化学分析。其中物理必试项目包括拉力试验，如屈服强度、抗拉强度、伸长率；冷弯试验，如冷拔低碳钢丝为反复弯曲试验。化学分析主要是分析材料中的碳（C）、硫（S）、磷（P）、锰（Mn）、硅（Si）等的含量。

钢筋和型钢的试验报告单中的委托单位、工程名称及部位、委托试样编号、试件种类、钢材种类、试验项目、试件代表数量、送样时间、试验委托人等，均由试验委托人填写。试验报告单中试验编号、各项试验的测算数据及结论、报告日期等均由检测单位的试验人员依据试验结果填写，试验人、计算人、审核人、负责人签字、试验章等必须齐全。

试验报告单是判定某批材质合格与否的依据，是施工技术资料的重要组成部分，属保证项目。填写必须字迹清楚，项目齐全、真实、准确无误。无未了项目，没检的项目一律填“无”或画上“/”，不得留有空白项。

使用单位应认真核查出厂合格证和试验报告单中的每项数据，看其是否能够达到规范规定的标准数值。无论是物理性能的试验还是化学成分的分析，如不符合技术要求，都应取双倍试件进行复试或报有关人员处理，并将复试合格单或处理的结论附于此报告单的后面，一起进行存档。如果复试还有一项不合格，则判定该验收批钢筋为不合格。

不合格的材料不得使用，应做出相应的处理报告。对于需要采取一定技术处理措施后才能再使用的，应首先满足技术要求，并经有关技术负责人批准后，才能使用。

如果钢筋、型钢存在下列情况之一者，如进口的钢筋或钢材、在加工过程中发生脆断或焊接性能不良或机械性能显著不正常的，必须做化学成分检验。对于有特殊用途要求的，还应进行相应的专项试验。对于集中加工的钢筋、型钢及连接材料，应有由其加工单位出具的出厂证明、钢筋、型钢及连接材料的出厂合格证和钢筋、型钢及连接材料的试验单。另外，对材料的质量有疑义时，还必须按规范进行机械性能试验和化学成分检验，一切合格后才可使用。

资料员应及时收集、整理、核验钢筋、型钢及连接材料的出厂质量合格证和试验报告单。其质量合格证和试验报告单应字迹清楚，项目齐全、准确、真实，不得漏填或填错，且无未了事项，并不得涂改、伪造、损毁或随意抽撤。当批量较大但提供的出厂合格证又较少时，可做抄件（如复印件）备查，并应注明原件证号、存放单位、抄件时间，并且应有抄件人签字、抄件单位盖章。钢筋、型钢及连接材料质量合格证的备注栏内应由施工单位填明使用工程的名称、使用部位等。如果钢筋、型钢及连接材料是在某加工厂集中加工的，还应将其出厂合格证及试验单一并交给使用单位。钢筋、型钢进场时，经外观检查合格后，由技术员、材料采购员、材料保管员分别在合格证上签字，注明使用工程部位后交资料员保管。钢筋、型钢及连接材料的出厂质量合格证、试验报告单均属于主要原材料、成品、半成品出厂质量证明和试（检）验报告资料中的内容，其各验收批合格证和试验报告单应按批组合，按时间先后顺序排列编号，并能对应一致，不得遗漏。

（2）注意事项：钢筋、型钢及连接材料的材质证明必须要做到“双控”，即各验收批的出厂质量合格证和试验报告单二者单缺一不可。而且材质的证明资料与实物应做到物证相符。其出厂质量合格证中必须有生产厂家质量检验部门盖章，试验报告单中必须有检验单位盖章。

使用单位在领取试验报告单之后，一定要认真核对报告单中的各项实测数值与规范规定的标准符合与否。试验报告单中应有试验编号，以便与实验室的有关资料查证核实，并应有明确的结论，签字和盖章均应齐全。对于不合格的试验报告单，应附上双倍试件复试的合格试验报告单或处理报告，并且不合格的试验报告单不得抽撤或毁坏。

与钢筋、型钢及连接材料出厂质量合格证或试验报告单相关的施工资料还有施工组织设计、技术交底、洽商记录、施工日志、焊接试验报告、隐检记录、现场预应力混凝土试验记录、现场预应力张拉施工记录、钢结构安装记录、质量验收记录、竣工图等。因此，其合格证、试验报告单等不仅应与实际所用的工程、部位的实物相一致，还应与以上施工资料一一对应相符。

4．水泥

水泥进场时应有出厂质量证明文件。出厂后 7d 内提供 28d 强度以外的各项指标，32d 内补报 28d 强度报告。水泥进场后应及时按规定见证取样和送检，建立《水泥试验报告》。对水泥质量有疑义或水泥出厂超过 3 个月（快硬硅酸盐水泥超过 1 个月）时，应重新试验。

（1）相关规定：水泥的出厂质量合格证应由生产厂家的质量部门提供给使用单位，作为证明其产品质量性能的依据。生产厂家应在水泥发出之日起 7d 内寄发给使用单位，并在 32d 内补报 28d 强度。水泥的产品质量必须合格，应先试验后使用，使用时应有出厂质量合格证或试验单。使用单位应对其包装或散装仓号、品种、强度等级、出厂日期等进行认真的检查、核对、验收。对于有下列情况之一者，如进口水泥、出厂超过 3 个月或快硬硅酸盐水泥超过 1 个月、承重结构使用的水泥、使用部位对水泥有强度等级要求的，必须进行复试，并且混凝土应重新试配。对于需要采取一定技术措施处理后继续使用的，首先应满足技术方面的要求，并须经过有关技术负责人签字批准后，方可使用。

水泥复试的主要项目有抗折强度与抗压强度、凝结时间、安定性等。常用水泥的必试项目有水泥的抗压强度与抗折强度、水泥安定性、水泥初凝时间等。必要时的试验项目有细度、凝结时间等。

资料员应及时收集、整理和验收水泥出厂质量合格证、试验报告单等，水泥出厂质量合格证中应含有水泥的品种、强度等级、出厂日期、强度（抗折和抗压）、安定性、试验编号等项内容和性能指标。其各项内容和性能指标应填写齐全，不得错漏。水泥的强度应以标养 28d 试件的试验结果为准。其合格证备注栏内应由施工单位填明使用工程的名称、使用的工程部位，并加盖水泥厂印章。

如果水泥的批量较大，厂方提供合格证又较少时，可用抄件（如复印件）备查，但必须注明原件证号、原件存放单位、抄件日期，并有抄件人、抄件单位的签字和盖章。任何单位和个人不得伪造、涂改、损毁或抽撤水泥出厂质量合格证、试验报告单。

（2）注意事项：水泥出厂质量合格证应有生产厂家质量部门的盖章；其试验报告应有试验编号，以便与实验室的有关资料查证核实，并应有明确的结论，签字盖章齐全；生产厂家的水泥 28d 强度补报单不能缺少；使用单位必须认真查看水泥的有效期，对于过期的水泥，必须做复试，并须认真查看试验报告中各项实测数值是否符合规范中规定的标准数值；对于存在质量问题的水泥，根据试验报告的数据可降级使用，但必须经过有关技术负责人签字批准，且应注明使用工程的名称、使用的部位。如果是连续施工的工程，其相邻两次水泥试验的时间也不得超过其有效期。

与水泥出厂合格证和试验报告有关的施工资料还有施工组织设计、设计变更、洽商记录、技术交底、施工日志、混凝土及砂浆配合比申请通知单、混凝土及砂浆试件试压报告、试验编号等。因此，水泥的合格证、试验报告不仅应与实际所用的工程、部位的水泥相符，还应与以上施工资料对应一致。

5. 砂与碎（卵）石

砂、碎（卵）石进场时应有出厂质量证明文件，并应按规定见证取样和送检，有《砂试验报告》、《碎（卵）石试验报告》。对碱-骨料有要求的工程或结构，供应单位还应提供砂、石的碱活性检验报告。

（1）相关规定：砂、碎（卵）石的产品质量必须合格，应先试验后使用，要有出厂质量合格证和试验单。使用前应按照品种、规格、产地、批量的不同进行取样试验。砂的必试项目有筛分析，含泥量，泥块含量。碎（卵）石的必试项目有筛分析、含泥量，泥块含量，针、片状颗粒含量，压碎指标。对于用来配制有特殊要求的混凝土的砂、碎（卵）石，还需做相应的项目试验。

有下列情况之一者，如进口砂或碎（卵）石、无出厂证明的砂或碎（卵）石、对砂或碎（卵）石质量有怀疑的、用于承重结构的砂和碎（卵）石，必须进行复试，混凝土应重新试配。

不合格的砂、碎（卵）石不得使用。对于需要采取一定技术处理措施后再使用的，应首先满足技术方面的要求，并须经过有关技术负责人签字批准后，才可使用。

砂、碎（卵）石产品的出厂合格证由其生产厂家质量检验部门提供给使用单位，用于证明其产品质量已达到的各项规定指标。其主要内容包括：出厂日期、检验部门印章、合格证的编号、品种、规格、数量、颗粒级配、密度、含泥量等数据和结论。

资料员应及时收集、整理、核验砂、碎（卵）石的出厂质量合格证和试验报告单。其质量合格证和试验报告单应字迹清楚，项目齐全、准确、真实，不得漏填或填错，且无未了事项，并不得涂改、伪造、损毁或随意抽撤。如批量较大且提供的出厂合格证又较少时，可做抄件（如复印件）备查，并应注明原件证号、存放单位、抄件时间，并且应有抄件人签字、抄件单位盖章。砂、碎（卵）石质量合格证上备注栏内应由施工单位填明使用工程的名称、使用部位等。

（2）注意事项：砂、碎（卵）石的出厂质量合格证和试验报告单应与实物之间物证相符。其出厂质量合格证上必须由生产厂家质量检验部门盖章，试验报告单中必须有检测单位的相关人员签字、单位盖章。

使用单位一定要认真核对出厂质量合格证和试验报告单中各项实测数值与规范规定的标准符合与否。试验报告单中应有试验编号，以便与实验室的有关资料查证核实。试验报告单中应有明确的结论，并且签字、盖章齐全。对于不合格的试验报告单，应附上双倍试件复试的合格试验报告单或处理报告，并且不合格的试验报告单不得抽撤或毁坏。

与砂、碎（卵）石出厂质量合格证和试验报告单相关的施工资料还有施工组织设计、技术交底、洽商记录、施工日志、混凝土及砂浆配合比申请单及通知单、混凝土及砂浆试块抗压强度报告等施工试验资料、隐检记录、质量验收记录、竣工图等。因此，其合格证、试验报告单等不仅应与实际所用的工程、部位相一致，还应与以上施工资料一一对应相符。

6. 外加剂

外加剂主要包括减水剂、早强剂、缓凝剂、泵送剂、防水剂、防冻剂、膨胀剂、引气剂、速凝剂和砌筑砂浆增塑剂等。在其进场时，应有出厂质量证明文件，并应按规定见证取样和送检，建立《___试验报告》。

（1）有关规定：外加剂的产品质量必须合格，并应先试验后使用，要有出厂质量合格证和试验报告单。合格证的内容包括厂家名称、产品名称、产品特性、主要成分与含量、适用范围、适宜掺量、使用方法与说明、注意事项、匀质性指标、掺外加剂混凝土性能指标、包装、质量、储存条件、出厂日期、有效期等。

对于不同的外加剂其对应的试验项目也不同，一般有减水率、坍落度、含气量、泌水率、凝结时间、抗压强度、钢筋锈蚀、相对耐久性指标等。其试验报告的内容中的委托单位、委托人、工程名称、用途、样品名称、产地及厂家、试样收到的日期、要求试验的项目，均由试验委托人填写，其余部分均由试验人员依据试验人员依据试验测算结果填写，并签字和盖章。对于需要采取一定技术处理措施之后才能使用的外加剂，应首先考虑满足技术方面的要求，并须经过有关技术负责人签字批准后，才可使用。

资料员应及时收集。整理和核查外加剂的出厂质量合格证、试验报告单等，查看其各项内容和性能指标是否填写齐全，不得错填和漏填，字迹应该清晰，项目齐全、真实、准确，并无未了事项。如果外加剂的批量较大，厂方提供合格证又较少时，可用抄件（如复印件）备查，但必须注明原件证号、原件存放单位、抄件日期，并有抄件人、抄件单位的签字和盖章。任何单位和个人不得伪造、涂改、损毁或抽撤。对于有产品防伪认证标志的外加剂，还应在确认其产品与出厂质量合格证与实物相符合之后，摘取一份防伪认证标志，贴在产品出厂质量合格证上，一并存档。

（2）注意事项：使用单位应该认真查看外加剂的试验报告单及出厂质量合格证，查看其要求的试验项目是否试验齐全，试验的编号、签字、盖章齐全与否，实测数值是否符合规范和设计的技术要求，结论是否明确。对于不符合要求的项目，应及时进行复试或报有关工程技术负责人进行处理。对于不合格的试验报告单不得抽撤或毁坏，并应附上复试的合格试验报告单或处理报告一并存档。

外加剂应在其产品有效期内使用，且使用前应进行性能方面的试验。与其出厂质量合格证和试验报告单有关的施工技术资料还有施工组织设计、技术交底、洽商记录、施工日志、混凝土或砌筑砂浆的配合比申请单和通知单、试件试压报告单、施工记录、预检记录、隐检记录、质量评定等。因此，其出厂质量合格证和试验报告单不仅应与实际所用的工程、部位相一致，还应与以上施工资料一一对应相符。

7．掺合料

（1）掺合料主要包括粉煤灰、粒化高炉矿渣粉、沸石粉、硅灰和复合掺合料等。

（2）掺合料进场时，应有由厂质量证明文件，并应按规定见证取样和送检，建立《掺合料试验报告》。

8．轻骨料

轻骨料进场时，应有出厂质量证明文件，并应按规定见证取样和送检，建立《轻骨料试验报告》。

9．砖与砌块

砖与砌块进场时，应有出厂质量证明文件，并应按规定见证取样和送检，建立《___试验报告》。

（1）相关规定：砖和砌块的产品质量必须合格，应先试验后使用，要有出厂质量合格证和试验报告单。使用前应按照品种、规格、产地、批量的不同进行取样试验。砖的必试项目为抗压强度。如试验的结果不合格，则应取双倍试样进行复试。再不合格，则判定该验收批为不合格。

有下列情况之一者，如对其材质有怀疑的、用于承重结构的，应进行复试。对于不合格的材料，不得使用，并应做出相应的处理报告。对于需要采取一定技术处理措施后才能再使用的砖或砌块，应首先满足技术要求，并经有关技术负责人批准后，才能使用。

资料员应及时收集、整理、核验砖和砌块的出厂质量合格证和试验报告单。其质量合格证和试验报告单应字迹清楚，项目齐全、准确、真实，不得漏填或填错，且无未了事项，并不得涂改、伪造、损毁或随意抽撤。如批量较大且提供的出厂合格证又较少时，可做抄件（复印件）备查，并应注明原件证号、存放单位、抄件时间，并且应有抄件人签字、抄件单位盖章。

（2）注意事项：砖、砌块的出厂质量合格证和试验报告单应与实物之间物证相符。

其出厂质量合格证中必须有生产厂家质量检验部门盖章，试验报告单中应有检测单位的相关人员签字、单位盖章。

试验报告单中应有试验编号，以便与实验室的有关资料查证核实，并应有明确的结论，签字、盖章齐全。对于不合格的试验报告单，应附上双倍试件复试的合格试验报告单或处理报告，并且不合格的试验报告单不得抽撤或毁坏。

使用单位一定要认真核对砖、砌块的试验报告单中各项实测数值与规范和设计中技术要求符合与否。与砖、砌块出厂质量合格证和试验报告单相关的施工资料还有施工组织设计、技术交底、洽商记录、施工日志、隐检记录、质量验收记录、竣工图等。因此，其合格证、试验报告单等不仅应与实际所用的工程、部位相一致，还应与以上施工资料一一对应相符。

10．木结构工程物资

木结构工程物资主要包括方木、原木、胶合木、胶黏剂、钢连接件、层板、胶合木构件等。进场时，应有出厂质量证明文件，并应进行见证取样和送检，建立相应试验报告。

11．建筑节能物资

（1）建筑节能物资包括建筑砌块、板材、节能门窗、建筑密封胶、粘结苯板专用胶、耐碱玻璃纤维网格布、锚钉、绝热用模塑聚苯乙烯泡沫塑料（EPS）、绝热用挤塑聚苯乙烯泡沫塑（XPS）及胶粉 EPS 颗粒浆料等。

（2）建筑节能产品进场时应有出厂质量证明文件，并应按规定见证取样和送检，建立相应试验报告。

12．装饰装修物资

（1）装饰装修物资主要包括抹灰材料、地面材料、门窗材料、吊顶材料、轻质隔墙材料、饰面板（砖）、石材、涂料、裱糊与软包材料和细部工程材料等。

（2）主要装饰装修物资进场时，应有出厂质量证明文件，并应进行见证取样和送检，建立相应试验报告。

（3）建筑外窗应有力学、物理和保温性能试验报告。

（4）有隔声、隔热、防火阻燃、防水防潮和防腐等特殊要求的物资，应建立相应的性能试验报告。

（5）需做污染物检测的材料，应有污染物含量试验报告。室内装饰装修用花岗岩石材应有放射性试验报告，人造木板及饰面人造板应有甲醛含量试验报告。

（6）当规范和合同有要求，或对材料质量产生疑义时，应进行见证取样和送检，并建立相应试验报告。

13．防水材料

防水材料主要包括防水涂料、防水卷材、胶黏剂、止水带、膨胀胶条、密封膏、密封胶、水泥基渗透结晶型防水材料等。其进场时应有出厂质量证明文件，并应按规定见证取样和送检，有《防水涂料试验报告》、《防水卷材试验报告》。

（1）相关规定：防水材料的产品质量必须合格，应先试验后使用，要有出厂质量合格证和试验单。如油毡应有出厂质量合格证，其内容主要包括品种、标号等各项技术指标，并应进行抽样检验，检验内容为不透水性、拉力、柔度和耐热度等。沥青在使用前应进行试验，试验的内容为针入度、软化点和延度等。在配制玛璃脂或直接使用普通石油沥青时，均应按照规范要求进行耐热度、黏结力、柔韧性三性试验。配制玛璃脂或两种不同标号沥青混用时，还应有试配单。其他防水材料也必须有出厂质量合格证和进场复试报告单。

石油沥青的必试项目有软化点、针入度、延度。卷材的必试项目有拉力试验、耐热度试验、不透水性试验、柔度试验等。不合格的防水材料不得使用。对于需要采取一定技术处理措施后方允许使用的，应首先满足技术方面的要求，并须经过有关技术负责人签字批准后，才可以使用。

防水材料产品的出厂合格证由其生产厂家质量检验部门提供给使用单位，用于证明其产品质量已达到的各项规定指标。其主要内容包括出厂日期、检验部门印章、合格证的编号、品种、规格、数量、各项技术指标、包装、标识、重量、面积、产品的外观、物理性能等。

资料员应及时收集、整理、核验防水材料的出厂质量合格证和试验报告单。其质量合格证和试验报告单均应字迹清楚，项目齐全、真实、准确，不得漏填或填错，且无未了事项，并不得涂改、伪造、损毁或随意抽撤。如批量较大且提供的出厂合格证又较少时，可做抄件（如复印件）备查，并应注明原件证号、存放单位、抄件时间，并且应有抄件人签字、抄件单位盖章。对于有产品防伪认证标志的防水材料，还应在确认其产品与出厂质量合格证物证相符合之后，摘取一份防伪认证标志，贴在产品出厂质量合格证上，一并存档。

（2）注意事项：防水材料的材质证明必须做到“双控”，即各验收批的出厂质量合格证和试验报告单，二者缺一不可，而且材质的证明资料与实物应做到物证相符。其出厂质量合格证中必须有生产厂家质量检验部门的盖章，试验报告单中应有试验单位的相关人员签字和单位盖章。防水材料的试验报告单应有试验编号，以便与试验的有关资料查证核实，材质证明应有明确结论，并且签字和盖章均应齐全。

使用单位一定要核验防水材料试验报告单中的各项实测数值，看其是否符合规范和设计的技术要求。对于不合格的试验报告单，不允许抽撤或销毁，应附上双倍试件复试合格试验报告单或处理报告，一并存档。

与防水材料出厂质量合格证和试验报告单相关的施工资料还有施工组织设计、技术交底、洽商记录、施工日志、隐检记录、质量验收记录、竣工图等。因此，其合格证、试验报告单等不仅应与实际所用的工程、部位相一致，还应与以上施工资料一一对应相符。

（二）施工测量记录

1. 工程定位测量

依据规划部门提供的红线桩、放线成果及总平面图（场地控制网），测定建筑物位置、主控轴线及尺寸、建筑物的±0.000高程，填写《工程定位测量记录》、填报《施工测量放线报验表》，报监理单位审核签字后，由建设单位报规划部门验线。

2. 基槽（孔）验线

通常把对建筑工程项目的基槽（孔）轴线、放坡边线等几何尺寸进行复验的工作叫做基槽（孔）验线。它是依据主控轴线和基础平面图，主要检验建筑物基底外轮廓线、集水坑、电梯井坑、基槽（孔）断面尺寸、坡度等，看其是否符合设计要求。填写《基槽（孔）验线记录》、填报《施工测量放线报验表》，报监理单位审核签字。

3．楼层平面放线

楼层平面放线内容主要有轴线控制线、各层墙柱轴线与边线、门窗洞口位置线及平面尺寸线等。施工单位完成楼层平面放线后，应填写《楼层平面放线记录》、填报《施工测量放线报验表》，报监理单位审核签字。

4．楼层标高抄测

楼层标高抄测内容包括楼层＋0.5 m（或＋1.0 m）水平控制线、楼地面、顶棚与门窗口标高等。施工单位完成楼层标高抄测后，填写《楼层标高抄测记录》、填报《施工测量放线报验表》，报监理单位审核签字。

5．建筑物垂直度、标高、全高测量

施工单位在结构工程施工和工程竣工时，选定测量点及测量次数，对建筑物垂直度和全高进行实测，填写《建筑物垂直度、标高、全高测量记录》、填报《施工测量放线报验表》，报监理单位审核签字。

6．建筑物沉降观测测量

（1）凡需要沉降观测的工程，由施工单位负责施工过程中的沉降观测工作，填写《建筑物沉降观测测量记录》、填报《施工测量放线报验表》，报监理单位审核签字。重要、大型工程应由建设单位委托有资质的测量单位进行沉降观测。

（2）施工单位按监理工程师批准的观测方案，设置沉降观测点，绘制沉降观测点布置图，随同工程形象（载荷阶段）进行测量和记录。沉降观测工作结束后应提供沉降观测成果表、沉降观测点分布图及周期沉降展开图、*v-t-s*（沉降速度、时间、沉降量）曲线图或*p-t-s*（荷载、时间、沉降量）曲线图和沉降观测分析报告。

（三）施工记录

1．地基验槽（孔）

所有建（构）筑物必须进行地基基槽（孔）验收，内容包括基坑（孔）位置、平面尺寸、持力层核查、基底绝对高程和相对标高、基底土质、地下水位以及有无坑、穴、洞、古墓、人防工程设施等。填写《地基验槽（孔）记录》，由建设、勘察、设计、监理、施工单位共同验收签字。

地基验槽（孔）的目的是检查地基的土质与勘探报告的土质是否一致，标高和设计图纸的要求是否一致，以满足地耐力的要求，保证建筑物的结构安全。

验槽时应根据工程地质勘察报告、设计要求及钎探记录、地基处理记录、基槽复验记录、地基处理情况的洽商说明等资料，对地基进行实地检查。应注意查看基槽的几何尺寸（如标高、槽宽、放坡情况）是否符合设计要求，基底是否挖至设计要求的原土层，基底土质颜色是否均匀一致，且坚硬程度一样，注意含水量是否出现异常现象，地基有无局部软硬不均的地方，有无坑、穴、洞、古墓、人防工程设施等。

2．地基处理

施工单位应依据设计单位出具的处理方案进行地基处理，填写《地基处理记录》，报勘察、设计、监理（建设）单位检查验收。

地基处理方案一般是经验槽后，确实需要进行地基处理时，先由勘察设计单位提出处理方案，施工单位记录并写成的书面处理方案。在地基处理方案中应写明工程名称、验槽时间及钎探记录分析等，并应详细说明实际的地基情况与地质勘察报告是否相符，注明需要处理的准确部位，写明需要处理的实际情况，以及处理的具体方式方法及质量要求，再由勘探单位和设计单位的代表签字盖章确认，最后再将该地基处理方案上报当地建筑工程质量监督部门检查，并签字盖章确认。

3．预拌混凝土运输交接

预拌混凝土供应单位应随车向施工单位提供《预拌混凝土运输交接记录》。冬期施工时应测量现场出罐温度。

4．混凝土开盘鉴定

（1）预拌混凝土，应对首次使用的混凝土配合比在混凝土出厂前，自混凝土供应单位进行开盘鉴定并保存相应资料。

（2）现场搅拌混凝土首次使用配合比时，由施工单位、监理单位、搅拌机组、混凝土试配单位进行开盘鉴定，共同认定《混凝土配合比试验报告》的组成材料是否与现场施工所用材料相符，以及混凝土拌合物性能是否满足设计要求和施工需要，填写《混凝土开盘鉴定书》。鉴定结论由参加各方协商确定。

5．混凝土工程施工

不论混凝土浇筑工程量大小，均应对混凝土施工情况进行全面真实记录。混凝土施工过程中，施工单位邀请监理单位见证，每工作台班（且不超过 $50m^3$）至少检测一次，填写《混凝土工程施工记录》。冬期施工时，还应符合冬期施工有关规定。

6．混凝土拆模申请批准单

在拆除现浇混凝土结构板、梁、悬臂构件等底模和柱墙侧模前，填写《混凝土拆模申请批准单》，并附同条件混凝土强度报告，报项目技术负责人审批，然后按批准日期拆模。

7．混凝土养护测温

（1）混凝土冬期施工时，应进行养护测温，填写《混凝土养护测温记录》。

（2）混凝土冬期施工养护测温，应附测温点布置图，包括测温点的部位、深度等。

8．大体积混凝土养护测温

（1）大体积混凝土施工应进行测温，填写《大体积混凝土养护测温记录》。当实测结果不满足温控指标的要求时，应调整保温养护措施。

（2）大体积混凝土养护测温，应附测温点布置图和温度曲线分析图。

9．混凝土结构同条件养护试件测温

混凝土结构同条件养护试件应进行测温，填写《混凝土结构同条件养护试件测温记录》。同条件试件养护时间应在达到等效养护龄期时进行强度试验。

10．构件安装

预制混凝土构件、大型木构件安装填写《___构件安装记录》，报监理单位审核签字。

11．焊接材料烘焙

按规定需烘焙的焊接材料应进行烘焙，并填写《焊接材料烘焙记录》。

12．木结构施工记录

（1）木结构工程应有制作、防腐、防火处理、安装等施工记录，由专业施工单位提供施工记录。

（2）仿古建筑木结构工程的施工记录应由专业施工单位负责提供，并单独组卷。

13．涂料施工

涂料工程施工应填写《涂料施工记录》。

（四）隐蔽工程检查验收

建筑与结构工程隐蔽检查的项目在隐蔽前进行检查验收，填写《___隐蔽工程检查验收记录》，报监理单位审核签认。

（五）施工检测资料

1．锚固抗拔承载力检测

用于建筑工程结构上的预埋件、后置埋件、植筋等涉及结构安全与使用功能的工程项目，应由试验单位出具《锚固抗拔承载力检测报告》。

2．地基载荷试验

当设计要求或经过处理的地基需要进行地基承载力检测时，应由试验单位出具《地基平板载荷试验报告》，并绘制检测平面示意图。

3．回填土

（1）回填土方应测定土的最大干密度和最优含水率，确定最小干密度控制值，由试验单位出具《土工击实试验报告》。

（2）按要求绘制回填土取样点平面示意图，分段、分层取样做密度检测，有《回填土密度检测报告》。

4．钢筋焊接接头、机械连接接头

应按焊（连）接类型和验收批进行现场取样检测，由试验单位出具检测报告。

5．砌筑砂浆

（1）有试验室出具的《砂浆配合比试验报告》。

（2）有按规定留置的龄期为 28d 标养试件，按规定实行见证取样和送检，由试验单位出具《砂浆抗压强度检测报告》。

（3）结构有不合格批砂浆，或未按规定留置试件的，应有结构处理的相关资料；需要检测的，由检测机构出具《贯入法砌筑砂浆强度检测报告》。

（4）具备条件的工程应有《砌筑砂浆试块抗压强度统计、评定记录》。

6．混凝土

（1）现场搅拌混凝土、预拌混凝土应有试验室出具的《混凝土配合比试验报告》。

（2）按规定留置龄期为 28d 标养试件和同条件养护试件，按规定实行见证取样和送检，由检测单位出具《混凝土抗压强度检测报告》。冬期施工还应有受冻临界强度和负温转入常温 28d 同条件试件的抗压强度检测报告。

（3）具备条件的工程应有《混凝土试块抗压强度统计、评定记录》。

（4）结构如有不合格批混凝土，或未按规定留置试块的，应有结构处理的相关资料；

需要检测的，应有《回弹法混凝土强度检测报告》或《取芯法混凝土强度检测报告》。

（5）抗渗混凝土应有《混凝土抗渗性能检测报告》。

（6）有特殊性能要求的混凝土，应有专项试验检测资料。

7. 混凝土结构实体检验

（1）涉及混凝土结构安全的重要部位应进行结构实体检验，并实行见证取样或确定检测部位，填写《混凝土、砂浆委托单》和《钢筋保护层厚度检测委托单》。委托检测机构检测。结构实体检验的内容包括结构同条件养护试件的《混凝土抗压强度检测报告》、《结构同条件养护混凝土试件强度验收记录》和《钢筋保护层厚度检测报告》。

（2）结构实体检测资料由施工单位汇总审核后，再报监理单位审查签字。

8. 建筑装饰装修工程

（1）地面回填土应有《回填土密度检测报告》。

（2）装饰装修工程使用的砂浆和混凝土应有配合比试验报告和强度检测报告，有抗渗要求的还应有抗渗性能检测报告。

（3）外墙饰面砖粘贴前，应在相同基层上做样板件，并对样板件的饰面砖黏结强度进行检测，有《饰面砖黏结力检测报告》，检验方法和结果判定应符合相关标准规定。

9. 木结构工程

（1）胶合木结构工程的层板胶缝应有《木结构胶缝检测报告》。

（2）木构件防护剂应有保持量和透入度检测报告。

10. 地下工程防水效果检验

地下工程验收时，应对地下工程有无渗漏现象进行检查，填写《地下工程防水效果检验记录》。

11. 防水工程淋（蓄）水检验

游泳池、消防水池等蓄水工程、屋面工程和有防水要求的地面工程应进行淋（蓄）水检验，填写《防水工程淋（蓄）水检验记录》。

12. 建筑通风（烟）道检查

建筑通风（烟）道应全数做通（抽）风和漏风、串风等检查试验，并填写《通风（烟）道检查记录》。

13. 墙体内表面潮湿、结露（霜）及霉变检验

建筑工程完工时，应检查外墙体内表面是否有潮湿、结露（霜）及霉变等现象，填写《施工检测记录》。

14. 墙体保温性能检测

建筑工程完工后，应对外墙进行保温生能检测，由检测机构出具《墙体传热系数检测报告》。

15. 室内环境污染物检测

（1）民用建筑工程应按照现行国家规范要求，工程交付使用前对室内环境进行质量验收。

（2）由建设单位填写《室内环境污染物检测委托单》，应委托检测机构进行检测，有《室内环境污染物检测报告》。

（六）可能进行单独组卷的子分部（分项）工程

1．基坑工程

基坑工程资料的分类、编号、提供单位与归档保存见表 4-2。

表 4-2　基坑工程资料的分类、编号、提供单位与归档保存表

类别	工程资料名称	资料编号	提供单位	归档保存单位				
				建设单位	施工单位	设计单位	监理单位	城建档案馆
C7 施工检测资料	基坑支护变形监测记录	表 C7-33	施工单位	√			√	

（1）施工方案应有专家论证、审查文件。

（2）支护结构、降水与排水等施工记录由专业施工单位提供。

（3）隐蔽工程检查验收：

① 基坑工程施工过程中应进行隐蔽检查的项目在隐蔽前检查验收，填写《____隐蔽工程检查验收记录》，报监理单位审核签字。

② 基坑工程隐蔽工程检查验收内容包括锚杆与土钉的品种、规格数量、埋入长度、钻孔直径和角度等，地下连续墙的成槽宽度、深度、垂直度、钢筋笼规格与位置、槽底清理与沉渣厚度等。

（4）施工检测资料：

1）基坑支护工程施工检测：

① 基坑支护工程用锚杆、土钉应按设计要求进行现场锁定力（抗拔力）抽样检测，由检测机构出具《锚固抗拔承载力检测报告》。

② 在基坑开挖和支护结构工作期间，应对支护结构变形进行监测，填写《基坑支护变形监测记录》，并附基坑（观测点）平面示意图。

2）基坑工程的其他施工检测应按有关规定进行。

2．桩基工程

桩基工程资料的分类、编号、提供单位与归档保存见表 4-3。

（1）桩孔验线：依据主控轴线和基础平面图，检验桩孔尺寸与位置，填写《基槽（孔）验线记录》，填报《施工测量放线报验表》，报监理单位审核签字。

（2）施工记录：桩基工程施工填写《桩施工记录》。

（3）隐蔽工程检查验收：

1）桩基工程施工过程中应进行隐蔽检查的项目在隐蔽前检查验收，填写《____隐蔽工程检查验收记录》，报监理单位审核签字。

2）桩基工程隐蔽工程检查验收内容包括桩混凝土、钢筋笼规格与尺寸及材料试验报告、预制桩连接与混凝土强度、桩头处理后桩的位置偏差、桩截面尺寸、桩顶标高及防水处理等。

（4）施工检测：

1）桩基必须进行承载力和桩身完整性检测，车由检测单位出具《基桩检测报告》。

2）桩基工程其他检测项目应按有关规定进行。

3）施工检测资料用表 C7-34。

表 4-3　桩基工程资料的分类、编号、提供单位与归档保存表

类别	工程资料名称	资料编号	提供单位	归档保存单位				
				建设单位	施工单位	设计单位	监理单位	城建档案馆
C5 施工记录	混凝土灌注桩施工记录	表 C5-14	施工单位	√	√			√
	钻孔后压浆混凝土灌注桩施工记录	表 C5-15	施工单位	√	√			√
	钻孔后压浆灌注桩施工记录	表 C5-16	施工单位	√	√			√
	振动沉管灌注桩施工记录	表 C5-17	施工单位	√	√			√
	混凝土预制打桩施工记录	表 C5-18	施工单位	√	√			√
	静力压桩施工记录	表 C5-19	施工单位	√	√			√
C7 施工检测记录	基桩检测报告	表 C7-34	检测单位	√	√			√

3．预应力工程

预应力工程资料的分类、编号、提供单位与归档保存见表 4-4。

表 4-4　预应力工程资料的分类、编号、提供单位与归档保存表

类别	工程资料名称	资料编号	提供单位	归档保存单位				
				建设单位	施工单位	设计单位	监理单位	城建档案馆
C3 施工物资资料	**出厂质量证明文件**							
	预应力钢筋性能检测报告		供应单位	√	√			√
	预应力锚具、夹具和连续器性检验报告		供应单位	√	√			√
	试验报告							
	预应力钢筋力学性能检验报告	表 C3-28	检测单位	√	√			√
	预应力锚具、夹具和连续性能实验报告	表 C3-29	检测单位	√	√			√
C5 施工记录	预应力钢筋固定、张拉端施工记录	表 C5-20	施工单位	√	√			√
	预应力钢筋张拉记录	表 C5-21	施工单位	√	√			
	预应力钢筋封锚记录	表 C5-22	施工单位	√	√			√
	有黏结力预应力孔道灌浆记录	表 C5-23	施工单位	√	√			√

（1）施工物资资料：

1）预应力工程物资资料主要包括预应力筋、锚（夹）具和连接器、水泥、外加剂和预应力筋孔道用螺旋管等出厂质量证明文件。

2）预应力筋、锚（夹）具、连接器、孔道灌浆用水泥及外加剂等应按照规定见证取

样和送检，有试验报告。

（2）施工记录：

1）预应力筋张拉前应检查固定、张拉端质量情况及顺序编号等，填写《预应力筋固定、张拉端施工记录》。

2）预应力筋张拉时应记录张拉顺序（示意图）、张拉力、伸长值等，并按规定见证张拉，填写《预应力筋张拉记录》。

3）预应力筋张拉完毕后应及时进行封锚处理与检查，填写《预应力筋封锚记录》。

4）后张法有黏结预应力筋张拉后应及时灌浆，填写《有黏结预应力孔道灌浆记录》。

（3）隐蔽工程检查验收：

1）预应力工程应进行隐蔽检查的项目在隐蔽前检查验收，填写《____隐蔽工程检查验收记录》。

2）预应力工程隐蔽工程检查验收内容包括预留孔道的规格、数量、位置、形状、端部预埋垫板，预应力筋锚（夹）具、连接器等的规格、数量、编号、质量证明文件与试验报告，预应力筋下料长度、切断方法、安装位置偏差、固定、护套的完整性等。

（4）预应力工程施工检测：有黏结预应力筋孔道灌注的水泥浆应参照砂浆要求留置试块，出具抗压强度报告，即《砂浆抗压强度检测报告》。

4．钢结构工程

钢结构工程资料的分类、编号、提供单位与归档保存见表4-5。

（1）施工物资资料：

1）钢结构工程物资主要包括钢材、钢铸件、焊接材料、连接用紧固件及配件、防火防腐涂料、焊接（螺栓）球、封板、锥头、套筒和金属压型板等。

2）主要物资应有出厂质量证明文件，包括出厂合格证、检验报告和中文标志等。

3）对属于下列情况之一的钢材，应进行见证取样，做钢材力学性能和化学分析试验。

① 国外进口钢材。

② 钢材混批。

③ 板厚等于或大于40 mm，且设计有Z项性能要求的厚板。

④ 建筑结构安全等级一级，大跨度钢结构中主要受力构件所采用的钢材。

⑤ 设计有试验要求的钢材。

⑥ 对质量有疑义的钢材。

4）防腐防火涂料进场应进行试验并有试验报告。

5）重要钢结构所用的焊接材料需见证取样试验。

重要钢结构是指：

① 建筑结构安全等级为一级的一、二级焊缝。

② 建筑结构安全等级为二级的一级焊缝。

③ 大跨度结构中一级焊缝。

④ 重级工作制作吊车梁结构中的一级焊缝。

⑤设计要求。

6）高强度大六角头螺栓连接副应有扭矩系数检验报告，扭剪型高强度螺栓连接副应有紧固轴力检验报告，并按规定做进场试验，并见证取样和送检。

7）普通螺栓作为永久性连接螺栓时，以及设计有要求或对其质量有疑义时，进行螺栓实物最小拉力载荷试验（表 C3-35）。

（2）施工记录：

1）焊材烘焙记录。

2）钢结构防腐（火）涂料施工记录内容包括基层表面处理方法、环境温度、相对湿度、涂刷方法、间隔时间、干燥方式等。填写《钢结构防腐（火）涂料施工记录》。

3）钢结构制作填写《钢结构制作记录》，内容包括规格型号、数量、尺寸等。

4）钢结构安装填写《钢结构安装记录》，内容包括规格型号、数量、搭接长度、接头处理、固定方法、平面位置、标高、垂直度、水平度等。

5）钢结构焊接填写《钢结构焊接记录》，内容包括母材、焊接材料、焊接工艺、构件编号、焊缝编号等，必要时应并用《焊接记录附图》。

表 4-5 钢结构工程资料的分类、编号、提供单位与归档保存表

类别	工程资料名称	资料编号	提供单位	归档保存单位				
				建设单位	施工单位	设计单位	监理单位	城建档案馆
C3 施工物资资料	**出厂质量证明文件**							
	钢材钢构件性能检验报告		供应单位	√	√			√
	钢材化学分析检验报告		供应单位	√	√			√
	焊接材料检验报告		供应单位	√	√			√
	连接用紧固标准件性能检验报告		供应单位	√	√			√
	高强度大六角头螺栓连接副紧固轴力检验报告		供应单位	√	√			√
	扭剪型高强度螺栓连接副紧固轴力检验报告		供应单位	√	√			
	焊接球及制造焊接球所采用的原材料性能检验报告		供应单位	√	√			√
	螺栓球及制造螺栓球节点采用的原材料性能检验报告		供应单位	√	√			√
	封板、锥头和套筒及其原材料性能检验报告		供应单位	√	√			√
	金属压型板及原材料检验报告		供应单位	√	√			√
	涂装材料性能检验报告		供应单位	√	√			√
	防火涂料性能检验报告		供应单位	√	√			√
	钢结构用其他材料性能检验报告		供应单位	√	√			√
	试验报告							
	钢结构用钢材力学性能试验报告	表 C3-30-1	检测单位	√	√			√
	钢结构用钢材化学分析试验报告	表 C3-30-2	检测单位	√	√			√
	钢结构涂料试验报告	表 C3-31	检测单位	√	√			√
	焊接材料试验报告	表 C3-32	检测单位	√	√			√
	高强度大六角头螺栓连接副扭矩系数试验报告	表 C3-33	检测单位	√	√			√
	扭剪型高强度螺栓连接副紧固轴力试验报告	表 C3-34	检测单位	√	√			√
	螺栓实物最小载荷试验报告	表 C3-35	检测单位	√	√			√

类别	工程资料名称	资料编号	提供单位	归档保存单位				
				建设单位	施工单位	设计单位	监理单位	城建档案馆
C5 施工记录	钢结构防腐（火）涂料施工记录	表 C5-25	施工单位	√	√			
	钢结构制作记录	表 C5-26	施工单位	√	√			
	钢结构安装记录	表 C5-27	施工单位	√	√			√
	钢结构焊接记录	表 C5-27-1	施工单位	√	√			
	焊接记录附图	表 C5-27-2	施工单位	√	√			
	保温、保护层施工记录	表 C5-28	施工单位	√	√			
C7 施工检测资料	钢结构工程焊接检测报告封皮	表 C7-35-1	检测单位	按相应检测报告归档保存				
	检测报告首页	表 C7-35-2	检测单位					
	探测示意图	表 C7-35-3	检测单位					
	超声波检测报告	表 C7-36	检测单位	√	√			√
	焊接 X 射线检测报告	表 C7-37	检测单位	√	√			√
	磁粉检测报告	表 C7-38	检测单位	√	√			√
	网架节点承载力检测报告	表 C7-39	检测单位	√	√			√
	抗滑移系数检测报告	表 C7-40	检测单位	√	√			√

6）保温、保护层施工填写《保温、保护层施工记录》，内容包括底层质量、环境温度、材料名称、厚度、附属或固定材料、固定方式及接缝处理情况等。

（3）隐蔽工程检查验收记录：钢结构隐蔽工程检查验收地脚螺栓规格、位置、埋设方法、紧固，压型金属板在支承构件上搭接情况等，填写《隐蔽工程检查验收记录》。

（4）施工检测资料：

1）钢结构工程焊接施工检测设计要求全焊透的一、二级焊缝应进行内部缺陷检测，由检测单位出具超声波、射线探伤检测报告或磁粉探伤报告。《钢结构工程焊接检测报告封皮》、《检测报告首页》、《探测示意图》、《超声波检测报告》、《焊缝 X 射线检测报告》、《磁粉检测报告》。

2）建筑安全等级为一级、跨度 40 m 及以上的公共建筑钢网架结构，且设计有要求时，应对其焊接（螺栓）球节点进行节点承载力检测，并进行有见证取样和送检，出具《网架节点承载力检测报告》。

3）高强度螺栓连接摩擦面进行见证取样送检，由检测单位出具《抗滑移系数检测报告》。

5. 幕墙工程

幕墙工程资料的分类、编号、提供单位与归档保存见表 4-6。

（1）施工物资资料：

1）幕墙工程施工物资资料主要包括铝塑板、石材、安全玻璃、硅酮结构密封胶、金属板、钢材、五金件及配件、连接件和涂料等，应有出厂质量证明文件。其中铝塑板、石材、安全玻璃、硅酮结构密封胶应按规定见证取样送检，有试验报告。

2）硅酮结构密封胶还应有国家指定检测机构出具的相容性和剥离黏结性试验报告，双组分硅酮结构胶应有混匀性及拉断试验报告。

3）施工物资资料试验用表 C3-36～表 C3-40。

表 4-6 幕墙工程资料的分类、编号、提供单位与归档保存表

类别	工程资料名称	资料编号	提供单位	归档保存单位				
				建设单位	施工单位	设计单位	监理单位	城建档案馆
C3 施工物资资料	**出厂质量证明文件**							
	幕墙用铝塑板检验报告（三性试验）		供应单位	√	√			√
	幕墙用硅酮结构胶检验报告		供应单位	√	√			√
	铝塑材涂膜厚度检验报告		供应单位	√	√			√
	幕墙用玻璃性能检验报告及 3C 认证书		供应单位	√	√			√
	幕墙用石材性能检验报告		供应单位	√	√			√
	幕墙用金属板检验报告		供应单位	√	√			√
	防火材料防火性能检验报告		供应单位	√	√			√
	试验报告							
	幕墙用铝塑板试验报告	表 C3-36	检测单位	√	√			√
	幕墙用石材试验报告	表 C3-37	检测单位	√	√			√
	幕墙用安全玻璃试验报告	表 C3-38	检测单位	√	√			√
	硅酮结构密封胶物理力学性能试验报告	表 C3-39	检测单位	√	√			√
	幕墙用硅酮结构胶密封性能试验报告	表 C3-40	检测单位	√	√			√
C5 施工记录	幕墙注胶施工记录	表 C5-29	施工单位	√	√			√
C7 施工检测资料	幕墙气密性、耐风压、平面变形性能检测报告		检测单位	√	√			√
	幕墙淋水检测记录	表 C7-41	施工单位	√	√			√

（2）施工记录：幕墙注胶应做施工记录，填写《幕墙注胶施工记录》。

（3）隐蔽工程检查验收：

1）幕墙工程应进行隐蔽检查的项目在隐蔽前检查验收，填写《____隐蔽工程检查验收记录》。

2）幕墙工程隐蔽工程检查验收内容包括构件之间、构件与主体结构连接节点的安装与防腐处理，幕墙四周、幕墙与主体结构之间间隙节点的处理、封口的安装，幕墙伸缩缝、沉降缝、防震缝及墙面转角节点的安装，幕墙防雷接地节点的安装，幕墙防火构造等。

（4）施工检测：

1）幕墙用后置埋件应有《锚固抗拔承载力检测报告》。

2）幕墙工程完工后，应有抗风压性能、空气渗透性能、平面变形性能及雨水渗透性能检测，由检测单位出具《幕墙气密性、耐风压、平面变形性能检测报告》。施工单位进行幕墙现场淋水检测，填写《幕墙淋水检测记录》。

四、建筑给水排水及采暖工程施工资料的管理

建筑给水、排水及采暖工程资料的分类、编号、提供单位与归档保存见表 4-7。

表 4-7 建筑给水排水及采暖工程资料的分类、编号、提供单位与归档保存表

类别	工程资料名称	资料编号	提供单位	归档保存单位				
				建设单位	施工单位	设计单位	监理单位	城建档案馆
C3 施工物资资料	**出厂质量证明文件**							
	主要管材、备件质量证明文件		供应单位	√	√			√
	设备、配件及器具质量证明文件		供应单位	√	√			√
	锅炉、承力设备质量证明文件		供应单位	√	√			√
	试验报告							
	钢门、水嘴压力试验报告	表 C3-41	检测单位	√	√			√
	散热器压力试验报告	表 C3-42	检测单位	√	√			√
C5 施工记录	补偿器安装记录	表 C5-30	施工单位	√	√			
	伸缩器安装记录	表 C5-31	施工单位	√	√			
	设备精平、找正记录	表 C5-32	施工单位	√	√			
	风机、水泵安装记录	表 C5-33	施工单位	√	√			
C7 施工检测资料	设备及管理附件检测记录	表 C7-42	施工单位	√	√			√
	灌水、满水检测报告	表 C7-43	施工单位	√	√			√
	管道与设备强度、严密性试验记录	表 C7-44	施工单位	√	√			√
	通水检测记录	表 C7-45	施工单位	√	√			√
	管道冲洗、吹扫、脱脂检测记录	表 C7-46	施工单位	√	√			√
	室内排水管道通球检测记录	表 C7-47	施工单位	√	√			√
	室内消火栓试射记录	表 C7-48	施工单位	√	√			√
	生活用水卫生检测记录		检测单位	√	√			
	安全附件安装检测记录	表 C7-49	施工单位	√	√			
	锅炉烘炉记录	表 C7-50	施工单位	√	√			√
	锅炉煮炉记录	表 C7-51	施工单位	√	√			
	锅炉试运行记录	表 C7-52	施工单位	√	√			
	安全阀调试记录	表 C7-53	施工单位	√	√			√

1. 施工物资资料

（1）各类管材、备件应有产品质量证明文件。

（2）设备、配件及器具应有质量合格证及安装说明书。

（3）对于国家及地方规定的特定设备及材料，如消防、卫生、压力容器等，应有检验报告。如《安全阀、减压阀的调试报告》、《锅炉、承压设备焊缝无损探伤检测报告》、《给水管道材料卫生检验报告》、《水表和热量表计量检定证书》等。

（4）阀门、散热器及水嘴使用前，应有质量检测部门压力试验报告。

（5）绝热材料应有产品质量合格证和性能检验报告。

以上施工物资资料试验用表填写表 C3-41、表 C3-42。

2. 施工记录

（1）补偿器安装记录；

（2）伸缩器安装及预拉伸记录；

（3）设备精平、找正记录；

（4）风机、水泵安装记录。

3．施工检测资料

（1）设备及管道附件进场后，使用前，应进行检测，填写《设备及管道附件检测记录》。

（2）开式水箱、卫生洁具、室内的雨水管道等非承压管道安装完毕后，以及暗装、埋地、有绝热层的室内排水管道进行隐蔽前，应进行灌水、满水检测，填写《灌水、满水检测记录》。

（3）室内外输送各种介质的承压管道、设备在安装完毕，隐蔽之前，应进行强度、严密性检测，填写《管道与设备强度、严密性检测记录》。

（4）室内外给水（冷、热）、中水及游泳池水系统，卫生洁具、地漏及地面清扫口进行通水冲洗检测。填写《通水检测记录》。

（5）室内外给水（冷、热）、中水及游泳池水系统，采暖、空调、消防及设计有要求的管道，应在使用前做冲洗试验；介质为气体的管道系统应做吹洗试验；设计有要求时还应做脱脂处理；填写《管道冲洗、吹扫、脱脂检测记录》。

（6）室内排水水平干管、主立管安装完成后，应进行通球检测，填写《室内排水管道通球检测记录》。

（7）室内消火栓系统在安装完成后，应进行消火栓试射，填写《室内消火栓试射记录》。

（8）给水管道安装完成后，还应有卫生防疫部门出具生活用水卫生检测报告。

（9）锅炉的高、低水位报警器和超温、超压报警器及连锁保护装置必须按设计要求安装齐全，并进行启动、联动检测，填写《安全附件安装检测记录》。

（10）锅炉安装完成后，在试运行前，应进行烘炉，填写《锅炉烘炉记录》。

（11）锅炉安装完成后，在试运行前，应进行煮炉，填写《锅炉煮炉记录》。

（12）锅炉在烘炉、煮炉合格后，应进行 48h 的带负荷连续试运行，同时应进行安全阀的热状态定压检验和调整，填写《锅炉试运行记录》。

（13）安全阀在投入运行前进行调试，填写《安全阀调试记录》。

4．隐蔽工程检查验收记录

一般包括以下内容：

（1）埋于地下或结构中和暗敷设于沟槽、管井及进入吊顶内的给水、排水、雨水。采暖、消防管道和相关设备应检验。

1）管材、管件、阀门、设备的材质与型号；

2）安装位置、标高、坡度；

3）管道连接做法、质量及支架固定。

（2）有防水要求的套管检查其定位及尺寸。

（3）塑料管检查是否铺设在砂土垫层上。

（4）是否按规定完成强度、严密性、冲洗等试验。

（5）有绝热、防腐要求的给水、排水、采暖、消防、喷淋管道和相关设备应检验。

1）绝热方式、绝热材料的材质与规格；

2）绝热管道与支、吊架之间的防结露措施、防腐处理及做法等。

（6）埋地的采暖、热水管道，保温层、保护层应检验：

1）安装位置、标高、坡度、支架做法；

2）保温层、保护层设置等。

（7）地面辐射采暖，检查加热盘管是否有接头一绝热层的材质及厚度以及是否按要求完成压力试验。

（8）隐蔽工程检查验收，填写《____隐蔽工程检查验收记录》。

五、通风空调工程施工资料的管理

通风空调工程资料的分类、编号、提供单位与归档保存见表4-8。

表4-8 通风空调工程资料的分类、编号、提供单位与归档保存表

类别	工程资料名称	资料编号	提供单位	归档保存单位				
				建设单位	施工单位	设计单位	监理单位	城建档案馆
C3 施工物资资料	**出厂质量证明文件**							
	主要材料产品质量证明文件		供应单位	√	√			√
	设备配件、器具及产品质量证明文件		供应单位	√	√			√
C7 施工检测资料	风管漏光检测记录	表C7-54			√			√
	风管漏风检测记录	表C7-55			√			√
	除尘器、空调机、漏风检测记录	表C7-56			√			√
	室内风量、温度检测记录	表C7-57			√			
	风管风量平衡检测记录	表C7-58			√			√
	制冷系统气密性检测记录	表C7-59		√	√			√
	净化空调系统检测记录	表C7-60		√	√			√
	防排烟系统联合试运行记录	表C7-61		√	√			√

1．施工物资资料

（1）各类板材、管材等应有出厂质量证明文件和性能检验报告。

（2）压力表、温度计、湿度计、流量计、水位计等应有产品合格证和检测报告。

（3）阀门使用前应有质量检测部门压力试验报告。

（4）绝热材料应有产品质量合格证和性能检验报告。

2．施工记录

（1）《设备精平、找正记录》。

（2）《风机、水泵安装记录》。

3．隐蔽工程检查验收记录

一般包括以下内容：

（1）敷设于竖井内、不进入吊顶内的风道（包括各类附件、部件、设备等）应检验：

1）风道的标高、材质，接头、接口严密性，附件、部件的安装位置；

2）支、吊、托架的安装与固定；

3）活动部件是否灵活可靠、方向是否正确；

4）风道分支、变径处理是否符合要求；

5）风管的漏光、漏风检测、空调水管的强度、严密性、冲洗等试验记录。

（2）有绝热、防腐要求的风管、空调水管及设备应检验：

1）绝热材料的材质、规格、防腐处理及做法；

2）绝热管道与支、吊架之间所用材料及做法。

4．施工检测资料

（1）风管系统安装完成后，应进行风管漏光检测，填写《风管漏光检测记录》。

（2）风管系统安装完成后；应进行风管漏风检测，填写《风管漏风检测记录》。

（3）除尘器壳体、组合式空气调节机组应做漏风量的检测，填写《除尘器、空调机器风检测记录》。

（4）通风与空调工程无生产负荷联合试运转时，应分系统的，将同一系统内的各房间内风量、室内房间温度进行测量调控，填写《室内风量、温度检测记录》。

（5）通风与空调工程进行无生产负荷联合试运转时，应分系统的，将同一系统内的各测点的风压、风速、风量进行测试和调整，填写《风管风量平衡检测记录》。

（6）通风与空调工程进行无生产负荷联合试运转及调试时，应对空调系统总风量进行测量调整，填写《____系统调试、试运行记录》。

（7）通风与空调工程进行无生产负荷联合试运转及调试时，应对空调冷（热）水及冷却水总流量、供、回水温度应进行测量、调整，填写《____系统调试、试运行记录》。

（8）制冷系统的工作性能应进行气密性检测，填写《冷系统气密性检测记录》。

（9）净化空调系统无生产负荷试运转时，系统中的高效过滤器应进行泄漏测试，并对室内洁净度进行测定，填写《净化空调系统检测记录》。

（10）在防排烟系统联合试运行和调试过程中，应测试楼层及其上下二层的排烟系统中的排烟风口、正压送风系统的送风口进行联动调试，并对各风口的风速、风量进行测量调整，对正压送风口的风压进行测量调整，填写《排烟系统联合试运行记录》。

六、建筑电气工程施工资料管理

建筑电气工程资料分类、编号、提供单位与归档保存表见表4-9。

1．施工物资资料

（1）电力变压器、柴油发电机组、高压成套配电柜、蓄电池柜、不间断电源柜、控制柜（屏、台）应有出厂合格证和试验记录。

（2）低压成套配电柜、动力、照明配电箱（盘、柜）应有出厂合格证、“CCC”认证标志及试验记录。

（3）电动机、电加热器、电动执行机构和低压开关设备应有出厂合格证、“CCC”认证标志。

（4）电线、电缆、照明灯具、开关、插座、风扇及附件应有出厂合格证、“CCC”认证标志。

（5）导管、型钢应有出厂合格证和材质证明书。

表 4-9　建筑电气工程资料的分类、编号、提供单位与归档保存表

类别	工程资料名称	资料编号	提供单位	归档保存单位				
				建设单位	施工单位	设计单位	监理单位	城建档案馆
C3 施工物质资料	**出厂质量证明文件**							
	低压成套配电柜、动力、照明配电箱出厂合格证、试验记录、“CCC”认证标志		供应单位	√	√			√
	电力变压器、柴油发电机组、高压成套配电柜、蓄电池柜、不间断电源柜、控制柜（屏、台）出厂合格证和试验记录		供应单位	√	√			√
	电动机、电加热器、电动执行机构和低压开关设备合格证、“CCC”认证标志		供应单位	√	√			√
	照明灯具、开关、插座、风扇及附件出厂合格证、“CCC”认证标志		供应单位	√	√			√
	电线、电缆出厂合格证、“CCC”认证标志		供应单位	√	√			√
	导管、型钢出厂合格证和材质证明书		供应单位	√	√			√
	电缆桥架、线槽出厂合格证		供应单位	√	√			√
	裸母线、裸导线、电缆头部件及接线端子、电焊条、钢制灯柱、混凝土电杆和其他混凝土制品出厂合格证		供应单位	√	√			√
	镀锌制品（支架、横担、接地极、避雷用型钢等）、外线金具出厂合格证和镀锌质量证明书		供应单位	√	√			√
	封闭母线、插接母线出厂合格证、“CCC”认证标志		供应单位	√	√			√
	进口物资的商检证明		商检单位	√	√			√
	设备安装技术文件		供应单位	√	√			√
C7 施工检测资料	电气接地电阻检测记录	表 C7-62	施工单位	√	√			√
	等电位联结导通性检测记录	表 C7-63	施工单位	√	√			√
	电气绝缘电阻检测记录	表 C7-64	施工单位	√	√			√
	大型照明灯具载荷测试记录	表 C7-65	施工单位	√	√			√
	电气器具通电安全测试记录	表 C7-66	施工单位	√	√			√
	建筑物照明通电试运行记录	表 C7-67	施工单位	√	√			√
	电气设备空载试运行记录	表 C7-68	施工单位	√	√			√
	大容量电气线路结点温度检测记录	表 C7-69	施工单位	√	√			√
	避雷带支架拉力测试记录	表 C7-70	施工单位	√	√			√
	高压部分检测记录		检测单位	√	√			√
	电度表检定记录		检定单位	√	√			√

（6）电缆桥架、线槽、裸母线、裸导线、电缆头部件及接线端子、电焊条、钢制灯柱、混凝土电杆和其他混凝土制品应有出厂合格证。

（7）镀锌制品（支架、横担、接地极、避雷用型钢等）和外线金具应有出厂合格证和镀锌质量证明书。

（8）封闭母线、插接母线应有出厂合格证、“CCC”认证标志。

（9）进口物资的商检证明。

（10）设备安装技术文件。

2．隐蔽工程检查验收资料

应按如下要求，检查并填写《隐蔽工程检查验收记录》。

（1）埋于结构内的各种电线导管：检查导管的品种、规格、位置、弯扁度、弯曲半径、连接、跨接地线、防腐、管（盒）固定、管口处理、敷设情况、保护层、需焊接部位的焊接质量等。

（2）结构钢筋避雷引下线：检查轴线位置、钢筋数量、规格、搭接长度、焊接质量，与接地极、避雷网、均压环等连接点的焊接情况等。

（3）等电位及均压环暗敷设：检查使用材料的品种、规格、安装位置、连接方法、连接质量、保护层厚度等。

（4）接地极装置埋设：检查安装位置、间距、数量、材质、埋深，接地极的连接方法、连接质量、防腐情况等。

（5）金属门窗、幕墙金属框架接地：检查连接材料的品种、规格、连接位置和数量、连接方法和质量等。

（6）不进入吊顶内的电线导管：检查导管的品种、规格、位置、弯扁度、弯曲半径、连接、跨接地线、防腐、需焊接部位的焊接质量、管与盒连接及固定、管口处理、固定方法、固定间距等。

（7）不进入吊顶内的线槽：检查材料品种、规格、位置、连接、接地、防腐、固定方法、固定间距及与其他管线的位置关系等。

（8）直埋电缆：检查电缆的品种、规格、埋设方法、埋深、弯曲半径、标桩埋设情况等。

（9）不进入的电缆沟内敷设电缆：检查电缆的品种、规格、弯曲半径、固定方法、固定间距、标识情况等。

（10）管（线）路经过建筑物变形缝处的补偿装置：检查管（线）与补偿装置的连接、补偿的有效性及位置。

（11）大型灯具及吊扇的预埋件（吊钩）：检查预埋件的品种、规格、制作、焊接质量及固定方法等。

3．施工检测资料

（1）电气接地电阻检测：接地电阻检测包括设备、系统的防雷接地、保护接地、工作接地、防静电接地等设计有要求的各种接地检测。

检测后填写《电气接地电阻检测记录》：记录中，应绘制平面图，说明各接地装置及接地检测点的位置和编号。

（2）等电位联结导通性检测：等电位联结安装完毕后，应进行导通性测试，验证联结的有效性。等电位联结端子板与等电位联结范围内金属管道等金属体末端之间的电阻值应符合要求。

检测用电源可采用空载电压为 4～24V 的直流或交流电源，检测电流 I≥0.2A。也可采用其他专用仪表直接测量读取电阻值。

检验等电位联结电阻，也可选择分段检测，然后将各检测结果相加，作为其实际电阻，填写《等电位联结导通性检测记录》。

（3）电气绝缘电阻检测：绝缘电阻检测包括电气设备和动力、照明线路及其他必须确认绝缘电阻的检测。电气配线系统绝缘电阻检测，需检测两次。第一次检测是在配线工程穿线、焊接包头后的初测（此次检测记录不需传递与保管），只有确认线路绝缘符合要求后，方可进行器具安装；第二次检测是在电气器具设备安装完毕后，通电调试前再进行的全面和最终检测。应逐回路（或设备）进行检测，不得遗漏，填写《电气绝缘电阻检测记录》。

（4）大型照明灯具载荷测试：花灯吊钩圆钢直径不应小于灯具挂销直径，且不应小于 6 mm。大型（由设计确定）花灯的固定及悬吊装置，应按灯具重量的 2 倍做过载试验。试验重物宜离开地面 30 cm 左右，试验时间为 15 min。填写《大型照明灯具载荷测试记录》。

（5）电气器具通电安全测试：电气器具安装完成后，应按层、部位（户），对电气器具全数进行通电安全检查，验证器具接线正确及漏电保护开关动作可靠等，各插座与漏电保护开关之间，必须全部做模拟试验。漏电保护装置动作电流不大于 30 mA，动作时间不大于 0.1s。填写《电气器具通电安全测试记录》。

（6）建筑物照明通电试运行：照明工程结束后，应做通电试验，以检验施工质量和设计的预期功能。

多进户的照明工程，应按进户数量划分系统，每个系统均应各自进行通电试运行和记录。填写《建筑物照明通电试运行记录》。

公用建筑照明系统通电连续试运行时间为 24h，民用住宅照明系统通电连续试运行时间为 8h。试运行时，系统内的所有灯具均应开启，同时投入运行。开通时及以后每隔 2h 记录运行状态 1 次。如本章后面的附表 C7-67 所示。

（7）电气设备空载试运行：电气设备应空载试运行，并填写《电气设备空载试运行记录》。电动机通电试运行，运行时间为 2h，其间共记录 3 次，即开始时；运行 1h 时；运行 2h 行将结束时。

（8）大容量电气线路结点温度检测：大容量（630 A 及以上）导线、母线连接处及与开关连接处，按设计要求，在设计计算负荷运行情况下应做温度抽测，并做记录，温升值稳定且不大于设计值，填写《大容量电气线路结点温度检测记录》。

（9）避雷带支架拉力测试：避雷带所有支持件均应做垂直拉力试验，必须全部符合要求，并填写《避雷带支架拉力测试记录》。

（10）高压部分检测：高压设备、线路等耐压检测，由具有检测资格的单位进行检测，并出具检测报告。

（11）电度表检定：电度表在安装前，应由具有检定资格的单位全数检定，并提供检定资料。

七、建筑智能工程施工资料的管理

建筑智能工程资料的分类、编号、提供单位与归档保存见表 4-10。

表 4-10 建筑智能工程资料的分类、编号、提供单位与归档保存表

类别	工程资料名称	资料编号	提供单位	归档保存单位				
				建筑单位	施工单位	设计单位	监理单位	城建档案馆
C3 施工物资资料	**出厂资料证明文件**							
	材料、设备出厂合格证或产品认证书、检验报告、产品说明书、主要设备安装说明书		供应单位	√	√			√
	未列入强制认证产品目录或未实施生产许可证和上网许可证管理的产品按规定程序进行产品检测		供应单位	√	√			√
	硬件设备及材料的可靠性检测报告		供应单位	√	√			√
	商业化软件的许可证		供应单位	√	√			√
	系统承包商编制的各类用户应用软件功能测试和系统测试报告，以及根据需要进行的容量、可靠性、安全性、可恢复性、兼容性、自诊断、可维护性等功能测试报告		检测机构	√	√			√
	所有自编软件均提供完整的文档（资料、规定、安装调试说明、使用和维护说明）		供应单位	√	√			√
	系统接口规范、系统接口测试方案		供应单位	√	√			√
	批准使用新材料、新产品的主管部门证明文件		供应单位	√	√			√
C7 施工检测资料	建筑智能系统功能检测记录	表 C7-71	施工单位	√	√			√
	综合布线系统性能测试记录	表 C7-72	施工单位	√	√			√
	视频系统末端测试记录	表 C7-73	施工单位	√	√			√
	建筑设备监控系统功能测试记录	表 C7-74	施工单位	√	√			√
	建筑智能系统试运记录	表 C7-75	施工单位	√	√			√

1．施工物资资料

（1）建筑智能工程的主要设备、材料及附件应有出厂质量证明文件。

（2）产品质量检验应包括列入《中华人民共和国实施强制性产品认证的产品目录》或实施生产许可证和上网许可证管理的产品；未列入强制性认证产品目录或未实施生产许可证和上网许可证管理的产品，厂家应提供由检测单位按相应的现行国家产品标准做出的产品检测报告；供需双方有特殊要求的产品，应按合同规定或设计要求进行。

（3）硬件设备及材料的质量检验重点应包括安全性。可靠性、电磁兼容性及使用环境等项目，可靠性检测参考由生产厂家出具的检测报告。

（4）软件产品质量应按下列内容检验：

1）商业化的软件，如操作系统、数据库管理系统、应用系统软件、信息安全软件和网络软件等应对使用许可证及使用范围进行检验；

2）由系统承包商编制的用户应用软件、用户组态软件及接口软件等应用软件，除进行功能测试和系统测试之外，还应根据需要进行容量、可靠性、安全性、可恢复性、兼容性、自诊断等多项功能测试，并保证软件的可维护性，由检测单位提供检验报告；

3）所有自编软件均应提供完整的文档（包括软件资料、程序结构说明、安装调试说明、使用和维护说明书等）。

（5）系统接口的质量应按下列要求检验：

1）系统承包商应提交接口规范，接口规范应在合同签订时由合同签订单位负责审定。

2）系统承包商应根据接口规范制订接口测试方案，接口测试方案经检测机构批准后实施。系统接口测试应保证接口性能符合设计要求，实现接口规范中规定的各项功能，不发生兼容性及通信“瓶颈”问题，并保证系统接口的制造和安装质量。

（6）依规定程序获得批准使用的建筑智能新材料和新产品应提供主管部门规定的相关证明文件。

（7）进口产品除应符合本标准规定外，尚应提供原产地证明和商检证明，配套提供的质量合格证明、检验报告及安装、使用、维护说明书等文件资料应为中文文本（或附中文译文）。

2. 隐蔽工程检查验收记录

（1）埋在结构内的各种电线导管：检查导管的品种、规格、位置、弯扁度、弯曲半径、连接、跨接地线、防腐、需焊接部位的焊接质量、管（盒）固定、管（盒）连接、管口处理、敷设情况、保护层等。

（2）不进入吊顶内的电线导管：检查导管的品种、规格、位置、弯扁度、弯曲半径、连接、跨接地线、防腐。需焊接部位的焊接质量、管（盒）固定、管（盒）连接、管口处理、固定方法、固定间距等。

（3）不进入吊顶内的线槽：检查其品种、规格、位置、连接、接地、防腐、固定方法、固定间距等。

（4）直埋电缆：检查电缆的品种、规格、埋设方法、埋深、弯曲半径、标桩埋设情况等。

（5）不进入的电缆沟敷设电缆：检查电缆的品种、规格、弯曲半径、固定方法、固定间距、标识情况等，填写《____隐蔽工程检查验收记录》。

3. 施工检测资料

（1）建筑智能各系统设备安装完之后，在建筑内部装修和各系统施工结束后应依据设计要求进行系统设备检测。检测的内容包括硬件通电检测；建筑设备的单机试运转、现场设备（各类传感器、变送器、电动阀门及执行器、控制器）的性能检测；网络设备的通电自检：软件产品应根据需要进行容量、可靠性、安全性、可恢复性、兼容性、自诊断等多项功能检测，并保证软件的可维护性；工作状态和应急状态的供电设备，如应急发电机组、蓄电池组等的技术性能检测。填写《____施工检测记录》。

（2）建筑智能系统的防雷及接地系统采用单独接地装置的，应对其接地电阻进行检测，填写《电气接地电阻检测记录》。

（3）建筑智能系统单独配置的电源设备和配电线路，应对其绝缘电阻进行摇测，填写《电气绝缘电阻检测记录》。

（4）建筑智能系统的电气器具安装完成后，应进行通电测试，填写《电气器具通电安全测试记录》。

（5）建筑智能系统在设备安装调试完成后，系统承包商应根据《智能建筑工程质量验收规范》（GB 50339—2003）的规定和设计要求对子系统或系统进行功能检验。检验内容应按照该规范各章中的系统检测项目进行全部检测，且应重点检测设计中要求增加的项目，填写《建筑智能系统功能检测记录》。

（6）综合布线系统性能检测应包括电缆系统电气性能检测和光纤系统性能检测、填写《综合布线系统性能测试记录》。

（7）有线电视系统的性能采用主观评测检查，系统输出电平是有线电视系统性能评测的客观依据，填写《视频系统末端测试记录》。

（8）建筑设备监控系统功能检测应包括模拟量的输入输出数据检测、数字量的输入、输出数据检测及系统监控功能的检测，填写《建筑设备监控系统功能测试记录》。

（9）建筑智能系统在系统安装调试和系统测试合格后，由建设单位或物业管理单位组织，使用单位的管理人员和操作人员参加，与系统承包商共同根据各系统的不同要求，按《智能建筑工程质量验收规范》（GB 50339—2003）中各章规定的合理周期对系统进行连续不中断试运行，填写《建筑智能系统试运行记录》。

（10）在建筑智能系统安装调试完成，已进行了规定时间的试运行，并提供了相应的技术文件和工程实施及质量控制记录后，建设单位组织各工程责任单位依据合同技术文件和设计文件，以及《智能建筑工程质量验收规范》（GB 50339—2003）中规定的检测项目、检测数量和检测方法，制订系统检测方案并经检测机构批准和实施。检测机构应按系统检测方案所列检测项目进行检测并出具检测报告。检测报告中应包括对各子系统的检测，并应重点检测以下内容：

1）防火墙和防病毒软件是否具有产品销售许可证、是否符合相关规定；

2）建筑智能网络安全系统的防火墙和防病毒软件是否具有安全保障功能及可靠性；

3）检测消防控制室向建筑设备监控系统传输、显示火灾报警信息的一致性和可靠性，检测与建筑设备监控系统的接口、建筑设备监控系统对火灾报警的响应及其运行模式；

4）新型消防设施的设置及功能检测应包括早期烟雾探测火灾报警系统、大空间早期火灾智能检测系统、大空间红外图像矩阵火灾报警及灭火系统、可燃气体泄漏报警及联动控制系统；

5）检测安全防范系统中相应的视频安防监控（录像、录音）系统、门禁系统、停车场（库）管理系统等对火灾自动报警的响应及火灾模式操作等功能；

6）电源与接地系统的检测应包括引接验收合格的电源和防雷接地装置、建筑智能系统的接地装置、防过流与防过压元件的接地装量、防电磁干扰屏蔽的接地装置、防静电接地装置等内容。

八、电梯工程施工资料的管理

电梯工程资料的分类、编号、提供单位与归档保存见表 4-11。

表 4-11　电梯工程资料的分类、编号、提供单位与归档保存表

类别	工程资料名称	资料编号	提供单位	归档保存单位				
				建设单位	施工单位	设计单位	监理单位	城建档案馆
C3 施工物资资料	电梯主要设备、材料及附件出厂合格证、产品说明书、安装技术文件		供应单位	√	√			√
C5 施工记录	电梯技术参数	表 C5-34	施工单位	√	√			√
	电梯机房、井道土建交接记录	表 C5-35	施工单位	√	√			
	自动扶梯、自动人行道土建交接记录	表 C5-36	施工单位	√	√			
	电梯导轨支架安装记录	表 C5-37	施工单位	√	√			
	电梯导轨安装记录	表 C5-38	施工单位	√	√			
	电梯轿厢、安全钳、限速器、缓冲器安装记录	表 C5-39	施工单位	√	√			
	电梯对重装置、导向轮、复绕轮、曳引机、导靴安装记录	表 C5-40	施工单位	√	√			
	电梯门系统安装记录	表 C5-41	施工单位	√	√			
	电梯电气装置安装记录	表 C5-42	施工单位	√	√			
	自动扶梯、自动人行道电气装置安装记录	表 C5-43	施工单位	√	√			
	自动扶梯、自动人行道机械装置安装记录	表 C5-44	施工单位	√	√			
C6 隐蔽工程检查验收记录	电梯承重梁埋设隐蔽工程检查验收记录	表 C6-02	施工单位	√	√			√
	电梯钢丝绳头灌注隐蔽工程检查验收记录	表 C6-03	施工单位	√	√			√
	电梯导轨支架、层门支架、螺栓埋设隐蔽工程检查验收记录	表 C6-04	施工单位	√	√			√
C7 施工检测资料	电梯电气绝缘电阻检测记录	表 C7-76	施工单位	√	√			√
	轿厢平面准确度检测记录	表 C7-77	施工单位	√	√			√
	电梯负荷运行检测记录	表 C7-78	施工单位	√	√			
	电梯噪声检测记录	表 C7-79	施工单位	√	√			
	电梯电气装置检测记录	表 C7-80	施工单位	√	√			
	电梯整机性能检测记录	表 C7-81	施工单位	√	√			
	电梯主要功能检测记录	表 C7-82	施工单位	√	√			
	自动扶梯、自动人行道安全装置检测记录	表 C7-83	施工单位	√	√			
	自动扶梯、自动人行道整机性能检测记录	表 C7-84	施工单位	√	√			

1．施工物资资料

电梯设备进场后，由建设、监理、施工和供货单位共同开箱检验，并进行记录，填写《____设备开箱检验记录》。电梯工程的主要设备、材料及附件应有出厂合格证、产品说明书、安装技术文件及安全部件形式检验报告等。

2．施工记录

（1）电梯开箱验收合格后：根据随机文件和设备名牌上的数据填写《电梯技术参数》。

（2）电梯机房、井道的土建交接填写《电梯机房、井道土建交接记录》。

（3）自动扶梯、自动人行道的土建交接填写《自动扶梯、自动人行道土建交接记录》。

（4）电梯导轨支架安装填写《电梯导轨支架安装记录》。

（5）电梯导轨安装填写《电梯导轨安装记录》。

（6）电梯轿厢、安全钳、限速器、缓冲器安装填写《电梯轿厢、安全钳、限速器、缓冲器安装记录》。

（7）电梯对重装置、导向轮、复绕轮、曳引机、导靴安装填写《电梯对重装置、导向轮、复绕轮、曳引机、导靴安装记录》。

（8）电梯门系统安装填写《电梯门系统安装记录》。

（9）电梯电气装置安装填写《电梯电气装置安装记录》。

（10）自动扶梯、自动人行道电气装置安装填写《自动扶梯、自动人行道电气装置记录》。

（11）自动扶梯、自动人行道机械装置安装填写《自动扶梯、自动人行道机械装置安装记录》。

（12）液压电梯安装工程应参照《液压电梯》（JG 5071）和相关的标准及要求填写记录。

3．隐蔽工程检查验收记录

（1）电梯承重梁埋设填写《电梯承重梁埋设隐蔽工程检查验收记录》。

（2）电梯钢丝绳头组装灌注填写《电梯钢丝绳头灌注隐蔽工程检查验收记录》。

（3）电梯井道内导轨支架、层门支架、螺栓埋设填写《电梯导轨支架、层门支架、螺栓埋设隐蔽工程检查验收记录》。

4．施工检测资料

（1）电梯电气装置安装完，安装单位应进行电梯电气绝缘电阻检测，填写《电梯电气绝缘电阻检测记录》。

（2）电梯平层调试填写《轿厢平层准确度检测记录》。

（3）电梯负荷试验和平衡系数检测填写《电梯负荷运行检测记录》。

（4）电梯负荷检测的同时，应对电梯轿厢内、机房、开关门的运行噪声进行检测，填写《电梯噪声检测记录》。

（5）对电梯的电气装置进行检测确认后，填写《电梯电气装置检测记录》。

（6）对电梯的整机运行性能进行检测确认后，填写《电梯整机性能检测记录》。

（7）对电梯的主要功能进行检测确认后，填写《电梯主要功能检测记录》。

（8）自动扶梯、自动人行道安装完毕，安装单位应对其安全装置、运行速度、噪声、制动器等功能进行检测，填写《自动扶梯、自动人行道安全装置检测记录》。

（9）对自动扶梯、自动人行道整机性能进行检测确认后，填写《自动扶梯、自动人行道整机性能检测记录》。

（10）施工检测记录用表C7-76～表C7-84。

九、施工单位资料的填写范例

1．检验批施工质量验收记录表的填写说明

（1）检验批施工质量验收记录由施工项目质量检查员填写，监理工程师（建设单位项目技术负责人）组织项目质量检查员等进行验收。

（2）检验批表的右上方编号J××××××□□是按单位工程的分部、子分部、分项检验批统一进行编排的。“J”指××省，第1、2位数字××为分部工程代码，第3、4位数字××为子分部工程代码。第5、6位数字××为分项工程代码，第7、8位数字是各分项工程检验批验收的顺序号。由于有些分项在不同分部、子分部中出现，或有些子分部工程在不同的分部工程中出现，造成一表多号，故括号内（□□□□□□）为此表在其他分部、子分部工程中使用时填写用。

（3）工程名称应填写名称的全称，与合同文件上的单位工程的名称相一致。

（4）施工单位、分包单位应填写名称全称，与合同上公章名称相一致。

（5）检验部位应填写具体，如某层×轴至×轴线之间。

（6）总包项目经理、分包项目经理均应是合同中指定的项目经理。专业工长（施工员）、施工班组长分别由本人签字。

（7）施工执行标准名称及编号：施工执行标准是指企业标准（或引用的推荐标准，但必须经企业认可为企业标准），企业标准应有名称及编号、编制人、批准人、批准时间、执行时间。

（8）施工单位检验意见（栏）：

1）施工单位对主控项目，一般项目的检验，应按操作依据的标准（企业标准）等进行自行检验。

2）对定性项目，如原材料、混凝土强度、砂浆强度等，可填写资料份数，其他定性项目可填写“符合要求”或“不符合要求”。

3）对定量项目，如允许偏差、计算合格点百分率项目，可直接填写检查数据，计算合格点率。超企业标准的数字，而没有超过DB××/××验收标准的用“○”圈住，对超过DB××/××验收标准的用“△”圈住。

（9）监理（建设）单位验收意见（栏）：

1）对定性项目填写“符合要求”或“不符合要求”，对定量项目填写“合格”或“不合格”。

2）对不符合验收标准规定的项目，应写明原因和处理意见，待处理后再验收。

（10）施工单位检验结果（栏），填写“检验符合标准规定”项目专业质量检查员由本人签字，并加盖岗位资格章。

（11）监理（建设）单位验收意见（栏），填写“验收合格”或“验收不合格”。专业监理工程师（建设单位项目技术负责人）签字，并加盖岗位资格章。

2．分项工程施工质量验收记录表的填写说明

（1）分项工程质量应由监理工程师（建设单位项目技术责任人）组织项目技术负责

人等进行验收，并按附表三记录。

（2）将分项工程名称填写具体，应和检验批表的名称一致。

（3）检验批部位（栏），将检验批逐项填写，并注明部位、区段，以便检查是否有没检查到的部位。

（4）施工单位检验意见（栏），填写“符合设计要求及标准×××的合格规定”。

（5）监理（建设）单位验收意见（栏），填写“合格”或“不合格”。

（6）施工单位检验结果（栏），填写“检验符合标准×××合格规定”。由项目技术负责人签字。

（7）监理（建设）单位验收结论（栏），填写“验收合格”或“验收不合格”。由监理工程师（建设单位项目负责人）签认，并加盖岗位资格章。

3．分部（子分部）工程施工质量验收记录表的填写说明

（1）____子分部工程施工质量控制资料核查记录：

1）填写子分部名称。工程名称、施工单位、资料名称和份数（栏），由施工单位项目质量（技术）负责人填写。

2）核查意见（栏），由总监理工程师组织专业监理工程师参加核查，由总监理工程师（建设单位项目负责人）填写“符合要求”或“不符合要求”对做到及时、准确、齐全、完整的，可写“符合要求”；对“不符合要求”的应加以说明和写出处理意见。核查人（栏），由总监理工程师签认。

3）结论（栏），由总包单位项目经理和总监理工程师共同确认填写“经检验、核查符合要求”或“经检验、核查不符合要求”，并签字，加盖岗位资格章。对结论为“不符合要求”应写出处理意见。

（2）____子分部工程安全和功能检验资料核查及主要功能抽查记录：

1）填写子分部名称。工程名称、施工单位、安全和功能检验项目和份数（栏），由施工单位项目质量（技术）负责人填写。

2）核查意见（栏）和抽查意见（栏），由总监理工程师组织专业监理工程师核查、抽查。有关的施工单位项目经理、项目质量技术负责人应参加。

3）结论（栏），由总包单位项目经理和总监理工程师共同确认填写“经检验、核查及抽查符合要求”或“经检验、核查及抽查不符合要求”，并签字加盖岗位资格章。对经检验、核查及抽查“不符合要求”的应加以说明和提出处理意见。

（3）____子分部工程施工观感质量检查评价记录：

1）填写子分部名称。

2）参加人员（栏），填写总监理工程师（建设单位项目负责人）和专业监理工程师、项目经理、项目质量（技术）负责人、技术（质量）部门负责人，检查评价人数应不少于5人。

3）项目名称（栏）由施工单位项目质量（技术）负责人填写。

4）抽查质量状况（栏），各抽查点质量状况（好、一般、差）分别用√、○、×填写，评价时，施工企业应先自行检查合格后再交监理验收，由总监理工程师组织专业监理工程师，通过现场检查，在听取有关人员的意见后，以总监理工程师为主与专业监理工程师共同确认质量评价：好、一般、差。

5）质量评价（栏）：

① 每项抽检点中无“差”（×），且“好”（√）点占该项总抽查检点数 50%及以上，可填写“好”。

② 每项抽检点中评为“差”（×）点数不大于 20%，且不影响安全、使用功能及观感，可填写“一般”。

③ 对评为“差”的应写出处理意见。

6）综合评价（栏）：

① 子分部工程中被抽检的分项工程评价为“好”的项数占总抽检项数的 50%及以上，且无“差”项可填写“好”。

② 子分部工程中，被抽检的分项工程评价为“好”的项数占总抽检项数低于 50%，且无“差”项，可填写“一般”。

③ 对评为“差”的应写出处理意见。

7）结论（栏），由总监理工程师（建设单位项目负责人）和施工总包单位项目经理填写：经现场检查评价共同确认为“好”、“一般”或“差”，并签字，加盖岗位资格证书。

① 抽检项数综合评价为“好”的项数达到 50%及以上，且无“差”项，结论可写：“经现场检查评价共同确认为“好”。

② 抽检的项数综合评价为“好”的项数低于 50%，且无“差”项，结论可填写：“经现场检查评价共同确认为“一般”。

③ 经现场检查评价共同确认为“差”的应写出处理意见。

（4）____子分部工程施工质量验收记录：

1）子分部工程施工质量验收记录应由施工单位项目质量（技术）负责人，将自行检验合格的部分内容填写好后，由项目经理交总监理工程师（建设单位项目负责人）组织相关人员验收。

2）分项工程名称（栏）应按照《建筑工程施工质量验收统一标准》（GB 50300—2001）来划分分项工程，并结合工程结构类型填写相应的分项工程。由于工程所在地的不同，也可根据当地主管部门的规定，按照当地的《××省建筑工程施工质量验收标准》来划分分项工程。如工程所在地在黑龙江省，则可根据《黑龙江省建筑工程施工质量验收标准》统一准则 DB23/711 划分的分项工程，并结合工程结构类型填写相应的分项工程。

3）检验批（栏）分别填写分项工程实际的检验批数量，即分项工程验收表上的检验批数量。

4）施工单位检验意见（栏），施工单位根据自行检验结果填写“符合标准×××的合格规定”。

5）验收意见（栏），由监理工程师填写：分项和检验批划分合理，验收项目完整，符合设计要求及标准 DB 23/×××合格的规定。验收不合格应写出原因与处理意见。

6）____子分部工程施工质量控制资料核查记录（栏）

① 在施工单位检验意见（栏），施工单位根据资料的数量及完整情况填写：“经检验符合要求”。

② 在验收意见（栏），由监理工程师根据资料的及时、准确、齐全及完整情况，填

写“符合要求”或“不符合要求”。

7）____子分部工程安全和功能检验资料核查及主要功能抽查记录（栏）

① 在施工单位检验意见（栏），施工单位应根据安全及功能两方面检测资料的情况，填写“经检验符合要求”。

② 在验收意见（栏），由监理工程师根据安全和功能检查就每项检测是否有单项检测报告，其结果能否达到设计要求等情况，填写“符合要求”或“不符合要求”。

8）____子分部工程施工观感质量检查评价记录（栏），由监理工程师组织专业监理工程师，会同参加验收人员共同进行。通过现场检查，听取验收人员意见后，以总监理工程师为主与专业监理工程师共同确认质量评价，填写经现场检查评价共同确认为“好”、“一般”或“差”。

9）检验验收单位（栏）：

① 分包单位（栏），由分包单位项目经理亲自签认，并加盖岗位资格章。填写“检验符合标准××合格规定”。

② 施工单位（栏），由总承包单位项目经理亲自签认，并加盖岗位资格章。填写“检验符合标准×××合格规定”。

③ 勘察单位（栏），勘察单位只可签认地基基础子分部工程，由项目负责人亲自签认，并加盖岗位资格章。填写“基坑”（槽），现场检验地质条件与勘察报告相符（或不符），同意（或不同意）继续施工”。对现场检验与勘察报告不符时应写出处理意见。

④ 设计单位（栏），设计单位只可签地基基础、主体结构子分部工程，由项目负责人亲自签认，并加盖岗位资格章。填写“施工质量符（或不符合）设计要求，同意（或不同意）验收”。对不符合设计要求的，应写明原因和处理意见。

⑤ 监理单位（栏），由总监理工程师（建设单位项目负责人）亲自签认验收，总监应加盖岗位资格章，填写。“符合DB××/××合格规定，验收合格（或验收不合格）”。对“验收不合格”的应提出问题和处理意见。

（5）____分部工程施工质量验收记录：

1）分部工程施工质量验收记录应由施工单位项目质量（技术）负责人将自行检验合格的部分内容填写好后，再由项目经理交总监理工程师（建设单位项目负责人）组织有关人员验收。

2）子分部工程名称（栏），按《××省建筑工程施工质量验收标准》，统一准则DB××/××划分的子分部工程，并结合工程结构类型填写相应的子分部工程。

3）分项数（栏），分别填写各子分部工程实际的分项数，即子分部工程验收表上的分项数。

4）施工单位检验意见（栏），施工单位根据自行检验结果，填写：“符合标准××的合格规定”。

5）验收意见（栏），由监理工程师填写“检验××个子分部，计××个分项工程，符合设计要求及标准 DB××/××”“合格规定，或检验××个子分部，计××个分项工程，其中××子分部的××分项工程不符合设计要求及标准 DB××/××× 合格规定。”

6）施工质量控制资料核查（栏），先由施工单位检验合格，再交监理单位验收。由总监理工程师组织专业监理工程师，对已核查过的子分部工程质量控制资料逐项检查和审查，符合要求后，将各子分部工程审查的资料逐项进行统计，填写核查施工质量控制资料××份，“符合要求”或“不符合要求”。

7）安全和功能检验资料核查及主要功能抽查（栏），先由施工单位检验合格，再交监理单位验收。由总监理工程师（建设单位项目负责人）组织专业监理工程师，除对已核查和抽查过的子分部工程安全和功能检验资料逐项检查和审查外，还要对分部工程进行安全和功能抽测项目、抽测报告是否达到设计要求及规范规定逐项进行核查验收，填写核查、抽查安全及主要功能检验资料和抽查资料××份，“符合要求”或“不符合要求”。

8）施工观感质量检查评价（栏），分部工程施工观感质量检查评价，由施工单位先自行检查合格后，再由总监理工程师（建设单位项目负责人）组织专业监理工程师、项目经理、项目质量（技术）负责人、技术（质量）部门负责人，进行检查评价，检查评价人数不少于5人。

通过现场检查，在听取有关人员意见后，以总监理工程师为主与专业监理工程师共同确认，填写：检验××个子分部，其中评为“好”××个子分部，占（ ）%，且无“差”子分部，共同确认为“好”或“一般”或“差”。

① 检查评价为“好”子分部数占总数的50%及以上的，可共同确认为“好”，低于50%可共同确认为“一般”。

② 检查评价有“差”的子分部确认为“差”。

9）检验验收单位（栏）。

① 施工单位（栏），由总承包单位项目经理亲自签认，并加盖岗位资格章。填写“检验符合标准×××合格规定”。

② 勘察单位（栏），勘察单位只可签认地基基础分部工程，由项目负责人亲自签认，并加盖岗位资格章。填写“基坑（槽），现场检验地质条件与勘察报告相符”或“现场检验地质条件与勘察报告不符，但经处理满足设计要求”。

③ 设计单位（栏），设计单位只可签认地基基础、主体结构分部工程，由项目负责人亲自签认，并加盖岗位资格章。填写“施工质量符合设计要求，同意验收”。对不符合设计要求的，应写明原因和处理意见。

④ 监理（建设）单位（栏），由总监理工程师（建设单位项目负责人）。亲自签认验收，总监应加盖岗位资格章，填写“符合标准DB××/×××合格规定，验收合格”。

4．单位（子单位）工程施工质量验收记录表的填写说明

（1）单位（子单位）工程施工质量控制资料核查记录：

1）质量控制资料核查，应按项目分别进行。施工单位应先将资料分项目整理成册，项目顺序按本表顺序。每个项目按层次核查，并判断其能否满足规定要求。

2）份数（栏），由施工单位填写。

3）核查意见（栏），由总监理工程师组织专业监理工程师进行核查，填写“符合要求”或“不符合要求”。

4）核查人（栏），由总监理工程师亲自签认。

5）结论（栏），由总监理工程师（建设单位项目负责人）按项目核查情况填写：共核查×××项（等于表的顺序号），其中符合要求的××项，不符合要求××项，结论写“符合要求”或“不符合要求”。由施工（总包）单位项目经理和总监理工程师签字，并加盖岗位资格章。

（2）单位（子单位）工程安全和功能检验资料核查及主要功能抽查记录：

1）由施工单位检验合格。再交监理单位验收。由总监理工程师（建设单位项目负责人）组织专业监理工程师核查、抽查，施工单位项目经理、项目质量（技术）负责人、技术（质量）部门负责人等参加。

2）份数（栏），由施工单位填写。

3）核查意见（栏）和抽查意见（栏），按项目分别进行核查和抽查，抽查项目由验收组协商确定，对在分部、子分部已进行安全和功能检测的项目，核查其结论是否符合设计要求；对在单位（子单位）工程进行安全和功能检测的项目，应核查其结论是否符合设计要求。按项目逐项核查及抽查后均填写“符合要求”或“不符合要求”。

4）核查（抽查）人（栏），由总监理工程师签认。

5）结论（栏），由总监理工程师（建设单位项目负责人）按项目核查及抽查情况填写：共核、抽查×××项（核查项数+抽查项数），其中符合要求××项，不符合要求××项，结论填写“符合要求”或“不符合要求”。由施工（总包）单位项目经理和总监理工程师（建设单位项目负责人）签字，并加盖岗位资格章。

（3）单位（子单位）工程施工观感质量检查评价记录：

1）参加人员（栏），总监理工程师（建设单位项目负责人）。专业监理工程师、项目经理、技术（质量）部门负责人等质量评价人员不少于 7 人。

2）单位工程施工观感质量检查评价，实际是复查一下各分部（子分部）工程验收后，到单位工程竣工的质量变化，以及分部（子分部）工程验收时还没有形成部分的观感质量。由施工单位检验合格，交监理验收。

3）由总监理工程师（建设单位项目负责人）组织专业监理工程师，会同参加验收人员共同进行，通过现场全面检查，在听取有关人员的意见后，由总监理工程师为主与专业监理工程师共同确定质量评价：“好”、“一般”、“差”。

4）综合评价（栏），各空白格填写：“好”××项、“一般”××项、“差”××项。

5）结论（栏），由总监理工程师（建设单位项目负责人）填写：“好”××项、“一般”××项、“差”××项。按“好”的项数占总项数的百分比，且无“差”项确定为“好”、“一般”或“差”。

①“好”的项数占总项数 50%及以上，且无“差”项，可共同确认为“好”。

②“好”的项数占总项数低于 50%，且无“差”项，可共同确认为“一般”。

③检查评价有“差”项可共同确认为“差”。当有影响安全、使用功能和严重影响观感的“差”项，必须返修处理，否则不予验收。

由施工（总包）单位项目经理和总监理工程师（建设单位项目负责人）签字，并加盖岗位资格证书。

（4）单位（子单位）工程施工质量竣工验收记录：

1）单位（子单位）工程由建设单位（项目）负责人组织施工单位（含分包单位）、设计单位、监理单位的项目负责人进行验收。

2）单位（子单位）工程的名称填全称，即批准项目的名称，并注明是单位工程或子单位工程。

3）验收记录（栏）由施工单位填写。验收结论（栏）由监理（建设）单位填写。综合验收结论由参加验收各方共同商定后，再由建设单位填写，应对工程质量是否符合设计和规范要求及总体质量水平做出评价。

① 分部工程（栏），由项目经理组织有关人员对所含分部（子分部）工程检查合格后，由项目经理交监理验收。经验收组成员验收后，施工单位填写验收记录（栏），注明共验收几个分部，经验收符合标准及设计要求的几个分部。总监理工程师在验收结论（栏）填写“验收合格”。

② 质量控制资料核查（栏），由施工单位检查合格，提交监理单位验收。将每个分部、子分部工程质量控制资料逐项统计，由施工单位填入验收记录（栏）。

③ 安全和功能检验资料核查及主要功能抽查（栏），包括两个方面，一方面是在分部、子分部工程抽查过的项目，检查检测报告的结论；另一方面是单位工程抽查的项目，要检查其全部检查方法、程序和结论。由施工单位检验合格，将统计核查的项数和抽查的项数，分别填入验收记录栏相应的空格内。总监理工程师（建设单位项目负责人）在验收结论（栏）填写“符合要求”或“不符合要求”。

④ 施工观感质量检查评价（栏）：由施工单位检查合格，提交监理验收、施工单位按检验的项目数及符合要求的项目数填写在验收记录（栏）。由总监理工程师或建设单位项目负责人组织审查，按项目核查及抽查情况，填写“经现场检查评价共同确认为好、一般或差”。

⑤ 综合验收结论（栏）：综合验收是在前五项内容均验收符合要求后进行的验收。由建设单位组织设计、监理、施工等相关单位的人员分别进行核查验收有关项目，并由总监理工程师组织进行现场观感质量检查。经各项目审查符合要求，再由建设单位项目负责人在综合验收（栏）内填写：“综合验收合格”。

4）参加验收单位（栏）：勘察、设计、施工、监理、建设单位都同意验收时，其各单位的单位项目负责人，总监理工程师、施工单位负责人要亲自签字，以示对质量负责，并加盖单位公章，注明签字验收的具体时间。

施工现场质量管理检查记录

C1-01

<table>
<tr><td>工程名称</td><td colspan="3"></td><td>施工许可证</td><td></td></tr>
<tr><td>建设单位</td><td colspan="3"></td><td>项目负责人</td><td></td></tr>
<tr><td>设计单位</td><td colspan="3"></td><td>项目负责人</td><td></td></tr>
<tr><td>勘察单位</td><td colspan="3"></td><td>项目负责人</td><td></td></tr>
<tr><td>监理单位</td><td colspan="3"></td><td>总监理工程师</td><td></td></tr>
<tr><td>施工单位</td><td></td><td>项目经理</td><td></td><td>项目技术负责人</td><td></td></tr>
</table>

序号	项目	检查意见
1	施工质量管理制度	质量例会制度，月评比及奖惩制度；三检及交接检验制度；质量与经济挂钩制度
2	质量责任制	岗位责任制；设计交底会制度；技术交底制度；挂牌制度
3	主要专业工种操作上岗证书	测量工、钢筋工、木工、混凝土工、电工、焊工、起重工、架子工等主要专业工种操作上岗证书齐全，符合要求
4	分包方资质与分包单位的管理制度	对分包方资质审查，满足施工要求，总包对分包单位制定的管理制度可行
5	施工图审查情况	施工图经设计交底，施工方已确认
6	地质勘察资料	勘察设计院提供地质勘察报告齐全
7	施工组织设计、施工方案及审批	施工组织设计、主要施工方案、审批齐全
8	施工技术标准	企业自定标准 2 项，其余采用国家、行业标准
9	工程质量检验制度	有原材料及施工检验制度；抽检项目的检测计划，分项工程质量三检制度
10	搅拌站及计量设置	有管理制度和计量设施，经计量检校准确
11	现场材料、设备存放与管理	按材料、设备性能要求制定了管理措施、制度，其存放按施工组织设计平面图布置
12		

结论：

通过以上项目的检查，项目经理部的施工现场质量管理制度明确到位，质量责任制措施得力；主要专业工种人员操作上岗证书齐全；施工组织设计、主要施工方案经过逐级认真审批；现场工程质量检验制度的制定齐全；现场材料、设备存放按施工组织设计平面图布置，有材料、设备管理制度。

总监理工程师

（建设单位项目负责人）：

××××年×月×日

建设工程特殊工种上岗证审查表

C1-02

工程名称				施工单位				
序号	姓名	性别	工种	发证部门及编号		发证日期	复审期限	备注
				发证部门	编号			
1		男	电工					
2		男	电工					
3		男	电工					
4		男	焊工					
5		男	焊工					
6		男	焊工					
7		女	起重工					
8		男	起重工					
9		男	起重工					
10		男	起重工					
监理工程师：			项目经理：			填表日期：××××年×月×日		

施工日志

C1-03

<table>
<tr><td>工程名称</td><td colspan="2">××工程</td><td>施工单位</td><td colspan="2">××建筑工程有限公司</td></tr>
<tr><td>项目时间</td><td>天气状况</td><td colspan="2">风力</td><td>最高/最低温度</td><td>备注</td></tr>
<tr><td>白天</td><td>晴</td><td colspan="2">3～4级</td><td>26℃/21℃</td><td></td></tr>
<tr><td>夜间</td><td>阴</td><td colspan="2">1～2级</td><td>16℃/8℃</td><td></td></tr>
<tr><td colspan="6">生产情况记录：(施工部位、施工内容、机械作业、班组工作、生产存在问题等)
地上6层
1．地上6层楼板钢筋绑扎，各工种进行埋件固定，塔吊作业（××型号），钢筋班组17人。
2．存在问题：地上6层楼板的卫生间部位，因设计单位提出对该部位施工图纸进行修改，待设计变更通知单下发后，再组织有关人员施工。</td></tr>
<tr><td colspan="6">技术质量安全工作记录：(技术质量安全活动、检查评定验收、技术质量安全问题等)
1．建设、设计、监理、施工单位在现场召开技术质量安全工作会议。
参加人员：×××、××、×××、×××（职务）等
会议决定：
9层以上结构于×月×日前完成。
2．安全生产方面：由公司安全部长带领2人对工地进行安全大检查，重点是“三宝、四口、五临边”，检查全面到位，无安全隐患。</td></tr>
<tr><td>记录人</td><td colspan="2">×××</td><td>日期</td><td colspan="2">××××年×月×日 星期×</td></tr>
</table>

工程停/复工报告

C1-04

<table>
<tr><td>工程名称</td><td></td><td>施工单位</td><td></td></tr>
<tr><td>停/复工日期</td><td></td><td>预计/实际停工日期</td><td></td></tr>
<tr><td colspan="4">停工原因/复工条件
停工原因：因设计单位提出对该工程地上 7 层施工图纸进行修改，待设计变更通知早下发后，才能阻止有关人员进行继续施工。
复工条件：设计单位已修改完施工图纸，并已下发了设计变更通知单和设计交底，已具备组织有关人员继续进行施工的全部条件。
请项目监理部审核批准复工。</td></tr>
</table>

建设单位审批意见	监理单位审批意见	施工单位意见
具备复工条件，同意复工。 （公章） 建设单位项目负责人 签字： ××××年×月×日	具备复工条件，同意复工。 （公章） 项目总监理工程师 签字： ××××年×月×日	经检查已具备复工条件。请予以审核并批准复工。 项目经理 签字： ××××年×月×日

单位工程施工组织设计

（详细内容略）

工程名称：____________________

施工单位：____________________

编制日期：____________________

施工组织设计审批表

C2-01-2

<table>
<tr><td>工程名称</td><td>××工程</td><td>编制人</td><td>×××</td></tr>
<tr><td>部门</td><td colspan="2">审批意见</td><td>责任人</td></tr>
<tr><td rowspan="4">项目经理部审批</td><td colspan="2">同意此施工组织设计的编制，报公司审批</td><td>项目负责人：×××
××××年×月×日</td></tr>
<tr><td colspan="2">严格按照设计图纸、有关质量验收规范、标准、规程和合同中的约定及施工组织设计中的施工方案，施工方法、技术措施等精心组织施工</td><td>技术负责人：×××
××××年×月×日</td></tr>
<tr><td colspan="2">严格按照质量管理体系要求及编制的质量目标、质量保证措施进行施工，加强过程控制</td><td>质量负责人：×××
××××年×月×日</td></tr>
<tr><td colspan="2">严格按照职业健康和安全管理体系的规范要求和制定的职业健康安全目标及专项安全技术与管理措施实施</td><td>安全部门负责人：×××
（签章）
××××年×月×日</td></tr>
<tr><td rowspan="5">公司级审批</td><td colspan="2">主要施工方案和施工方法编制详细，有针对性、可行性、合理性和先进性，能够按计划实现
同意</td><td>技术部门负责人：×××
（盖章）
××××年×月×日</td></tr>
<tr><td colspan="2">已明确建立健全质量管理体系，并制定质量目标，有关质量保证措施编制详细，有可行性、针对性，能够保证目标的实现，应进一步做好质量预控工作
同意</td><td>质量部门负责人：×××
（盖章）
××××年×月×日</td></tr>
<tr><td colspan="2">已明确建立健全职业健康和安全管理体系，并制定质量目标，有关质量保证措施编制详细，有可行性、针对性，能够保证目标的实现
同意</td><td>安全部门负责人：×××
（签章）
××××年×月×日</td></tr>
<tr><td colspan="2">同意按照××××年×月×日编制的施工组织设计施工，各部门应按施工组织要求给予配置</td><td>生产部门负责人：×××
（签章）
××××年×月×日</td></tr>
<tr><td colspan="2">同意按照××××年×月×日上报的施工组织设计施工，报项目监理部审批</td><td>总工程师：×××
（签章）
××××年×月×日</td></tr>
<tr><td rowspan="2">监理（建设）单位审批</td><td colspan="2">经审查，该施工组织设计对施工中的重点、难点分析透彻，施工任务明确，施工方案合理，技术上可行，符合有关规范、标准和图纸及合同要求</td><td>总监理工程师：×××
（签章）
××××年×月×日</td></tr>
<tr><td colspan="2">同意按此施工组织设计实施</td><td>总监理工程师（建设单位负责人）：×××
（签章）
××××年×月×日</td></tr>
</table>

施工组织设计修改审批表

C2-01-3

<table>
<tr><td>工程名称</td><td></td><td colspan="2">施工单位</td><td colspan="2"></td></tr>
<tr><td>施工单位</td><td></td><td colspan="2">修改项目</td><td colspan="2"></td></tr>
<tr><td colspan="6">修改内容：
针对监理单位提出的修改意见，本公司做出如下修改：
1. 已补充制定紧急情况处理措施、预案以及抵抗风险的措施。
2. 进一步健全和完善项目经理部的环境管理体系，增加环境管理的专项措施。

以上所补充修改的内容详见修改后的施工组织设计。(后附)</td></tr>
<tr><td>项目部门审批</td><td>同意修改
项目负责人：
同意修改
技术负责人：
同意修改
质量负责人：
同意修改
安全负责人：

××××年×月×日</td><td>公司审批</td><td>同意修改
技术部门负责人：
同意修改
质量部门负责人：
同意修改
安全部门负责人：
同意修改
生产部门负责人：
同意
总工程师：

××××年×月×日</td><td>监理审批</td><td>同意该补充修改的施工组织设计
监理工程师：
同意
总监理工程师
(建设单位负责人)：

××××年×月×日</td></tr>
</table>

施工方法与技术措施

C2-01-4

施工方法：

（略）

技术措施：

（略）

暂设工程、设施计划

C2-01-5

序号	部门（班组）名称	需要量		用途	使用起止日期	备注
		房屋面积/m²	数量			
1	专业技术管理人员	320	6	二层办公用房		
2	门卫、塔吊、材料、电工班、机械班	150	5	办公生活用房		
3	物资组	60	1	水泥库		
4	物资组	390	5	材料仓库		
5	物资组	100	1	材料仓库		
6	试验员	110	1	实验室		
7	项目经理部	60	1	办公室		
8	项目经理部	70	1	办公室		
9	项目经理部	90	1	办公室		
10	项目经理部	100	2	卫生间		
11	专业班组	300	1	加工棚		
12	专业班组	310	1	加工棚		
13	专业班组	170	1	加工棚		
14	专业班组	150	1	材料堆放场		
15	专业班组	190	1	材料堆放场		
16	专业班组	110	1	材料堆放场		

项目经理		造价员		日期	

施工准备工程计划

C2-01-6

序号	项目内容	工作量		负责单位及人员	参加单位	完成日期	备注
		单位	数量				
1	布置施工现场平面			工程组	技术组	××××年×月×日	
2	编制施工方案			技术组	后勤组	××××年×月×日	
3	敷设施工场地的用水、供电线路			水电组	技术组	××××年×月×日	
4	搭设临时设施的材料供应			材料组	质量组	××××年×月×日	
5	搭设临时设施的施工			工程组	技术组	××××年×月×日	
6	人力资源的组织准备			工程组	技术组	××××年×月×日	
7	大型机械设备进场			设备组	工程组	××××年×月×日	
8	主要检验、测量和试验设备进场			技术组	工程组	××××年×月×日	
9	环保、消防、治安等工作			后勤组	工程组	××××年×月×日	

项目经理		施工技术负责人		日期	××××年×月×日

工程量一览表

C2-01-7

序号	分项工程名称		单位	工程量	备注
1	土方工程	开挖土方量	m^2	17 361	
		回填土方量	m^2	15 060	
2	防水工程	地下室	m^2	2 100	
		屋面	m^2	2 130	
		卫生间	m^2	526	
3	混凝土工程	地下室	m^2	3 167	
		地上部分	m^2	6 331	
4	钢筋工程	地下室	t	3 130	
		地上部分	t	2 513	
5	砌体工程	红砖	块	296 780	
		陶粒混凝土砌块	m^2	2 350	
		吊顶	m^2	22 719	
		瓷砖	m^2		
		涂料	m^2	57 319	
6	外装修	花岗石	m^2	2 139	
		铝合金门窗	m^2	2 371	

施工技术负责人		造价员		日期	××××年×月×日

施工进度计划

C2-01-8

工程名称		××工程		施工单位				××建筑工程有限公司										
序号	分项工程名称	工程量		劳动定额效率	需要劳动力		需工作日/d	5月	6月	7月	8月	9月	10月	11月	12月	1月	2月	3月
		单位	数量		技工	力工												
1	基坑开挖																	
2	基础处理																	
3	打垫层																	
4	路下防水层																	
5	底板、梁钢筋及支撑板																	
6	底板、混凝土浇筑																	
7	底板、梁混凝土浇筑																	
8	墙板、柱钢筋及模板																	
9	墙板、柱混凝土浇筑																	
10	地下室顶板、梁钢筋及支撑											（略）						
11	地下室顶板、梁混凝土浇筑																	
12	立脚手架及塔吊																	
13	主体结构施工																	
14	屋面工程施工																	
15	外装修																	
16	内装修																	
项目经理			施工技术负责人				制表					日期						

主要材料计划

C2-01-9

序号	名称	规格	单位	数量	供应日期	备注
1	钢筋	××××	t	1 260	××××年×月×日	
2	预拌混凝土	××××	m^2	1.37万	××××年×月×日	
3	陶粒混凝土砌块	××××	m^2	1 519	××××年×月×日	
4	防水卷材	××××	m^2	1.31万	××××年×月×日	
5	防水涂料	××××	m^2	1.33万	××××年×月×日	
6	红砖	××××	块	296 780	××××年×月×日	
7	花岗石	××××	m^2	2 139	××××年×月×日	
8	瓷砖	××××	m^2	8 016	××××年×月×日	
项目经理		造价员		日期	××××年×月×日	

主要机具设备计划

C2-01-10

序号	名称	规格	需要量		使用起止日期	备注
			单位	数量		
1	塔式起重机		台	2	××××年×月×日	
2	履带吊车	××××	台	1	××××年×月×日	
3	混凝土搅拌运输车	××××	辆	3	××××年×月×日	
4	插入式振捣器	××××	台	7	××××年×月×日	
5	电焊机	××××	台	6	××××年×月×日	
6	电焊机	××××	台	6	××××年×月×日	
7	潜水泵	××××	台	4	××××年×月×日	
8	套丝机	××××	台	9	××××年×月×日	
9	焊条烘干箱	××××	台	1	××××年×月×日	
10	钢筋切断机	××××	台	4	××××年×月×日	
11	钢筋弯曲机	××××	台	6	××××年×月×日	

项目经理		施工技术负责人		日期	××××年×月×日

成品、半成品、构配件加工计划

C2-01-11

序号	名称	设计代号	标准图及型号	规格/m	单位	数量	备注
1	钢筋	××	××		t	2 371	
2	预埋铁件	××	××		t	1.9	
3	钢柱	××	××		t	118	
4	钢梁	××	××		t	131	

项目经理		技术员		日期	××××年×月×日

劳动力需要量

C2-01-12

序号	工种名称	需要总工作日	需要人数及进场日期										备注
			1月	2月	3月	4月	5月	6月	7月	8月	9月	10月	
1	钢筋工	×××											计划人数×
2	木工	×××											计划人数×
3	架子工	×××											计划人数×
4	瓦工	×××											计划人数×
5	抹灰工	×××											计划人数×
6	油漆工	×××											计划人数×
7	防水工	×××											计划人数×
8	混凝土工	×××											计划人数×
9	机电工种	×××											计划人数×
10	力工	×××											计划人数×
11	其他工种												计划人数×
	合计	×××											×××

施工技术负责人		造价员		日期	××××年×月×日

施工现场平面布置图

C2-01-13

<table>
<tr><td colspan="8">（图略）</td></tr>
<tr><td>项目
经理</td><td></td><td>施工技术
负责人</td><td></td><td>绘测</td><td></td><td>日期</td><td>××××年×月×日</td></tr>
</table>

C2-02

通风与空调工程施工方案

（内容略）

工程名称：××工程

施工单位：××建筑工程有限公司

编制日期：××××年×月×日

设计交底记录

C2-03

<table>
<tr><td>工程名称</td><td colspan="3">××工程</td><td>设计单位</td><td>××设计院</td></tr>
<tr><td>主持人</td><td>×××. ×××</td><td>交底人</td><td>×××</td><td>交底日期</td><td>××××年×月×日</td></tr>
<tr><td rowspan="2">参加人员</td><td>建设单位</td><td colspan="2">××工程大学</td><td>设计单位</td><td>××设计院</td></tr>
<tr><td>监理单位</td><td colspan="2">××监理公司</td><td>施工单位</td><td>××建设工程有限公司</td></tr>
<tr><td colspan="6">交底内容：

（文字及图均略）</td></tr>
<tr><td colspan="6">建设单位　　　　监理单位　　　　设计单位　　　　施工单位
代表（盖章）：　代表（盖章）：　代表（盖章）：　代表（盖章）：</td></tr>
</table>

图纸会审记录

C2-04

<table>
<tr><td colspan="2">工程名称</td><td colspan="2">××工程</td><td>会审范围</td><td>建筑结构</td></tr>
<tr><td colspan="2">主持人</td><td colspan="2"></td><td>日期</td><td>××××年×月×日</td></tr>
<tr><td colspan="2" rowspan="2">参加人员</td><td>建设单位</td><td></td><td>设计单位</td><td></td></tr>
<tr><td>监理单位</td><td></td><td>施工单位</td><td></td></tr>
<tr><td>序号</td><td colspan="2">图号</td><td colspan="2">提出问题</td><td>会审意见</td></tr>
<tr><td>1
2
3
4</td><td colspan="2">（略）</td><td colspan="2">（略）</td><td>（略）</td></tr>
<tr><td colspan="6">建设单位　　　　监理单位　　　　设计单位　　　　施工单位
代表（盖章）：　代表（盖章）：　代表（盖章）：　代表（盖章）：</td></tr>
</table>

设计变更通知单

C2-05

<table>
<tr><td>工程名称</td><td>××工程</td><td>变更项目</td><td>室内给排水管道管材</td></tr>
<tr><td>主送</td><td></td><td>编号</td><td></td></tr>
<tr><td>抄送</td><td></td><td>日期</td><td></td></tr>
<tr><td>变更理由</td><td colspan="3">建设单位要求</td></tr>
<tr><td colspan="4">变更内容：
1．室内冷热水管材管件由原来×××公司的无规共聚丙烯（PP-R）冷热水管材管件改为亚通 PP-R 冷热水管材管件。
2．室内排水管材管件由原来×××公司的 PVC-U 排水管材管件改为北新聚丙烯静音排水管材管件。执行的标准为管材：Q/HDBXC 003—2002，管件：Q/HDBXC 004—2002</td></tr>
<tr><td colspan="4">设计单位（公章）：　　××设计单位</td></tr>
<tr><td colspan="4">技术负责人：　　审核人：　　设计人：</td></tr>
</table>

工程洽商记录

C2-06

<table>
<tr><td>工程名称</td><td>××工程</td><td>专业名称</td><td>地基基础</td></tr>
<tr><td>提出单位</td><td>××建筑工程有限公司</td><td>日期</td><td>××××年×月×日</td></tr>
<tr><td>内容摘要</td><td colspan="3">根据勘察设计验槽要求，地基需深挖处理回填级配砂石</td></tr>
<tr><td colspan="4">洽商内容：
从勘察及设计验槽情况来看，本工程的地基原土被雨水浸泡，应在原设计标高－6.50 m 基础上再下挖 0.5 m，所涉及的范围为宽度 12 m，长度 17 m。挖到－7.00 m，回填级配砂石，并进行人工夯实。需增加的工程量为：4 台 2 寸的潜水泵排水 1.5 台班，人工挖土方 102.00 m^3；人工回填夯实级配砂石 102.00 m^3。

（示意图略）</td></tr>
<tr><td colspan="4">建设单位　　　　　监理单位　　　　　设计单位　　　　　施工单位
代表（盖章）：　　代表（盖章）：　　代表（盖章）：　　代表（盖章）：</td></tr>
</table>

技术联系（通知）单

C2-07

<table>
<tr><td>工程名称</td><td>××工程</td><td>编号</td><td>×××</td></tr>
<tr><td>提出单位</td><td>××建筑工程有限公司</td><td>日期</td><td>××××年×月×日</td></tr>
<tr><td>事项</td><td colspan="3">地上7层③～⑨/Ⓑ～Ⓔ轴楼板、梁钢筋代换</td></tr>
<tr><td colspan="4">提出内容：
地上7层③～⑨/Ⓑ～Ⓔ轴楼板、梁，钢筋代换申请单、设计院设计变更通知单一并上报。
已进入雨期，工期紧张，请抓紧给予审查并批准使用。</td></tr>
</table>

<table>
<tr><td>建设单位意见：
同意
（公章）：
负责人签字：</td><td>监理单位意见：
同意
（公章）：
监理工程师签字：</td><td>施工单位意见：
同意。按设计变更的要求抓紧施工
（公章）：
技术负责人签字：</td></tr>
</table>

材料、构配件进场检验记录

C3-01

<table>
<tr><td colspan="2">工程名称</td><td colspan="3">××工程</td><td>会审范围</td><td colspan="2">建筑结构</td></tr>
<tr><td colspan="2">主持人</td><td colspan="6">××建筑工程有限公司</td></tr>
<tr><td rowspan="2">序号</td><td rowspan="2">名称</td><td rowspan="2">规格型号</td><td rowspan="2">进场数量</td><td colspan="2">生产厂家</td><td rowspan="2">外观质量</td><td rowspan="2">结果</td></tr>
<tr><td colspan="2">合格证号</td></tr>
<tr><td>1</td><td>热轧带肋钢筋</td><td>××</td><td>31 t</td><td colspan="2">××钢铁有限公司××××</td><td>良好</td><td>合格</td></tr>
<tr><td>2</td><td>低碳钢热轧圆盘条</td><td>××</td><td>16 t</td><td colspan="2">××钢铁有限公司××××</td><td>良好</td><td>合格</td></tr>
<tr><td colspan="8">施工技术
负责人：　　　　施工
质检员：　　　　施工
材料员：</td></tr>
</table>

通风与空调设备开箱检验记录

C3-02

工程名称	××工程	检查日期	××××年×月×日
施工单位	××建筑工程有限公司		
供应单位	××设备销售有限责任公司		6台
生产厂家	××风机有限公司		6台
设备名称	轴流式风机		

检查记录		
	包装情况	包装完好、无损缺、标识明确
	随机文件	装箱单6份、合格证6份、说明书6份、设备图6份
	备件与附件	
	外观情况	机体表面无损缺、无锈蚀、漆面完好
	其他情况	—

检查结果

缺、损附备件明细表

序号	名称	规格	单位	数量	备注

结论：

经检查确认，风机质量证明文件资料齐全，风机外观质量良好，符合设计要求。

监理工程师（建设单位代表）：×××	施工单位代表：×××	供应单位代表：×××

试样委托单

C3-03

委托编号		试验编号	
委托单位	××建筑工程有限公司	委托日期	××××年×月×日
工程名称	××工程	试验日期	××××年×月×日
使用部位	梁	出厂日期	××××年×月×日
材料名称	钢筋	品种规格	热轧带肋钢筋ϕ20
生产厂家	××钢铁有限公司	牌号等级	HRB335
代表批量	31 t		
项目编号	试验项目	项目编号	试验项目
1	屈服点	6	
2	抗拉强度	7	
3	伸长率	8	
4	弯曲试验	9	
5		10	

备注：

取样人：　　　　见证人：　　　　取样单位（章）：××建筑工程有限公司

钢筋质量证明文件粘贴表

C3-04

质量证明文件编号	××-××××

（粘贴页）

××钢铁有限公司质量证明书

合同编号：××× 车　　号：××××××

收货单位：××建筑工程有限公司 质监字第××-××××号

批号	钢号	规格	化学成分/%					机械性能				精度级别	脱碳层	捆数
			C 碳	Mn 锰	Si 硅	P 磷	S 硫	σ MPa	δ %	Ψ	冷弯 180°			

说明	交货状态："热轧" 检斤　毛重　皮重　净重	检查依据 GB/T ×××× GB/T ××××

开证号：×××

签发日期：××××年×月×日

施工技术负责人		整理人	

水泥试验报告

C3-07

<table>
<tr><td colspan="3">委托编号</td><td colspan="3">××××</td><td colspan="2">实验编号</td><td colspan="3">××××</td></tr>
<tr><td colspan="3">委托单位</td><td colspan="3">××建筑工程有限公司</td><td colspan="2">委托日期</td><td colspan="3">××××年×月×日</td></tr>
<tr><td colspan="3">工程名称</td><td colspan="3">××工程</td><td colspan="2">试验日期</td><td colspan="3">××××年×月×日</td></tr>
<tr><td colspan="3">使用部位</td><td colspan="3">主体</td><td colspan="2">出厂日期</td><td colspan="3">××××年×月×日</td></tr>
<tr><td colspan="3" rowspan="2">品种
强度等级</td><td colspan="3">××</td><td colspan="2" rowspan="2">强度试验日期</td><td colspan="2">30 d</td><td>√</td></tr>
<tr><td colspan="3">××R</td><td colspan="2">28 d</td><td>√</td></tr>
<tr><td colspan="3">生产厂家</td><td colspan="3">××水泥厂</td><td colspan="2">代表批量</td><td colspan="3">150 t</td></tr>
<tr><td colspan="3">主要仪器设备</td><td colspan="3">×××压力试验机；
×××抗折试验机；</td><td colspan="5">检查证书编号：
检查证书编号：</td></tr>
<tr><td colspan="3">见证号</td><td colspan="3">单位：××监理公司</td><td colspan="2">姓名：</td><td colspan="3">编号：</td></tr>
<tr><td colspan="3">执行标准</td><td colspan="8">《硅酸盐水泥、普通硅酸水泥》（GB 175—1999）</td></tr>
<tr><td colspan="3">试验项目</td><td>标准规定</td><td colspan="6">实验结果</td><td>平均值</td></tr>
<tr><td rowspan="4">强度/MPa</td><td rowspan="2">3 d</td><td>抗折</td><td>≥4.0</td><td colspan="2">5.13</td><td colspan="2">5.61</td><td colspan="2">6.30</td><td>5.7</td></tr>
<tr><td>抗压</td><td>≥22.0</td><td>22.3</td><td>23.1</td><td>24.7</td><td>22.9</td><td>24.5</td><td>26.0</td><td>23.9</td></tr>
<tr><td rowspan="2">28 d</td><td>抗折</td><td>≥6.5</td><td colspan="2">7.1</td><td colspan="2">8.6</td><td colspan="2">9.1</td><td>8.3</td></tr>
<tr><td>抗压</td><td>≥42.5</td><td>47.0</td><td>43.7</td><td>51.1</td><td>49.5</td><td>49.6</td><td>53.3</td><td>49.0</td></tr>
<tr><td colspan="2" rowspan="2">凝结时间</td><td>初凝</td><td>≥45 min</td><td colspan="7">76</td></tr>
<tr><td>终凝</td><td>≤10 h</td><td colspan="7">317</td></tr>
<tr><td>安定性</td><td colspan="2">试饼或雷试法</td><td colspan="4">雷试夹法膨胀值 0.8 mm</td><td colspan="4">0.8 mm 合格</td></tr>
<tr><td>细度/%</td><td colspan="2">负压晒系法</td><td>≤10</td><td colspan="7">7.6</td></tr>
<tr><td>结论</td><td colspan="6">该试样所检项目均符合××产品标准的要求。
试验单位（章）：××检测中心××××年×月×日</td><td colspan="2">备注</td><td colspan="2"></td></tr>
<tr><td colspan="4">试验人：</td><td colspan="4">审核人：</td><td colspan="3">技术负责人：</td></tr>
<tr><td colspan="5">施工技术
负 责 人：</td><td colspan="6">监理工程师
（建设单位代表）：</td></tr>
</table>

砂试验报告

C3-08

委托编号		实验编号	××××年×月×日
委托单位	××建筑工程有限公司	委托日期	××××年×月×日
工程名称	××工程	试验日期	××××年×月×日
生产厂家	××厂	出厂日期	××××年×月×日
主要仪器设备	砂筛分试验筛，电子天平	检查证书编号：××××××	
见证员	单位：××监理公司	姓名：	编号：
执行标准	《普通混凝土用砂质量标准及检验方法》（JGJ 52—92）		

试验项目	标准要求	实验结果	试验项目	标准要求	实验结果
含泥量/%	≥C30 时≤3.0 <C30 时≤5.0	2.3	表观密度/（kg/m^3）		
泥块含量/%	≥C30 时≤1.0 <C30 时≤2.0	0.5	松散堆积密度/（kg/m^3）		
有机物含量/%	不深于标准色	合格	紧密密度/（kg/m^3）		
云母含量/%	≤2.0	1.4	含水率/%		
坚固性/%	5 次循环后其质量损失≤8%	3.1%	吸水率/%		
碱活性化学法			轻物质含量/%		
			硫酸盐硫化物含量/%		
碱活性砂浆长度法/%					

颗粒级配

筛孔尺寸/mm		10.0	5.00	2.50	1.25	0.630	0.315	0.160
Ⅰ区	累计筛余/%	0	10～0	35～0	65～35	85～71	95～80	100～90
Ⅱ区	累计筛余/%	0	10～0	25～0	50～10	70～41	92～70	100～90
Ⅲ区	累计筛余/%	0	10～0	15～0	25～0	40～16	85～55	100～90
实验结果	累计筛余/%	0	5	17	30	51	80	91
实验结果	细数模数	2.6			级配区		Ⅱ区	

结论	该试样按颗粒级配属Ⅱ区中砂。 试验单位（章）：××检测中心 ××××年×月×日	备注	

试验人：　　审核人：　　技术负责人：

施工技术负责人：　　监理工程师（建设单位代表）：

混凝土早强、减水类外加剂试验报告

C3-10-1

<table>
<tr><td colspan="2">委托编号</td><td></td><td>实验编号</td><td>××××年×月×日</td></tr>
<tr><td colspan="2">委托单位</td><td>××建筑工程有限公司</td><td>委托日期</td><td>××××年×月×日</td></tr>
<tr><td colspan="2">工程名称</td><td>××工程</td><td>试验日期</td><td>××××年×月×日</td></tr>
<tr><td colspan="2">使用部位</td><td>地上 6 层墙</td><td>样品性状</td><td>棕黄色粉状物</td></tr>
<tr><td colspan="2">生产厂家</td><td>××外加剂厂</td><td>代表批量</td><td>100 kg</td></tr>
<tr><td colspan="2">型号名称</td><td>××高效减水剂</td><td>掺量</td><td>0.1%</td></tr>
<tr><td colspan="2">主要仪器设备</td><td colspan="3">仪器名称： 检定证书编号：</td></tr>
<tr><td colspan="2">见证员</td><td colspan="3">单位：××监理公司 姓名： 编号：</td></tr>
<tr><td colspan="2">执行标准</td><td colspan="3">《混凝土外加剂》（GB 8076）</td></tr>
<tr><td colspan="2">试验项目</td><td colspan="2">标准要求</td><td>实验结果</td></tr>
<tr><td colspan="2">细度（0.315 mm 筛余）/%</td><td colspan="2"></td><td></td></tr>
<tr><td colspan="2">减水量/%</td><td colspan="2">≥12</td><td>17</td></tr>
<tr><td colspan="2">pH 值</td><td colspan="2">7～9</td><td></td></tr>
<tr><td rowspan="3">抗压强度比/%</td><td>1 d</td><td colspan="2"></td><td></td></tr>
<tr><td>3 d</td><td colspan="2">≥130</td><td>151</td></tr>
<tr><td>28 d</td><td colspan="2">≥120</td><td>149</td></tr>
<tr><td colspan="2">对钢筋腐蚀作用</td><td colspan="2">不锈蚀钢筋</td><td>不锈蚀钢筋</td></tr>
<tr><td>结论</td><td colspan="2">符合《混凝土外加剂》（GB 8076）标准中高效减水剂的要求。
试验单位（章）：×××× ××××年×月×日</td><td>备注</td><td></td></tr>
<tr><td colspan="5">试验人： 审核人： 技术负责人：</td></tr>
<tr><td colspan="5">施工技术负责人： 监理工程师（建设单位代表）：</td></tr>
</table>

混凝土引气剂试验报告

C3-08

<table>
<tr><td colspan="2">委托编号</td><td colspan="2"></td><td>实验编号</td><td>××××</td></tr>
<tr><td colspan="2">委托单位</td><td colspan="2">××建筑工程有限公司</td><td>委托日期</td><td>××××年×月×日</td></tr>
<tr><td colspan="2">工程名称</td><td colspan="2">××工程</td><td>试验日期</td><td>××××年×月×日</td></tr>
<tr><td colspan="2">使用部位</td><td colspan="2">7层楼板</td><td>样品性状</td><td>膏状</td></tr>
<tr><td colspan="2">生产厂家</td><td colspan="2">××外加剂厂</td><td>代表批量</td><td>50kg</td></tr>
<tr><td colspan="2">型号名称</td><td colspan="2">××</td><td>掺量</td><td>0.14%</td></tr>
<tr><td colspan="2">主要仪器设备</td><td colspan="4">仪器名称：　　检定证书编号：</td></tr>
<tr><td colspan="2">见证员</td><td colspan="4">单位：××监理公司　　姓名：　　编号：</td></tr>
<tr><td colspan="2">执行标准</td><td colspan="4">《混凝土外加剂》（GB 8076）</td></tr>
<tr><td colspan="2">试验项目</td><td colspan="2">标准要求</td><td colspan="2">实验结果</td></tr>
<tr><td colspan="2">细度（0.315mm 筛余）/%</td><td colspan="2"></td><td colspan="2"></td></tr>
<tr><td colspan="2">pH 值</td><td colspan="2">7.3～8.7</td><td colspan="2">8.1</td></tr>
<tr><td colspan="2">含气量/%</td><td colspan="2">>3.0 且<5.0</td><td colspan="2">4.2</td></tr>
<tr><td rowspan="2">抗压强度比/%</td><td>7d</td><td colspan="2">≥95</td><td colspan="2">131</td></tr>
<tr><td>28d</td><td colspan="2">≥90</td><td colspan="2">111</td></tr>
<tr><td>结论</td><td colspan="3">符合《混凝土外加剂》（GB 8076）标准中引气剂的要求。
试验单位（章）：××××　　××××年×月×日</td><td>备注</td><td></td></tr>
<tr><td colspan="6">试验人：　　审核人：　　技术负责人：</td></tr>
<tr><td colspan="6">施工技术
负 责 人：　　监理工程师
（建设单位代表）：</td></tr>
</table>

混凝土缓凝剂试验报告

C3-08

<table>
<tr><td colspan="2">委托编号</td><td></td><td>实验编号</td><td colspan="2">××××年×月×日</td></tr>
<tr><td colspan="2">委托单位</td><td>××建筑工程有限公司</td><td>委托日期</td><td colspan="2">××××年×月×日</td></tr>
<tr><td colspan="2">工程名称</td><td>××工程</td><td>试验日期</td><td colspan="2">××××年×月×日</td></tr>
<tr><td colspan="2">使用部位</td><td>5 层墙</td><td>样品性状</td><td colspan="2">白色粉状物</td></tr>
<tr><td colspan="2">生产厂家</td><td>××外加剂厂</td><td>代表批量</td><td colspan="2">60kg</td></tr>
<tr><td colspan="2">型号名称</td><td>××</td><td>掺量</td><td colspan="2">0.02%</td></tr>
<tr><td colspan="2">主要仪器设备</td><td colspan="4">仪器名称：　　　　检定证书编号：</td></tr>
<tr><td colspan="2">见证员</td><td colspan="4">单位：××监理公司　　　　姓名：　　　　编号：</td></tr>
<tr><td colspan="2">执行标准</td><td colspan="4">《混凝土外加剂》（GB 8076）</td></tr>
<tr><td colspan="2">试验项目</td><td>标准要求</td><td colspan="3">实验结果</td></tr>
<tr><td colspan="2">细度（0.315mm 筛余）/%</td><td></td><td colspan="3"></td></tr>
<tr><td colspan="2">pH 值</td><td></td><td colspan="3"></td></tr>
<tr><td colspan="2">凝结时间差/min</td><td>＞+90</td><td colspan="3">+110</td></tr>
<tr><td colspan="2">泌水率/%</td><td>≤100</td><td colspan="3">87</td></tr>
<tr><td rowspan="2">抗压强度比/%</td><td>3d</td><td>≥100</td><td colspan="3">116</td></tr>
<tr><td>28d</td><td>≥100</td><td colspan="3">119</td></tr>
<tr><td>结论</td><td colspan="3">符合《混凝土外加剂》（GB 8076）标准中引气剂的要求。
试验单位（章）：　××××
××××年×月×日</td><td>备注</td><td></td></tr>
<tr><td colspan="6">试验人：　　　　审核人：　　　　技术负责人：</td></tr>
<tr><td colspan="6">施工技术　　　　监理工程师
负 责 人：　　　　（建设单位代表）：</td></tr>
</table>

混凝土泵送剂试验报告

C3-10-4

委托编号		实验编号	××××年×月×日
委托单位	××建筑工程有限公司	委托日期	××××年×月×日
工程名称	××工程	试验日期	××××年×月×日
使用部位	7层楼板	样品性状	棕色粉状物
生产厂家	××外加剂厂	代表批量	50 kg
型号名称	××高效减水剂	掺量	0.03%
主要仪器设备	仪器名称：	检定证书编号：	
见证员	单位：××监理公司	姓名：	编号：
执行标准	《混凝土泵送剂》（JC 473）		

试验项目		标准要求	实验结果
细度（0.315 mm筛余）/%		≤4.5	4.1
含气量/%			
pH值		≤90	75
常压泌水率比/%		≤90	81
坍落度增加量/mm			
坍落度保留值/mm	30 min	≥150	169
	60 min	≥120	136
抗压强度比/%	7 d	≥90	103
	28 d	≥90	113
结论	符合《混凝土泵送剂》（JC 473）标准的要求。 试验单位（章）：×××× ××××年×月×日	备注	

试验人： 审核人： 技术负责人：

施工技术负责人： 监理工程师（建设单位代表）：

混凝土防水剂试验报告

C3-10-5

<table>
<tr><td>委托编号</td><td colspan="2"></td><td>实验编号</td><td>××××年×月×日</td></tr>
<tr><td>委托单位</td><td colspan="2">××建筑工程有限公司</td><td>委托日期</td><td>××××年×月×日</td></tr>
<tr><td>工程名称</td><td colspan="2">××工程</td><td>试验日期</td><td>××××年×月×日</td></tr>
<tr><td>使用部位</td><td colspan="2">地上 7 层墙砌体</td><td>样品性状</td><td>棕色粉状物</td></tr>
<tr><td>生产厂家</td><td colspan="2">××外加剂厂</td><td>代表批量</td><td>100 kg</td></tr>
<tr><td>型号名称</td><td colspan="2">××高效减水剂</td><td>掺量</td><td>0.03%</td></tr>
<tr><td>主要仪器设备</td><td colspan="4">仪器名称：　　　检定证书编号：</td></tr>
<tr><td>见证员</td><td colspan="4">单位：××监理公司　　姓名：　　编号：</td></tr>
<tr><td>执行标准</td><td colspan="4">《砂浆、混凝土防水剂》（CJ 474）</td></tr>
<tr><td colspan="2">试验项目</td><td colspan="2">标准要求</td><td>实验结果</td></tr>
<tr><td colspan="2">细度（0.315mm 筛余）/%</td><td colspan="2"></td><td></td></tr>
<tr><td colspan="2">pH 值</td><td colspan="2"></td><td></td></tr>
<tr><td colspan="2">渗透高度比/%</td><td colspan="2">≥300</td><td>310</td></tr>
<tr><td rowspan="2">抗压强度比/%</td><td>7d</td><td colspan="2">≥100</td><td>122</td></tr>
<tr><td>28d</td><td colspan="2">≥90</td><td>107</td></tr>
<tr><td>结论</td><td colspan="2">符合《混凝土泵送剂》（JC 473—2001）标准的要求。
试验单位（章）：××××
××××年×月×日</td><td>备注</td><td></td></tr>
<tr><td colspan="5">试验人：　　　　审核人：　　　　技术负责人：</td></tr>
<tr><td colspan="5">施工技术　　　　　　监理工程师
负 责 人：　　　　（建设单位代表）：</td></tr>
</table>

混凝土防冻剂试验报告

C3-10-6

<table>
<tr><td>委托编号</td><td></td><td>实验编号</td><td>××××年×月×日</td></tr>
<tr><td>委托单位</td><td>××建筑工程有限公司</td><td>委托日期</td><td>××××年×月×日</td></tr>
<tr><td>工程名称</td><td>××工程</td><td>试验日期</td><td>××××年×月×日</td></tr>
<tr><td>使用部位</td><td>17层楼板</td><td>样品性状</td><td>××</td></tr>
<tr><td>生产厂家</td><td>××外加剂厂</td><td>代表批量</td><td>1 000kg</td></tr>
<tr><td>型号名称</td><td>××高效减水剂</td><td>掺量</td><td>0.03%</td></tr>
<tr><td>主要仪器设备</td><td colspan="3">仪器名称： 检定证书编号：</td></tr>
<tr><td>见证员</td><td colspan="3">单位：××监理公司 姓名： 编号：</td></tr>
<tr><td>执行标准</td><td colspan="3">《混凝土防冻剂》（CJ 475）</td></tr>
<tr><td colspan="2">试验项目</td><td>标准要求</td><td>实验结果</td></tr>
<tr><td colspan="2">细度/%</td><td></td><td></td></tr>
<tr><td colspan="2">pH值</td><td></td><td></td></tr>
<tr><td rowspan="2">抗压强度比/%</td><td>R_1</td><td></td><td></td></tr>
<tr><td>R_{7+28}</td><td>≥95</td><td>116</td></tr>
<tr><td colspan="2">对钢筋腐蚀作用</td><td>无腐蚀</td><td>无腐蚀</td></tr>
<tr><td>结论</td><td>符合《混凝土防冻剂》（JC 475—2004）标准的要求。
试验单位（章）：××××
××××年×月×日</td><td>备注</td><td></td></tr>
<tr><td colspan="4">试验人： 审核人： 技术负责人：</td></tr>
<tr><td colspan="4">施工技术
负 责 人： 监理工程师
（建设单位代表）：</td></tr>
</table>

混凝土膨胀剂试验报告

C3-10-8

<table>
<tr><td colspan="2">委托编号</td><td></td><td>实验编号</td><td>××××年×月×日</td></tr>
<tr><td colspan="2">委托单位</td><td>××建筑工程有限公司</td><td>委托日期</td><td>××××年×月×日</td></tr>
<tr><td colspan="2">工程名称</td><td>××工程</td><td>试验日期</td><td>××××年×月×日</td></tr>
<tr><td colspan="2">使用部位</td><td>1～7层楼</td><td>代表批量</td><td>10 t</td></tr>
<tr><td colspan="2">生产厂家</td><td>××外加剂厂</td><td>掺量</td><td>0.03%</td></tr>
<tr><td colspan="2">主要仪器设备</td><td>××</td><td>型号名称</td><td>××</td></tr>
<tr><td colspan="2">见证员</td><td colspan="3">单位：××监理公司　姓名：　编号：</td></tr>
<tr><td colspan="2">执行标准</td><td colspan="3">《混凝土膨胀剂》（CJ 474）</td></tr>
<tr><td colspan="2">试验项目</td><td>标准要求</td><td colspan="2">实验结果</td></tr>
<tr><td rowspan="2">抗压强度/MPa</td><td>7 d</td><td>≥25.0</td><td colspan="2">26.9</td></tr>
<tr><td>28 d</td><td>≥45.0</td><td colspan="2">47.1</td></tr>
<tr><td rowspan="2">限折强度/MPa</td><td>7 d</td><td>≥4.5</td><td colspan="2">5.3</td></tr>
<tr><td>28 d</td><td>≥6.5</td><td colspan="2">7.6</td></tr>
<tr><td rowspan="3">限制膨胀强度/MPa</td><td>7 d（水中）</td><td>≥0.025</td><td colspan="2">0.031</td></tr>
<tr><td>28 d（水中）</td><td>≤0.10</td><td colspan="2">0.009</td></tr>
<tr><td>21 d（空气中）</td><td>≥－0.020</td><td colspan="2">－0.010</td></tr>
<tr><td rowspan="2">凝结时间/min</td><td>7 d</td><td>≥45</td><td colspan="2">94</td></tr>
<tr><td>28 d</td><td>≤10 h</td><td colspan="2">313</td></tr>
<tr><td>结论</td><td colspan="2">符合《混凝土膨胀剂》（JC 476—2001）标准的要求。
试验单位（章）：××××
××××年×月×日</td><td>备注</td><td></td></tr>
<tr><td colspan="5">试验人：　　审核人：　　技术负责人：</td></tr>
<tr><td colspan="5">施工技术负责人：　　监理工程师（建设单位代表）：</td></tr>
</table>

混凝土速凝剂试验报告

C3-10-9

<table>
<tr><td colspan="2">委托编号</td><td></td><td>实验编号</td><td>××××年×月×日</td></tr>
<tr><td colspan="2">委托单位</td><td>××建筑工程有限公司</td><td>委托日期</td><td>××××年×月×日</td></tr>
<tr><td colspan="2">工程名称</td><td>××工程</td><td>试验日期</td><td>××××年×月×日</td></tr>
<tr><td colspan="2">使用部位</td><td>基抗支护</td><td>样品性状</td><td>固体粉末</td></tr>
<tr><td colspan="2">生产厂家</td><td>××外加剂厂</td><td>代表批量</td><td>100 kg</td></tr>
<tr><td colspan="2">型号名称</td><td>××高效减水剂</td><td>掺量</td><td>3.5%</td></tr>
<tr><td colspan="2">主要仪器设备</td><td colspan="3">仪器名称：　　　　检定证书编号：</td></tr>
<tr><td colspan="2">见证员</td><td colspan="3">单位：××监理公司　　　　姓名：　　　编号：</td></tr>
<tr><td colspan="2">执行标准</td><td colspan="3">《喷射混凝土用速凝剂》（JC 477）</td></tr>
<tr><td colspan="2">试验项目</td><td>标准要求</td><td colspan="2">实验结果</td></tr>
<tr><td colspan="2">细度（0.315 mm 筛余）/%</td><td>≤15</td><td colspan="2">11</td></tr>
<tr><td rowspan="2">凝结时间/min</td><td>初凝</td><td>≤3</td><td colspan="2">1.7</td></tr>
<tr><td>终凝</td><td>≤10</td><td colspan="2">9</td></tr>
<tr><td colspan="2">1d 抗压强度/MPa</td><td></td><td colspan="2"></td></tr>
<tr><td colspan="2">28d 抗压强度比/%</td><td>≥75</td><td colspan="2">95</td></tr>
<tr><td>结论</td><td colspan="2">符合《喷射混凝土用速凝剂》（JC 477）标准的要求，合格。
试验单位（章）：××××
××××年×月×日</td><td>备注</td><td></td></tr>
<tr><td colspan="5">试验人：　　　　审核人：　　　　技术负责人：</td></tr>
<tr><td colspan="5">施工技术　　　　监理工程师
负 责 人：　　　　（建设单位代表）：</td></tr>
</table>

砌筑砂浆增塑剂试验报告

C3-10-10

委托编号	××××	实验编号	××××
委托单位	××建筑工程有限公司	委托日期	××××年×月×日
工程名称	××工程	试验日期	××××年×月×日
使用部位	××	样品性状	××
生产厂家	××外加剂厂	代表批量	××
型号名称	××高效减水剂	掺量	××
主要仪器设备	仪器名称：	检定证书编号：	
见证员	单位：××监理公司	姓名：	编号：
执行标准			
试验项目		标准要求	实验结果
细度（0.315mm 筛余）/%			
分层度/mm			
含水量/%			
凝结时间差/min			
含气量/%	初凝		
	终凝		
抗压强度比/%	7d		
	28d		
抗冻性	抗压强度损失/%		
	质量损失率/%		
结论	试验单位（章）：×××× ××××年×月×日	备注	
试验人：	审核人：	技术负责人：	
施工技术 负 责 人：	监理工程师 （建设单位代表）：		

________安装抄测记录表

C4-01

<table>
<tr><td>工程名称</td><td></td><td>日期</td><td></td></tr>
<tr><td>施工单位</td><td></td><td>抄测部位</td><td></td></tr>
<tr><td colspan="4">抄测内容及依据：

（略）</td></tr>
<tr><td colspan="4">抄测说明（或附图）：

（略）</td></tr>
<tr><td colspan="4">审查意见：

（略）</td></tr>
<tr><td colspan="4">监理工程师（建设单位代表）：×××　施工技术负责人：×××　施工质检员：×××　施测人：×××</td></tr>
</table>

交接检查验收记录

C5-01

<table>
<tr><td colspan="2">工程名称</td><td>××工程</td><td>编号</td><td colspan="2">××××</td></tr>
<tr><td colspan="2">移交单位</td><td>××建筑工程有限公司</td><td>接收单位</td><td colspan="2">××机电安装有限公司</td></tr>
<tr><td colspan="2">监理（建设）单位</td><td>××监理公司</td><td>结交日期</td><td colspan="2">××××年×月×日</td></tr>
<tr><td>序号</td><td>移交部位及项目</td><td colspan="2">提供的数据及状态</td><td>验收情况</td><td>备注</td></tr>
<tr><td>1</td><td>风机基础</td><td colspan="2">基础尺寸长×宽×高/mm</td><td>合格</td><td></td></tr>
<tr><td>2</td><td>风机房预留空洞</td><td colspan="2">预留孔洞尺寸长×宽/mm
位置纵向偏差×mm，横向
偏差×mm，符合设计要求</td><td>合格</td><td></td></tr>
<tr><td>3</td><td>风机基础
混凝土强度</td><td colspan="2">达到设计强度</td><td>合格</td><td></td></tr>
<tr><td></td><td></td><td colspan="2"></td><td></td><td></td></tr>
<tr><td></td><td></td><td colspan="2"></td><td></td><td></td></tr>
<tr><td></td><td></td><td colspan="2"></td><td></td><td></td></tr>
<tr><td></td><td></td><td colspan="2"></td><td></td><td></td></tr>
<tr><td></td><td></td><td colspan="2"></td><td></td><td></td></tr>
<tr><td></td><td></td><td colspan="2"></td><td></td><td></td></tr>
<tr><td colspan="6">补充（或遗留问题）说明：</td></tr>
<tr><td colspan="6">监理（建设）单位意见：
双方均同意移交，移交后成品由××机电安装有限公司接收，并负责对成品进行保护。
同意进行下一道工序，即风机稳装工序的施工。</td></tr>
<tr><td colspan="2">监理工程师
（建设单位代表）：×××</td><td colspan="2">移交单位
项目负责人：×××</td><td colspan="2">接收单位
项目负责人：×××</td></tr>
</table>

地基验槽（孔）记录

C5-02

<table>
<tr><td colspan="2">工程名称</td><td>××工程</td><td>图纸编号</td><td colspan="2">结施 1、结施 2、结施 3</td></tr>
<tr><td colspan="2">验收项目</td><td>基础的全部</td><td>验收时间</td><td colspan="2">××××年×月×日</td></tr>
<tr><td colspan="2">地质报告与设计要求</td><td colspan="4">与地质报告相符，基槽平面位置、槽边尺寸、槽底标高、定位检查均应符合设计要求</td></tr>
<tr><td>验收依据及内容</td><td colspan="5">一、依据
施工图纸［施工图纸号结施 1、结施 2、结施 3，地质勘察报告（编号×××）］、设计变更/洽商（编号×××）及相关标准、规范、规程。
二、验槽内容：
1．基槽开挖至勘察报告第××层，持力层为××层。
2．基底绝对高程和相对标高绝对高程为××.××m，相对标高为－×.××m。
3．土质情况×××基底为原土层，均匀密实。
（附：☑钎探记录及钎探点平面布置图）（略）</td></tr>
<tr><td>验收意见</td><td colspan="5">经检查，槽底土质均匀密实，与地质勘察报告（编号×××）相符，基槽平面位置、槽边尺寸、基槽底标高、定位检查符合设计要求。地下水情况：槽底在地下水位以上 0.7 m，无坑及穴洞。
同意地基验槽。</td></tr>
<tr><td colspan="2">建设单位
项目负责人：
（公章）</td><td>设计单位
项目负责人：
（公章）</td><td>勘探单位
项目负责人：
（公章）</td><td>监理单位
总监理工程师：
（公章）</td><td>施工单位
项目负责人：
（公章）</td></tr>
</table>

混凝土工程施工记录

C5-06

工程名称	××工程	编号	××××
施工单位	××建筑工程有限公司	施工部位	3层楼板
搅拌方式	机 械	施工日期	××××年×月×～×日
振捣方法	机 械	养护方法	浇水、草帘覆盖

浇筑量/m^3		混凝土强度设计等级		配合比报告编号	

材料名称 / 记录项目	水泥	砂	石	水	外加剂			掺合料	
配合比 kg/m^3									
配合比 kg/盘									
材料试验报告编号									

坍落度设计值/cm		坍落度实测值/cm	
混凝土浇筑时间	××××年×月×日×时×分至××××年×月×日×时×分		

试件留置							
同条件	试块编号						
	送样编号						
	报告编号						
标样	试块编号						
	送样编号						
	报告编号						

测温情况

日：时/分							
天气情况							
原材料/℃	水						
	砂						
	石						
	水泥						
拌合物	出灌/℃						
	入模/℃						

施工技术负责人： 记录人：

预应力屋面板构件安装记录

C5-11

工程名称	××工程	安装日期	××××年×月×日
施工单位	××建筑工程有限公司	施工部位	屋面
构建类别	预应力屋面板		

序号	构件名称类型	安装检查						质量情况
		安装位置	安装标高	固定办法	搁置与搭接长度	接头（缝）处理	端头处理	
1	1号预应力屋面板	③～⑥/Ⓑ～Ⓒ轴	31.60 m	焊接	70 mm	焊接混凝土灌缝	—	合格

结论：

预应力屋面板有出厂合格证、检验报告，规格、质量及外观等各项技术指标合格；安装位置及安装检查结果符合设计要求及规范的规定。

监理工程师（建设单位代表）：×××	施工技术负责人：×××	施工质检员：×××	记录人：×××

静力桩施工记录

C5-19

工程名称		××工程	施工单位	××桩基础工程有限公司		机械类型	液压静力压砖机	桩规格	××××	
序号	桩位编号	施工日期年/月/日/时/分	终压值/kN	复压次数	复压值	复进深度/mm	桩顶标高/m	有效桩长/m	使用桩长/m	备注
1	1号	××××年×月×日××：××～××：××	1 376.67				−6.5	30	30.5	
2	2号	××××年×月×日××：××～××：××	1 379.59				−6.5	30	30.5	

监理工程师（建设单位代表）：×××　　施工技术负责人：×××　　施工质检员：×××　　主要操作人员：

记录人：

钢结构安装记录

C5-26

<table>
<tr><td colspan="3">工程名称</td><td colspan="3">××工程</td><td colspan="4">分项工程</td><td colspan="4">多层结构安装</td></tr>
<tr><td colspan="3">施工图号</td><td colspan="3">结施××</td><td colspan="4">执行标准</td><td colspan="4">××钢结构工程施工工艺标准（GB—××××）</td></tr>
<tr><td rowspan="2">序号</td><td rowspan="2">结构名称</td><td rowspan="2">型号规格</td><td rowspan="2">构建数量</td><td rowspan="2">接头处理</td><td rowspan="2">搭接长度</td><td rowspan="2">固定方式</td><td rowspan="2">平面位置</td><td rowspan="2">标高</td><td rowspan="2">垂直度</td><td rowspan="2">水平度</td><td colspan="2">操作者</td><td rowspan="2">备注</td></tr>
<tr><td>姓名</td><td>日期</td></tr>
<tr><td>1</td><td>屋顶全部钢屋架</td><td></td><td>16</td><td>焊接</td><td>10 cm</td><td>栓接</td><td>合格</td><td>合格</td><td>符合要求</td><td>符合要求</td><td></td><td></td><td></td></tr>
<tr><td></td><td></td><td></td><td></td><td></td><td></td><td></td><td></td><td></td><td></td><td></td><td></td><td></td><td></td></tr>
<tr><td></td><td></td><td></td><td></td><td></td><td></td><td></td><td></td><td></td><td></td><td></td><td></td><td></td><td></td></tr>
<tr><td></td><td></td><td></td><td></td><td></td><td></td><td></td><td></td><td></td><td></td><td></td><td></td><td></td><td></td></tr>
<tr><td></td><td></td><td></td><td></td><td></td><td></td><td></td><td></td><td></td><td></td><td></td><td></td><td></td><td></td></tr>
<tr><td></td><td></td><td></td><td></td><td></td><td></td><td></td><td></td><td></td><td></td><td></td><td></td><td></td><td></td></tr>
<tr><td colspan="14">专业技术负责人：　　　　　　记录（技术员）：　　　　　　××××年×月×日</td></tr>
</table>

设备精平、找正记录

C5-32

<table>
<tr><td colspan="3">工程名称</td><td colspan="2">××工程</td><td colspan="2">编号</td><td colspan="3">××××年×月×日</td></tr>
<tr><td colspan="3">施工单位</td><td colspan="2">××建筑工程有限公司</td><td colspan="2">日期</td><td colspan="3">××××年×月×日</td></tr>
<tr><td colspan="3">设备名称</td><td colspan="2">玻璃钢水箱</td><td colspan="2">基础形式</td><td colspan="3">C30 混凝土</td></tr>
<tr><td colspan="3">规格型号</td><td colspan="2"></td><td colspan="2">操作人</td><td colspan="3"></td></tr>
<tr><td colspan="3">执行标准</td><td colspan="7">《建设给水排水及采暖工程施工质量验收规范》（GB 50242—2002）</td></tr>
<tr><td>序号</td><td colspan="2">检查项目</td><td>允许偏差/mm</td><td>实际偏差/mm</td><td>允许偏差/mm</td><td>实际偏差/mm</td><td>允许偏差/mm</td><td>实际偏差/mm</td><td>测量仪器</td></tr>
<tr><td rowspan="2">1</td><td rowspan="2">坐标</td><td>横向</td><td></td><td></td><td></td><td></td><td></td><td></td><td>经纬仪</td></tr>
<tr><td>纵向</td><td></td><td></td><td></td><td></td><td></td><td></td><td>经纬仪</td></tr>
<tr><td rowspan="2">2</td><td rowspan="2">标高</td><td>底面</td><td></td><td></td><td></td><td></td><td></td><td></td><td></td></tr>
<tr><td>测点</td><td></td><td></td><td></td><td></td><td></td><td></td><td>水平仪</td></tr>
<tr><td rowspan="2">3</td><td rowspan="2">水平度</td><td>横向</td><td></td><td></td><td></td><td></td><td></td><td></td><td></td></tr>
<tr><td>纵向</td><td></td><td></td><td></td><td></td><td></td><td></td><td></td></tr>
<tr><td rowspan="2">4</td><td rowspan="2">垂直度</td><td>横向</td><td></td><td></td><td></td><td></td><td></td><td></td><td>掉线、尺量</td></tr>
<tr><td>纵向</td><td></td><td></td><td></td><td></td><td></td><td></td><td>掉线、尺量</td></tr>
<tr><td colspan="10">说明：</td></tr>
<tr><td colspan="10">结论：

经检查，水箱位置及标高的实际偏差在允许偏差范围内，无超差点，符合设计和规范要求</td></tr>
<tr><td colspan="10">监理工程师（建设单位代表）：××× 施工技术负责人：××× 施工质检员：××× 记录人：×××</td></tr>
</table>

风机、水泵安装记录

C5-33

<table>
<tr><td colspan="2">工程名称</td><td colspan="2">××工程</td><td colspan="2">编号</td><td colspan="2">××××年×月×日</td></tr>
<tr><td colspan="2">施工单位</td><td colspan="2">××建筑工程有限公司</td><td colspan="2">日期</td><td colspan="2">××××年×月×日</td></tr>
<tr><td colspan="2">设备名称</td><td colspan="2">卧式离心泵</td><td colspan="2">操作人</td><td colspan="2">×××</td></tr>
<tr><td colspan="2">规格型号</td><td colspan="6">××××</td></tr>
<tr><td></td><td>项目</td><td>允许偏差/mm</td><td>实际偏差/mm</td><td>允许偏差/mm</td><td>实际偏差/mm</td><td>允许偏差/mm</td><td>实际偏差/mm</td></tr>
<tr><td rowspan="2">设备本体</td><td>水平度</td><td></td><td></td><td></td><td></td><td></td><td></td></tr>
<tr><td>传动装置</td><td></td><td></td><td></td><td></td><td></td><td></td></tr>
<tr><td rowspan="2">地脚螺栓</td><td>垂直度</td><td></td><td></td><td></td><td></td><td></td><td></td></tr>
<tr><td>规格型号</td><td></td><td></td><td></td><td></td><td></td><td></td></tr>
<tr><td rowspan="2">垫铁</td><td>材料</td><td colspan="2">种类</td><td colspan="2">规格</td><td colspan="2">数量</td></tr>
<tr><td>铸铁</td><td colspan="2">斜垫块</td><td colspan="2"></td><td colspan="2"></td></tr>
<tr><td colspan="8">说明：</td></tr>
<tr><td colspan="8">结论：
经检查，卧式离心泵安装的实际偏差在允许偏差范围内，无超差点，符合设计和规范的要求。</td></tr>
<tr><td colspan="3">监理工程师
（建设单位代表）：×××</td><td colspan="2">施工技术
负责人：×××</td><td colspan="2">施工
质检员：×××</td><td>记录人：×××</td></tr>
</table>

自动扶梯、自动人行道土建交接记录

C5-36

工程名称	××工程	编号	××××年×月×日
安装单位	××电梯公司	日期	××××年×月×日

土建布置图（可复印粘贴） 单位/mm

（略）

检测项目	设计要求	检测数据	允许偏差/mm
机房宽度			
机房深度			
支承宽度			
支承长度			
支承水平间距			
扶梯提升高度			
支承预埋铁件尺寸			

检查意见：

符合设计及规范的要求。

监理工程师（建设单位代表）：×××	施工技术负责人：×××	施工质检员：×××	记录人：×××

______隐蔽工程检查验收记录

C6-01

<table>
<tr><td>工程名称</td><td>××工程</td><td>编号</td><td>×××</td><td>验收时间</td><td>××××年×月×日</td></tr>
<tr><td>安装单位</td><td>××建筑工程有限公司</td><td colspan="2">验收部位</td><td colspan="2">地上3层①～⑨/Ⓐ～Ⓗ轴楼板、梁钢筋绑扎</td></tr>
<tr><td>依据及内容</td><td colspan="5">1．钢筋有质量合格证明书，并且复试合格。复试报告编号×××××。钢筋无锈蚀，无污染。
2．钢筋的规格、数量、位置、形状等均符合设计及规范要求。
3．钢筋的加工按照标准进行，并有检查记录。
4．钢筋绑扎牢固，符合设计及规范要求。</td></tr>
<tr><td>主要材料规格及试验编号</td><td colspan="5">主要材料规格有：×××、×××、×××、×××等。
试验编号：××××××。</td></tr>
<tr><td>结论</td><td colspan="5">经检查钢筋的规格、型号、数量、位置、形状及绑扎情况等均符合设计及规范要求。
同意隐蔽，并进行下一道工序施工。</td></tr>
<tr><td colspan="6">监理工程师（建设单位代表）：××× 施工技术负责人：××× 施工质检员：××× 记录人：×××</td></tr>
</table>

电梯导轨支架、层门支架、螺栓埋设隐蔽工程检查验收记录

C6-04

工程名称	××工程	编号	×××
安装单位	××电梯公司	隐蔽日期	××××年×月×日

隐检内容及示意图：

（略）

井壁结构		预埋板厚度/mm		栓规格	
燕尾夹角		地脚螺栓埋设深度/mm		墙洞尺寸	
检查意见	符合规范要求。				

监理工程师（建设单位代表）：×××　施工技术负责人：×××　施工质检员：×××　记录人：×××

现场检测委托单

C7-01

委托编号	××××	检测编号	××××
工程名称	××工程	委托日期	××××年×月×日
委托单位	××建筑工程有限公司	检测日期	××××年×月×日
施工单位	××建筑工程有限公司	施工日期	××××年×月×日
监理单位	××监理公司	建筑面积	×××
检测部位	6层梁	联系人	×××
基体材料	混凝土	联系电话	××××××××
设计要求	×× mm		
检测项目： 钢筋保护厚度的检测。			
委托人：××× 见证人：××× 委托单位（章）：××建筑工程有限公司			

混凝土、砂浆委托单

C7-02

委托编号	××××	试验编号	××××
委托单位	××建筑工程有限公司	委托日期	××××年×月×日
工程名称	××工程	成型日期	××××年×月×日
使用部位	6层框架柱	试验日期	××××年×月×日
设计强度等级	C35	龄　期	28d
配合比（质量比）	水泥：中砂：石：水：泵送剂：粉煤灰=1：××：××：××：××：××	水泥品种强度等级	××32.5
水灰比		砂子品种规格	中砂Ⅱ级
水泥用量	××kg/m³	石子品种规格	碎石最大粒径××mm
掺合料品种掺量	Ⅱ级粉煤灰××kg/m³	外加剂品种掺量	PHF泵送剂3%
稠　度		试件规格	150×150×150
养护条件	标准养护	试验题目	抗压强度

备注：

委托人：　×××　　　见证人：×××　　　委托单位（章）：××建筑工程有限公司

通风机安装施工检测记录

C7-03

<table>
<tr><td>工程名称</td><td>××工程</td><td>编号</td><td>×××</td><td>检测日期</td><td>××××年×月×日</td></tr>
<tr><td>施工单位</td><td colspan="2">××建筑工程有限公司</td><td>规格材质</td><td colspan="2"></td></tr>
<tr><td>系统名称</td><td>通风机安装</td><td colspan="2">设备所在部位</td><td colspan="2">首层</td></tr>
<tr><td>检测项目</td><td colspan="5">1. 通风机安装偏差
2. 叶轮和机壳的安装
3. 轴流风机叶片的安装
4. 隔振器的安装
5. 隔振器支吊架</td></tr>
<tr><td>检测内容及情况</td><td colspan="5">（略）</td></tr>
<tr><td>结论</td><td colspan="5">通风机安装设计及规范要求。</td></tr>
<tr><td colspan="6">监理工程师（建设单位代表）：××× 施工技术负责人：××× 施工质检员：××× 记录人：×××</td></tr>
</table>

水泵设备单机试运转记录

C7-04

<table>
<tr><td>工程名称</td><td colspan="2">××工程</td><td>运转时间</td><td>××××年×月×日</td><td>编号</td><td>××××</td></tr>
<tr><td>施工单位</td><td colspan="2">××建筑工程有限公司</td><td>设备名称</td><td>离心清水泵</td><td>规格型号</td><td></td></tr>
<tr><td>设备部位图号</td><td>设施1</td><td>设备所在系统</td><td>楼房供水系统</td><td colspan="2">额定数据</td><td></td></tr>
<tr><td>1</td><td colspan="2">试验项目</td><td colspan="2">实验记录</td><td colspan="2">实验结论</td></tr>
<tr><td>2</td><td colspan="2">连续运转时间</td><td colspan="2">2 h 正常</td><td colspan="2">合格</td></tr>
<tr><td>3</td><td colspan="2">叶轮运转</td><td colspan="2">正常</td><td colspan="2">合格</td></tr>
<tr><td>4</td><td colspan="2">水泵振动</td><td colspan="2">无异常，复合要求</td><td colspan="2">合格</td></tr>
<tr><td>5</td><td colspan="2">紧固件连接</td><td colspan="2">无松动</td><td colspan="2">合格</td></tr>
<tr><td>6</td><td colspan="2">壳体密封渗漏情况</td><td colspan="2">无松动</td><td colspan="2">合格</td></tr>
<tr><td>7</td><td colspan="2">运行功率</td><td colspan="2">符合要求</td><td colspan="2">合格</td></tr>
<tr><td>8</td><td colspan="2">轴承外壳温度</td><td colspan="2">符合说明</td><td colspan="2">合格</td></tr>
<tr><td>9</td><td colspan="2">泄漏量</td><td colspan="2">符合要求</td><td colspan="2"></td></tr>
<tr><td>10</td><td colspan="2"></td><td colspan="2"></td><td colspan="2"></td></tr>
<tr><td>11</td><td colspan="2"></td><td colspan="2"></td><td colspan="2"></td></tr>
<tr><td>12</td><td colspan="2"></td><td colspan="2"></td><td colspan="2"></td></tr>
<tr><td>13</td><td colspan="2"></td><td colspan="2"></td><td colspan="2"></td></tr>
<tr><td colspan="7">试运转结论：
该水泵单机连续运转 2h，运转正常平稳，无异常情况。各试验项目均符合水泵说明书的规定及设计要求，试验合格。</td></tr>
<tr><td colspan="7">监理工程师（建设单位代表）：×××　施工技术负责人：×××　施工质检员：×××　记录人：×××</td></tr>
</table>

________系统调试、试运行记录

C7-05

<table>
<tr><td>工程名称</td><td colspan="3">××工程</td><td>编号</td><td>××××</td></tr>
<tr><td>施工单位</td><td>××建筑工程有限公司</td><td>试运行部位</td><td></td><td>试运行系统</td><td></td></tr>
<tr><td>系统名称</td><td colspan="3"></td><td>实验时间</td><td>××××年×月×日</td></tr>
<tr><td>执行标准</td><td colspan="5"></td></tr>
</table>

序号	检测项目	额定或设计数值	实际数值	时间	备注
1					
2					
3					
4					
5					
6					
7					

检测过程及结果

结论

监理工程师（建设单位代表）：×××　　施工技术负责人：×××　　施工质检员：×××　　记录人：×××

钢筋保护层厚度检测报告

C7-24

<table>
<tr><td>委托编号</td><td>××××</td><td>检测编号</td><td>××××</td></tr>
<tr><td>委托单位</td><td>××建筑工程有限公司</td><td>委托日期</td><td>××××年×月×日</td></tr>
<tr><td>工程名称</td><td>××工程</td><td>检测日期</td><td>××××年×月×日</td></tr>
<tr><td>工程地址</td><td>××市××路</td><td>浇筑日期</td><td>××××年×月×日</td></tr>
<tr><td>检测项目</td><td>钢筋保护层厚度</td><td>检测形式</td><td>委　托</td></tr>
<tr><td>主要仪器设备</td><td colspan="3">钢筋保护层测定仪</td></tr>
<tr><td>见证员</td><td colspan="3">单位：××监理公司　姓名：×××　编号：××××</td></tr>
<tr><td>执行标准</td><td colspan="3">《混凝土结构工程施工质量验收规范》（GB 50204—2002）</td></tr>
<tr><td colspan="4">工程概况</td></tr>
<tr><td colspan="4">（略）</td></tr>
<tr><td colspan="4">检测结论</td></tr>
<tr><td colspan="4">（略）

试测单位（章）：××××　　××××年×月×日</td></tr>
<tr><td colspan="4">检测人；×××　审核人：×××　技术负责人：×××　批准人：×××</td></tr>
<tr><td colspan="2">施工技术
负责人：×××</td><td colspan="2">监理工程师
（建设单位代表）：×××</td></tr>
</table>

地下工程防水效果检验记录

C7-27

工程名称	××工程	检查日期	××××年×月×日
监理单位	××监理公司	检查部位	地下2层墙体
施工单位	××建筑工程有限公司	材料形式	结构自防水
验证方法	用干手触摸、报纸贴附背水墙面		
检查内容及结果	检查人员用干手触摸混凝土墙面，并用报纸贴附在背水墙面上，检查墙体的湿渍面积和有无裂缝及渗水现象。 （图略）		
结论	经检查，地下 2 层背水墙内表面的混凝土墙面无湿渍及渗水现象，观感质量合格，符合设计要求和《地下防水工程质量验收规范》（GB 50208—2002）的有关规定。		

监理工程师（建设单位代表）：×××　　施工技术负责人：×××　　施工质检员：×××　　记录人：×××

防水工程淋（蓄）水检验记录

C7-28

工程名称	××工程	试水日期	××××年×月×日×时起至 ××××年×月×日×时止
施工单位	××建筑工程有限公司	试水部位	地上6层卫生间
试（蓄）水简况			
蓄水深度/cm	3	蓄水时间	24 h
试水方式	蓄水		
试水情况	在地上 6 层每个卫生间的门口处，用水泥砂浆做挡水墙，在每个地漏周围处用水泥砂浆挡高 5 cm，再用棉丝把地漏堵严。然后放水，使卫生间地面最高处蓄水深度达到 20 mm，蓄水时间为 24 h。		
检查结果	经过 4 h 蓄水后观察，每个卫生间均无渗漏现象。 检查合格。		
结论	地上 6 层所有卫生间的地面防水效果良好，符合设计要求及规范的规定。 合格。		
监理工程师 （建设单位代表）：×××	施工技术 负责人：×××	施工 质检员：×××	记录人：×××

锅炉试运行记录

C7-52

<table>
<tr><td colspan="2">工程名称</td><td colspan="2">××工程</td><td>编号</td><td>××××</td></tr>
<tr><td colspan="2">施工单位</td><td colspan="2">××建筑工程有限公司</td><td>运行日期</td><td>××××年×月×日</td></tr>
<tr><td rowspan="4">参加人员</td><td>建设单位</td><td colspan="4">×××</td></tr>
<tr><td>监理单位</td><td colspan="4">×××、×××</td></tr>
<tr><td>锅炉安装单位</td><td colspan="4">×××</td></tr>
<tr><td>施工单位</td><td colspan="4">×××</td></tr>
<tr><td colspan="2">安全附件检查情况</td><td colspan="4">检查合格</td></tr>
<tr><td colspan="2">安全阀调整</td><td colspan="4">已调查</td></tr>
<tr><td colspan="2">运行时间</td><td colspan="4">自××××年×月×日××时××分起至××××年×月×日××时××分止</td></tr>
<tr><td>序号</td><td colspan="2">检查项目</td><td colspan="2">检查结果</td><td>备注</td></tr>
<tr><td>1</td><td colspan="2">炉排运转及燃烧情况</td><td colspan="2">良好</td><td>合格</td></tr>
<tr><td>2</td><td colspan="2">锅炉升压及水位波动情况</td><td colspan="2">正常</td><td>合格</td></tr>
<tr><td>3</td><td colspan="2">仪表工作情况</td><td colspan="2">正常</td><td>合格</td></tr>
<tr><td>4</td><td colspan="2">水位、温度、压力报警情况</td><td colspan="2">水位计显示水位在高水位红线下
压力表读数 0.5 MPa</td><td>合格</td></tr>
<tr><td></td><td colspan="2"></td><td colspan="2"></td><td></td></tr>
<tr><td></td><td colspan="2"></td><td colspan="2"></td><td></td></tr>
<tr><td></td><td colspan="2"></td><td colspan="2"></td><td></td></tr>
<tr><td colspan="6">运行情况及结果：
锅炉烘炉、煮炉和严密性实验合格后，按《工业锅炉安装工程施工及验收规范》（GB×××××—××）第×××条及第×××条分别进行安全阀最终调整，即在受热状态下进行定压检验和调整。安全阀调整后，锅炉在带负荷的情况下连续试运行 48 h，运行全过程未出现异常现象。合格。
符合设计和施工规范要求。</td></tr>
<tr><td colspan="6">结论：
符合设计和规范的要求。</td></tr>
<tr><td colspan="6">监理工程师（建设单位代表）：××× 施工技术负责人：××× 施工质检员：××× 记录人：×××</td></tr>
</table>

安全阀调试记录

C7-53

<table>
<tr><td colspan="2">工程名称</td><td>××工程</td><td colspan="2">编号</td><td colspan="2">××××</td></tr>
<tr><td colspan="2">施工单位</td><td>××建筑工程有限公司</td><td colspan="2">运行日期</td><td colspan="2">××××年×月×日</td></tr>
<tr><td colspan="2">规格型号</td><td>××××××</td><td colspan="2">操作人</td><td colspan="2">×××</td></tr>
<tr><td rowspan="4">设计参量</td><td>介质</td><td>水</td><td></td><td></td><td></td><td></td></tr>
<tr><td>压力/MPa</td><td></td><td></td><td></td><td></td><td></td></tr>
<tr><td>测试倍数</td><td></td><td></td><td></td><td></td><td></td></tr>
<tr><td>开启压力/MPa</td><td></td><td></td><td></td><td></td><td></td></tr>
<tr><td rowspan="4">试验参数</td><td>介质</td><td></td><td></td><td></td><td></td><td></td></tr>
<tr><td>起跳压力/MPa</td><td></td><td></td><td></td><td></td><td></td></tr>
<tr><td>启跳次数</td><td></td><td></td><td></td><td></td><td></td></tr>
<tr><td>回坐压力/MPa</td><td></td><td></td><td></td><td></td><td></td></tr>
<tr><td colspan="7">调试结果及说明：
经调试当压力达到××××MPa时，安全阀能够自动启闭，动作灵敏，符合要求。</td></tr>
<tr><td colspan="7">结论：
符合设计及规范的要求。</td></tr>
<tr><td colspan="7">监理工程师（建设单位代表）：×××　施工技术负责人：×××　施工质检员：×××　记录人：×××</td></tr>
</table>

大型照明灯具载荷测试记录

C7-65

工程名称	××工程		编号	××××
施工单位	××建筑工程有限公司		测试时间	××××年×月×日
灯具名称	安装部位	数量	灯具自重/kg	测试荷载/kg
装饰灯	学术报告厅	1	××	××

结论：

学术报告厅使用灯具的型号、规格及预埋螺栓的直径符合设计要求，经做承载试验，试验载重××kg，试验时间为××min 预埋件牢固可靠，符合规范的规定。

监理工程师（建设单位代表）：×××　　施工技术负责人：×××　　施工质检员：×××　　记录人：×××

建筑物照明通电试运行记录

C7-67

<table>
<tr><td>工程名称</td><td colspan="5">××工程</td><td>编号</td><td>××××</td></tr>
<tr><td>施工单位</td><td colspan="3">××建筑工程有限公司</td><td colspan="2">工程类别</td><td colspan="2">公用</td></tr>
<tr><td>试运时间</td><td colspan="3">自××××年×月×日××时××分起至
××××年×月×日××时××分止</td><td colspan="2">系统名称</td><td colspan="2">照明系统</td></tr>
<tr><td rowspan="2">测试时段</td><td colspan="3">运行电压/V</td><td colspan="3">运行电流/A</td><td rowspan="2">线路温度/℃</td></tr>
<tr><td>L1—N</td><td>L2—N</td><td>L3—N</td><td>L1</td><td>L2</td><td>L3</td></tr>
<tr><td>开始</td><td></td><td></td><td></td><td></td><td></td><td></td><td></td></tr>
<tr><td>2h</td><td></td><td></td><td></td><td></td><td></td><td></td><td></td></tr>
<tr><td>4h</td><td></td><td></td><td></td><td></td><td></td><td></td><td></td></tr>
<tr><td>6h</td><td></td><td></td><td></td><td></td><td></td><td></td><td></td></tr>
<tr><td>8h</td><td></td><td></td><td></td><td></td><td></td><td></td><td></td></tr>
<tr><td>10h</td><td></td><td></td><td></td><td></td><td></td><td></td><td></td></tr>
<tr><td>12h</td><td></td><td></td><td></td><td></td><td></td><td></td><td></td></tr>
<tr><td>14h</td><td></td><td></td><td></td><td></td><td></td><td></td><td></td></tr>
<tr><td>16h</td><td></td><td></td><td></td><td></td><td></td><td></td><td></td></tr>
<tr><td>18h</td><td></td><td></td><td></td><td></td><td></td><td></td><td></td></tr>
<tr><td>20h</td><td></td><td></td><td></td><td></td><td></td><td></td><td></td></tr>
<tr><td>22h</td><td></td><td></td><td></td><td></td><td></td><td></td><td></td></tr>
<tr><td>24h</td><td></td><td></td><td></td><td></td><td></td><td></td><td></td></tr>
<tr><td colspan="8">其他情况：</td></tr>
<tr><td colspan="8">结论：
所有照明系统灯具等电器均投入运行，经 24h 的通电试验，配电控制正确，空气开关、电度表、线路结点的温度及器具运行情况良好，符合设计及规范的要求。</td></tr>
<tr><td colspan="8">监理工程师（建设单位代表）：×××　施工技术负责人：×××　施工质检员：×××　记录人：×××</td></tr>
</table>

建筑智能系统试运行记录

C7-75

工程项目	××工程	编号	××××
施工单位	××建筑工程有限公司	系统名称	监控系统
日期/时间	系统运行情况	备注	值班人
××××年×月×日×时×分	正常		
××××年×月×日×时×分	正常		
试运行结论： 监控系统试运行正常。			
监理工程师 （建设单位代表）：×××	施工技术 负责人：×××	施工 质检员：×××	记录人：×××

电梯整体性能检测记录

C7-81

<table>
<tr><td colspan="2">工程名称</td><td>××工程</td><td>梯号</td><td>××</td></tr>
<tr><td colspan="2">安装单位</td><td>××电梯公司</td><td>检测日期</td><td>××××年×月×日</td></tr>
<tr><td>项目</td><td colspan="3">检测条件及其要求</td><td>检测结果</td></tr>
<tr><td rowspan="3">无故障运行</td><td colspan="3">轿厢分别以空载、半载和额定载荷三种，在通电持续率 40%时，达到全行程规范围，按 120 次/h，每天不少于 8 h，各启、制动运行 1 000 次。电梯应运行平稳、制动可靠、连续运行无故障</td><td>电梯运行平稳、制动可靠，符合规范要求</td></tr>
<tr><td colspan="3">制动器线圈温升和减速器油温升不超过 60 K，其温度不超过 85℃</td><td>符合规范要求</td></tr>
<tr><td colspan="3">引机除蜗杆轴伸出端渗漏油面积平均每小时不超过 150 mm² 外，其余各处不得渗漏油</td><td>无漏油现象</td></tr>
<tr><td>超载运行</td><td colspan="3">断开超载控制电路，电梯在 110%额定载荷，通电持续率 40%情况下，到达全行程范围。启、制动运行 30 次，电梯应能可靠地启动、运行和停止，曳引机工作正常</td><td>符合规范要求</td></tr>
<tr><td rowspan="3">曳引能力检测</td><td colspan="3">电梯空载上行至端站及 125%额定载荷下行至端站，分部停层 3 次以上，轿厢应可靠制停，在超载下行时切断供电，轿厢应被可靠制动</td><td>符合规范要求</td></tr>
<tr><td colspan="3">当对重压在缓冲器上时，空载轿厢不能被曳引绳提升起</td><td>符合规范要求</td></tr>
<tr><td colspan="3">当轿厢面积不能限制额定载荷时，需用 150%额定载荷做曳引静载检查，历时 10 min，曳引绳应无打滑现象</td><td>符合规范要求</td></tr>
<tr><td rowspan="2">安全钳装置</td><td colspan="3">对瞬时式安全钳装置，轿厢应有均匀分布的额定载重量，以检修速度下行，人为动作限速器，此时安全钳电器开关应动作，使电机停转；再将电气开关短路，再次人为动作限速器，安全钳装置应动作，夹紧导轨，轿厢停止</td><td>—</td></tr>
<tr><td colspan="3">对渐进式安全钳装置，轿厢应有均匀分布的 125%额定载重量，以检修速度或平层速度下行，人为动作限速器，此时安全钳电气开关应动作，使电机停转；再将电气开关短路，再次人为动作限速器，安全钳装置应动作，夹紧导轨，轿厢停止</td><td>符合规范要求</td></tr>
<tr><td rowspan="2">缓冲器试验</td><td colspan="3">蓄能型缓冲器，轿厢以额定载重量或轿厢空载对重装置分别以检修速度对各自的缓冲器静压 5 min 后脱离，缓冲器应恢复正常位置</td><td>—</td></tr>
<tr><td colspan="3">耗能型缓冲器，轿厢和对重装置分别以检修速度下降将缓冲器全压缩，从离开缓冲器瞬间起，缓冲器柱塞复位时间不大于 120 s</td><td>33s</td></tr>
<tr><td>结论</td><td colspan="4">符合规范要求</td></tr>
<tr><td colspan="5">监理工程师（建设单位代表）：×××　　施工技术负责人：×××　　施工质检员：×××　　记录人（工长）：×××</td></tr>
</table>

工程概况

C9-01

一般情况	工程名称	××工程	建筑面积	32 361.7 m^2
	建设单位	××工程大学	开工日期	××××年×月×日
	设计单位	××设计院	竣工日期	××××年×月×日
	勘察单位	××勘察设计院	结构类型	××××
	监理单位	××监理公司	基础类型	××××
	施工单位	××建筑工程有限公司	建筑檐高	61.60 m
	建设地点	××市	抗震等级	××××
	建设用途	教学及技术交流	人防等级	×级
	层　数	地下2层，地上16层	防火等级	×级
建筑与结构特征	地基与基础	（略）		
	柱、内外墙	（略）		
	梁、板、楼盖	（略）		
	外墙装饰	（略）		
	内墙装饰	（略）		
	楼地面装饰	（略）		
	屋面构造	（略）		
系统工程	给水、排水及采暖	（略）		
	通风空调	（略）		
	建筑电气	（略）		
	建筑智能	（略）		
其他				

工程质量事故调（勘）查记录

C9-02

<table>
<tr><td>工程项目</td><td colspan="2">××工程</td><td>发生日期</td><td>××××年×月×日</td></tr>
<tr><td>调（勘）查时间</td><td colspan="4">××××年×月×日××时××分至××××年×月×日××时××分</td></tr>
<tr><td>调（勘）查地点</td><td colspan="2">施工现场</td><td>事故部位</td><td>屋面</td></tr>
<tr><td>参加人员</td><td colspan="4">×××、×××、×××、×××、×××、×××</td></tr>
<tr><td rowspan="4">被调查人</td><td>单位</td><td>姓名</td><td>职务</td><td>电话</td></tr>
<tr><td>正常</td><td></td><td></td><td></td></tr>
<tr><td>正常</td><td></td><td></td><td></td></tr>
<tr><td></td><td></td><td></td><td></td></tr>
<tr><td rowspan="2">陪同调（勘）查人员</td><td></td><td></td><td></td><td></td></tr>
<tr><td></td><td></td><td></td><td></td></tr>
<tr><td>陪同调（勘）查记录</td><td colspan="4">（略）</td></tr>
<tr><td>现场证物照片</td><td colspan="4">共 10 张　　共　　页</td></tr>
<tr><td>事故证据资料</td><td colspan="4">共　条　　共　　页</td></tr>
<tr><td colspan="5">被调查人：×××　　　　　　调（勘）查人（签字）：×××</td></tr>
</table>

工程质量事故报告

C9-03

<table>
<tr><td colspan="2">工程名称</td><td colspan="2">××工程</td><td colspan="2">填表单位</td><td colspan="2">××建筑工程有限公司</td></tr>
<tr><td colspan="2">分部（分项）
工程名称</td><td colspan="2">基坑开挖工程</td><td colspan="2">事故性质</td><td colspan="2">一般</td></tr>
<tr><td colspan="2">部位</td><td colspan="2">基坑</td><td colspan="2">发生日期</td><td colspan="2">××××年×月×日</td></tr>
<tr><td colspan="2">经济损失</td><td colspan="2">37.16 万元</td><td colspan="2">伤亡人数</td><td colspan="2">2</td></tr>
<tr><td>事故
情况</td><td colspan="7">（略）</td></tr>
<tr><td>事故
原因</td><td colspan="7">（略）</td></tr>
<tr><td>采取
的措
施及
事故
处理</td><td colspan="7">（略）</td></tr>
<tr><td>总监理
工程师</td><td>×××</td><td>施工项目
负责人</td><td>×××</td><td>填表人</td><td>×××</td><td>填表日期</td><td>××××年
×月×日</td></tr>
</table>

土方回填土工程检验批施工质量验收记录表

<table>
<tr><td colspan="3">工程名称</td><td colspan="5">××工程</td><td>检验部位</td><td colspan="3">基础③～⑦/Ⓑ～Ⓕ</td></tr>
<tr><td colspan="3">施工单位</td><td colspan="5">××建筑工程有限公司</td><td>分包单位</td><td colspan="3"></td></tr>
<tr><td colspan="3">总包项目经理</td><td>×××</td><td colspan="2">分包项目经理</td><td colspan="2">×××</td><td>专业工长
（施工员）</td><td>×××</td><td>施工班组长</td><td>×××</td></tr>
<tr><td colspan="3">施工执行标准名称及编号</td><td colspan="9">《××省建筑安装工程施工技术操作规程——建筑地基基础工程》</td></tr>
<tr><td colspan="3" rowspan="3">验收项目及要求</td><td colspan="5">允许偏差或允许值</td><td rowspan="3">施工单位检验意见</td><td rowspan="3">合格率/%</td><td colspan="2" rowspan="3">建设（监理）单位验收</td></tr>
<tr><td rowspan="2">桩基基坑基槽</td><td colspan="2">挖方场地平整</td><td rowspan="2">管沟</td><td rowspan="2">地面基层</td></tr>
<tr><td>人工</td><td>机械</td></tr>
<tr><td rowspan="3">项目</td><td>1</td><td>标高/cm</td><td>－50</td><td>±30</td><td>±50</td><td>－50</td><td>－50</td><td></td><td></td><td colspan="2"></td></tr>
<tr><td>2</td><td>分层压实条数（设计要求）</td><td colspan="5">（略）</td><td>符合要求</td><td></td><td colspan="2">符合要求</td></tr>
<tr><td>3</td><td>回填土料（设计要求）</td><td colspan="5">（略）</td><td>符合要求</td><td></td><td colspan="2">符合要求</td></tr>
<tr><td rowspan="2">一般项目</td><td>1</td><td>分层厚度及含水量（设计要求）/cm</td><td colspan="5">（略）</td><td>符合要求</td><td></td><td colspan="2">符合要求</td></tr>
<tr><td>2</td><td>表面平整度/cm</td><td>20</td><td>20</td><td>30</td><td>20</td><td>20</td><td colspan="4"></td></tr>
<tr><td colspan="3">施工单位检验结果</td><td colspan="9">经检查，该检验批主控项目和一般项目施工质量均符合设计和规范要求，资料完整、齐全。自检合格。

项目质量检查员：×××　　　　××××年×月×日</td></tr>
<tr><td colspan="3">监理（建设）单位验收结论</td><td colspan="9">经检查，该检验批中的主控项目和一般项目均满足设计要求及规范规定，资料完整。评定为合格，可进入下一道工序施工。

监理工程师
（建设单位项目技术负责人）：×××　　　　××××年×月×日</td></tr>
</table>

钢筋笼工程检验批施工质量验收记录表

<table>
<tr><td colspan="3">工程名称</td><td colspan="4">××工程</td><td colspan="3">检验部位</td><td colspan="6">基础③～⑦/Ⓑ～Ⓕ</td></tr>
<tr><td colspan="3">施工单位</td><td colspan="4">××建筑工程有限公司</td><td colspan="3">分包单位</td><td colspan="6"></td></tr>
<tr><td colspan="3">总包项目经理</td><td>×××</td><td colspan="2">分包项目经理</td><td>×××</td><td colspan="3">专业工长（施工员）</td><td colspan="3">×××</td><td colspan="2">施工班组长</td><td>×××</td></tr>
<tr><td colspan="3">施工执行标准名称及编号</td><td colspan="13">《××省建筑安装工程施工技术操作规程——建筑地基基础工程》</td></tr>
<tr><td colspan="3">验收项目及要求</td><td>允许偏差或允许值</td><td colspan="5">施工单位检验意见</td><td colspan="5">合格率/%</td><td colspan="2">监理（建设）单位验收</td></tr>
<tr><td rowspan="3">主控项目</td><td>1</td><td>主筋间距/mm</td><td>±10</td><td>+7</td><td>−6</td><td>−2</td><td>+4</td><td>+6</td><td>−5</td><td>−8</td><td>+4</td><td>+5</td><td>−7</td><td>100</td><td rowspan="3">符合要求</td></tr>
<tr><td>2</td><td>长度/mm</td><td>±100</td><td>+17</td><td>−29</td><td>+31</td><td>−43</td><td>+61</td><td>−76</td><td>+49</td><td>+31</td><td>+63</td><td>−69</td><td>100</td></tr>
<tr><td>3</td><td>钢筋材质检验（设计要求）</td><td></td><td>√</td><td>√</td><td>√</td><td>√</td><td>√</td><td>√</td><td>√</td><td>√</td><td>√</td><td>√</td><td></td></tr>
<tr><td rowspan="2">一般项目</td><td>1</td><td>箍筋间距/mm</td><td>±20</td><td>+10</td><td>−16</td><td>+11</td><td>+14</td><td>+10</td><td>−7</td><td>−10</td><td>+12</td><td>+14</td><td>−11</td><td>100</td><td></td></tr>
<tr><td>2</td><td>直径/mm</td><td>±10</td><td>+6</td><td>−4</td><td>−5</td><td>+3</td><td>+9</td><td>−3</td><td>−2</td><td>+8</td><td>+5</td><td>−4</td><td>100</td><td></td></tr>
<tr><td colspan="3">施工单位检验结果</td><td colspan="13">经检查，该检验批主控项目和一般项目施工质量均符合设计和规范要求，资料完整、齐全。自检合格。
项目质量检查员：××× ××××年×月×日</td></tr>
<tr><td colspan="3">监理（建设）单位验收结论</td><td colspan="13">经检查，该检验批中的主控项目和一般项目满足设计要求及规范规定，资料完整，评定为合格，可进入下一道工序施工。
监理工程师
（建设单位项目技术负责人）：××× ××××年×月×日</td></tr>
</table>

混凝土工程检验批施工质量验收记录表

<table>
<tr><td colspan="2">工程名称</td><td colspan="3">××工程</td><td>检验部位</td><td colspan="3">6层③～⑩/Ⓑ～Ⓕ轴楼板</td></tr>
<tr><td colspan="2">施工单位</td><td colspan="3">××建筑工程有限公司</td><td>分包单位</td><td colspan="3"></td></tr>
<tr><td colspan="2">总包项目经理</td><td>×××</td><td>分包项目经理</td><td>×××</td><td>专业工长（施工员）</td><td>×××</td><td>施工班组长</td><td>×××</td></tr>
<tr><td colspan="3">施工执行标准名称及编号</td><td colspan="6">《×××省建筑安装工程施工技术操作规程——混凝土结构工程》</td></tr>
<tr><td colspan="5">验收项目及要求</td><td colspan="3">施工（构件生产）单位检验意见</td><td>监理（建设）单位验收意见</td></tr>
<tr><td rowspan="8">主控项目</td><td>1</td><td colspan="3">水泥进场复验符合国家现行标准</td><td colspan="3">合格</td><td>符合要求</td></tr>
<tr><td>2</td><td colspan="3">外加剂质量及应用符合国家现行标准</td><td colspan="3">复试合格</td><td>符合要求</td></tr>
<tr><td>3</td><td colspan="3">混凝土中氯化物和碱总含量应符合国家现行标准和设计要求</td><td colspan="3">符合要求</td><td>符合要求</td></tr>
<tr><td>4</td><td colspan="3">混凝土按《普通混凝土配合比设计规程》和强度等级、耐久与工作性等要求配合比设计</td><td colspan="3">符合规范要求</td><td>符合要求</td></tr>
<tr><td>5</td><td colspan="3">混凝土原材料计量偏差不得超出标准规定</td><td colspan="3">符合要求</td><td>符合要求</td></tr>
<tr><td>6</td><td colspan="3">试件留置和养护及混凝土强度等级必须符合设计要求</td><td colspan="3">符合要求</td><td>符合要求</td></tr>
<tr><td>7</td><td colspan="3">抗渗混凝土抗渗等级符合设计要求</td><td colspan="3">—</td><td>—</td></tr>
<tr><td>8</td><td colspan="3">混凝土运输、浇筑及间歇时间不超过初凝时间</td><td colspan="3">符合要求</td><td>符合要求</td></tr>
<tr><td rowspan="8">一般项目</td><td>1</td><td colspan="3">矿物掺和料质量应符合现行国家标准，掺量应通过试验确定</td><td colspan="3">符合要求</td><td>符合要求</td></tr>
<tr><td>2</td><td colspan="3">粗、细骨料的质量及其最大颗粒粒径应符合标准要求</td><td colspan="3">符合要求</td><td>符合要求</td></tr>
<tr><td>3</td><td colspan="3">拌制混凝土用水应符合国家现行标准《混凝土拌和用水标准》的规定</td><td colspan="3">符合要求</td><td>符合要求</td></tr>
<tr><td>4</td><td colspan="3">混凝土配合比进行开盘鉴定、留置标样试件</td><td colspan="3">符合要求</td><td>符合要求</td></tr>
<tr><td>5</td><td colspan="3">拌制混凝土前应测定砂、石含水率提出施工配合比</td><td colspan="3">已据砂石含水率调整配合比</td><td>符合要求</td></tr>
<tr><td>6</td><td colspan="3">施工缝的留置与处理应按施工技术方案执行</td><td colspan="3">已按技术方案对施工缝进行处理</td><td>符合要求</td></tr>
<tr><td>7</td><td colspan="3">后浇带位置及浇筑应按设计和施工方案进行</td><td colspan="3">—</td><td>—</td></tr>
<tr><td>8</td><td colspan="3">混凝土的养护措施应符合施工技术方案和标准要求</td><td colspan="3">符合要求</td><td>符合要求</td></tr>
<tr><td colspan="2">施工单位（构件生产）检验结果</td><td colspan="2">经检查，该检验批主控项目和一般项目施工质量均符合设计和规范要求，资料完整齐全。自检合格。
项目质量检查员：
×××
××××年×月×日</td><td colspan="2">监理（建设）单位验收结论</td><td colspan="3">经检查，该检验批主控项目和一般项目均满足设计及规范规定，资料完整齐全。评定为合格，可进入下一道工序施工。
监理工程师
（建设单位项目技术负责人）：
×××
××××年×月×日</td></tr>
</table>

玻璃隔墙工程检验批施工质量验收记录

<table>
<tr><td>工程名称</td><td colspan="3">××工程</td><td>检验部位</td><td colspan="3">9层①～⑩/Ⓐ～Ⓧ轴</td></tr>
<tr><td>施工单位</td><td colspan="3">××建筑工程有限公司</td><td>分包单位</td><td colspan="3">××装饰工程有限公司</td></tr>
<tr><td>总包项目经理</td><td>×××</td><td>分包项目经理</td><td>×××</td><td>专业工长（施工员）</td><td>×××</td><td>施工班组长</td><td>×××</td></tr>
<tr><td>施工执行标准名称及编号</td><td colspan="7">《××省建筑安装工程施工技术操作规程——建筑装饰修工程》</td></tr>
</table>

<table>
<tr><td colspan="5">验收项目及要求</td><td colspan="10">施工单位检验意见</td><td>合格率%</td><td>监理（建设）单位验收意见</td></tr>
<tr><td rowspan="4">主控项目</td><td>1</td><td colspan="3">玻璃隔墙工程所用材料的品种、规格、性能、图案和颜色必须符合设计要求。玻璃板隔墙必须使用安全玻璃</td><td colspan="10">合格证及检查报告齐全符合设计要求</td><td></td><td>符合要求</td></tr>
<tr><td>2</td><td colspan="3">玻璃砖隔墙砌筑或玻璃板隔墙的安装方法必须符合设计要求</td><td colspan="10">符合设计要求</td><td></td><td>符合要求</td></tr>
<tr><td>3</td><td colspan="3">玻璃砖隔墙砌筑中埋设的拉结筋必须与基体结构连接牢固，并应位置正确</td><td colspan="10">符合要求</td><td></td><td></td></tr>
<tr><td>4</td><td colspan="3">玻璃板隔墙的安装必须牢固；玻璃板隔墙胶垫安装必须正确</td><td colspan="10">符合要求</td><td></td><td>符合要求</td></tr>
<tr><td rowspan="11">一般项目</td><td>1</td><td colspan="3">玻璃隔墙表面应色泽一致、平整洁净、清晰美观</td><td>√</td><td>√</td><td>√</td><td>√</td><td>√</td><td>√</td><td>√</td><td>√</td><td>√</td><td>√</td><td></td><td>符合要求</td></tr>
<tr><td>2</td><td colspan="3">玻璃隔墙接缝应横平竖直，玻璃应无裂痕、缺损和划痕</td><td>√</td><td>√</td><td>√</td><td>√</td><td>√</td><td>√</td><td>√</td><td>√</td><td>√</td><td>√</td><td></td><td>符合要求</td></tr>
<tr><td>3</td><td colspan="3">玻璃板隔墙嵌缝及玻璃砖隔墙勾缝应密实平整、均匀顺直、深浅一致</td><td>√</td><td>√</td><td>√</td><td>√</td><td>√</td><td>√</td><td>√</td><td>√</td><td>√</td><td>√</td><td></td><td>符合要求</td></tr>
<tr><td colspan="2" rowspan="2">项目</td><td colspan="2">允许偏差/mm</td><td colspan="10" rowspan="2">实测偏差/mm</td><td rowspan="2"></td><td rowspan="2"></td></tr>
<tr><td>玻璃砖</td><td>玻璃板</td></tr>
<tr><td>4</td><td></td><td>3</td><td>2</td><td>2</td><td>2</td><td>2</td><td>3</td><td>1</td><td>2</td><td>1</td><td>3</td><td>2</td><td>1</td><td>100</td><td>合格</td></tr>
<tr><td>5</td><td></td><td>3</td><td></td><td>1</td><td>2</td><td>4</td><td>1</td><td>2</td><td>1</td><td>2</td><td>1</td><td>1</td><td>2</td><td>90</td><td>合格</td></tr>
<tr><td>6</td><td></td><td></td><td>2</td><td>2</td><td>2</td><td>1</td><td>1</td><td>1</td><td>1</td><td>2</td><td>1</td><td>1</td><td>2</td><td>100</td><td>合格</td></tr>
<tr><td>7</td><td></td><td></td><td>2</td><td>1</td><td>2</td><td>4</td><td>1</td><td>2</td><td>1</td><td>2</td><td>1</td><td>1</td><td>2</td><td>90</td><td>合格</td></tr>
<tr><td>8</td><td></td><td>3</td><td>2</td><td>2</td><td>2</td><td>1</td><td>2</td><td>1</td><td>2</td><td>2</td><td>2</td><td>2</td><td>1</td><td>100</td><td>合格</td></tr>
<tr><td>9</td><td></td><td></td><td>1</td><td></td><td></td><td></td><td></td><td></td><td></td><td></td><td></td><td></td><td></td><td></td><td></td></tr>
</table>

<table>
<tr><td>施工单位检验结果</td><td>经检查，主控项目和一般项目均符合设计要求及规范规定，资料齐全，自检合格。
项目质量检查员：
×××

××××年×月×日</td><td>监理（建设）单位验收结论</td><td>经检查，该检验批主控项目和一般项目均满足设计和规范的规定，资料完整。评定为合格，可进入下一道工序施工。
监理工程师
（建设单位项目技术负责人）：

××××年×月×日</td></tr>
</table>

水落管（斗）工程检验批施工质量验收记录

<table>
<tr><td colspan="3">工程名称</td><td colspan="4">××工程</td><td colspan="4">检验部位</td><td colspan="5">屋面①～⑩/Ⓐ～Ⓧ轴</td></tr>
<tr><td colspan="3">施工单位</td><td colspan="4">××建筑工程有限公司</td><td colspan="4">分包单位</td><td colspan="5"></td></tr>
<tr><td colspan="2">总包项目经理</td><td>×××</td><td>分包项目经理</td><td colspan="2">×××</td><td colspan="3">专业工长（施工员）</td><td colspan="2">×××</td><td colspan="2">施工班组长</td><td colspan="3">×××</td></tr>
<tr><td colspan="4">施工执行标准名称及编号</td><td colspan="12">《××省建筑安装工程施工技术操作规程——屋面工程》</td></tr>
<tr><td colspan="3">验收项目及要求</td><td colspan="5">施工（构件生产）单位检验意见</td><td colspan="4">合格率%</td><td colspan="4">监理（建设）单位验收意见</td></tr>
<tr><td rowspan="2">主控项目</td><td>1</td><td colspan="2">水漏管（斗）制作</td><td colspan="10">符合设计和规范的要求</td><td></td><td>符合要求</td></tr>
<tr><td>2</td><td colspan="2">水漏管（斗）安装必须牢固，管箍固定方法正确，排水通畅，无渗漏，管口距接水面不大于200 m</td><td colspan="10">符合设计和规范的要求</td><td></td><td>符合要求</td></tr>
<tr><td rowspan="5">一般项目</td><td>1</td><td colspan="2">表面油漆</td><td colspan="10">符合设计和规范的要求</td><td></td><td>符合要求</td></tr>
<tr><td>2</td><td colspan="2">水簸箕设置</td><td colspan="10">符合设计和规范的要求</td><td></td><td>符合要求</td></tr>
<tr><td>3</td><td colspan="2">阳台、雨篷出水管长度、位置偏差≤±10 mm</td><td>+3</td><td>−9</td><td>−2</td><td>+6</td><td>+9</td><td>−2</td><td>−7</td><td>+3</td><td>+3</td><td>−6</td><td>100</td><td>符合要求</td></tr>
<tr><td>4</td><td>水落管接头承插长</td><td>≥40</td><td>√</td><td>√</td><td>√</td><td>√</td><td>√</td><td>√</td><td>√</td><td>√</td><td>√</td><td>√</td><td></td><td>符合要求</td></tr>
<tr><td>5</td><td>水落管垂直度</td><td>层高≤3 mm
全高≤15 mm</td><td>15</td><td>8</td><td>3</td><td>13</td><td>5</td><td>8</td><td>9</td><td>5</td><td>6</td><td>9</td><td>100</td><td>符合要求</td></tr>
<tr><td colspan="2">施工单位检验结果</td><td colspan="4">经检查，主控项目和一般项目均符合设计要求及规范规定，资料齐全，自检合格。
项目质量检查员：
××××年×月×日</td><td colspan="4">监理（建设）单位验收结论</td><td colspan="6">经检查，该检验批主控项目和一般项目均满足设计和规范的规定，资料完整。评定为合格，可进入下一道工序施工。
监理工程师
（建设单位项目技术负责人）：
××××年×月×日</td></tr>
</table>

种植屋面工程检验批施工质量验收记录

<table>
<tr><td>工程名称</td><td colspan="3">××工程</td><td>检验部位</td><td colspan="3">屋面</td></tr>
<tr><td>施工单位</td><td colspan="3">××建筑工程有限公司</td><td>分包单位</td><td colspan="3"></td></tr>
<tr><td>总包项目经理</td><td>×××</td><td>分包项目经理</td><td>×××</td><td>专业工长（施工员）</td><td>×××</td><td>施工班组长</td><td>×××</td></tr>
<tr><td>施工执行标准名称及编号</td><td colspan="7">《××省建筑安装工程施工技术操作规程——屋面工程》</td></tr>
<tr><td colspan="3">验收项目及要求</td><td colspan="2">施工（构件生产）单位检验意见</td><td>合格率/%</td><td colspan="2">监理（建设）单位验收意见</td></tr>
<tr><td rowspan="2">主控项目</td><td>1</td><td>挡墙泄水孔的留设符合设计要求不得堵塞</td><td colspan="2">符合设计要求，且无堵塞</td><td></td><td colspan="2">符合要求</td></tr>
<tr><td>2</td><td>防水层蓄水检查不得泄漏</td><td colspan="2">无渗漏现象</td><td></td><td colspan="2">符合要求</td></tr>
<tr><td>施工单位检验结果</td><td colspan="7">经检查，主控项目和一般项目均符合设计要求及规范的规定，资料完整齐全。
自检合格。
项目质量检查员：
××××年×月×日</td></tr>
<tr><td>监理（建设）单位验收结论</td><td colspan="7">经检查，该检验批中的主控项目和一般项目均满足设计要求及规范规定，资料完整齐全。
评定为合格，可进入下一道工序施工。
监理工程师
（建设单位项目技术负责人）：
××××年×月×日</td></tr>
</table>

卫生器具给水排水配件安装工程检验批施工质量验收记录

<table>
<tr><td colspan="3">工程名称</td><td colspan="5">××工程</td><td colspan="5">检验部位</td><td colspan="5">1~9层</td></tr>
<tr><td colspan="3">施工单位</td><td colspan="5">××建筑工程有限公司</td><td colspan="5">分包单位</td><td colspan="5"></td></tr>
<tr><td colspan="2">总包项目经理</td><td>×××</td><td colspan="3">分包项目经理</td><td colspan="2">×××</td><td colspan="4">专业工长（施工员）</td><td colspan="2">×××</td><td colspan="2">施工班组长</td><td>×××</td></tr>
<tr><td colspan="4">施工执行标准名称及编号</td><td colspan="14">《××省建筑安装工程施工技术操作规程——建筑给水排水及采暖工程》</td></tr>
<tr><td colspan="6">验收项目及要求</td><td colspan="10">施工（构件生产）单位检验意见</td><td>合格率/%</td><td>监理（建设）单位验收意见</td></tr>
<tr><td rowspan="4">主控项目</td><td>1</td><td colspan="4">配件的质量</td><td colspan="11">合格证××份，符合要求</td><td rowspan="4">经检查，主控项目符合设计及规范要求</td></tr>
<tr><td>2</td><td colspan="4">水嘴类型、规格</td><td colspan="11">符合设计要求</td></tr>
<tr><td>3</td><td colspan="4">连接卫生器具排水短管管径和最小坡度</td><td colspan="11">资料××份，符合要求</td></tr>
<tr><td>4</td><td colspan="4">各类卫生器具给水配件</td><td colspan="11">卫生器具给水配件完好齐全，接口严密，启闭部分灵活</td></tr>
<tr><td rowspan="7">一般项目</td><td>1</td><td colspan="4">存水弯管与排水管接口连接</td><td>√</td><td>√</td><td>√</td><td>√</td><td>√</td><td>√</td><td>√</td><td>√</td><td>√</td><td>√</td><td></td><td rowspan="7">经检查，一般项目符合设计及规范要求</td></tr>
<tr><td>2</td><td colspan="4">安装大、小便器的感应冲洗阀</td><td></td><td></td><td></td><td></td><td></td><td></td><td></td><td></td><td></td><td></td><td></td></tr>
<tr><td>3</td><td colspan="4">自动冲洗的小便槽排水</td><td></td><td></td><td></td><td></td><td></td><td></td><td></td><td></td><td></td><td></td><td></td></tr>
<tr><td rowspan="4">4</td><td rowspan="4">卫生器具给水配件</td><td rowspan="4">标高</td><td>角阀及截止阀</td><td>±10mm</td><td>+3</td><td>−5</td><td>−2</td><td>+7</td><td>+1</td><td>−9</td><td>−2</td><td>+3</td><td>+7</td><td>−8</td><td>100</td></tr>
<tr><td>水嘴</td><td>±10mm</td><td>+4</td><td>−2</td><td>+9</td><td>+3</td><td>+6</td><td>−8</td><td>+2</td><td>+8</td><td>+3</td><td>+7</td><td>100</td></tr>
<tr><td>淋浴器喷头下沿距地</td><td>±15mm</td><td>+10</td><td>−6</td><td>+11</td><td>−8</td><td>+4</td><td>+9</td><td>−2</td><td>+5</td><td>+14</td><td>+8</td><td>100</td></tr>
<tr><td>浴盆软管淋浴器挂钩高</td><td>±20mm</td><td>−6</td><td>+12</td><td>+9</td><td>+7</td><td>−15</td><td>+6</td><td>−10</td><td>+12</td><td>−10</td><td>+11</td><td>100</td></tr>
<tr><td colspan="2">施工单位检验结果</td><td colspan="6">经检查，主控项目和一般项目均符合设计要求及规范规定，资料齐全，自检合格。

项目质量检查员：
××××年×月×日</td><td colspan="3">监理（建设）单位验收结论</td><td colspan="7">经检查，该检验批主控项目和一般项目均满足设计和规范的规定，资料完整。评定为合格，可进入下一道工序施工。
监理工程师
（建设单位项目技术负责人）：
××××年×月×日</td></tr>
</table>

低温热水地板辐射采暖安装工程检验批施工质量验收记录

<table>
<tr><td colspan="2">工程名称</td><td colspan="5">××工程</td><td colspan="3">检验部位</td><td colspan="5">7层</td></tr>
<tr><td colspan="2">施工单位</td><td colspan="5">××建筑工程有限公司</td><td colspan="3">分包单位</td><td colspan="5"></td></tr>
<tr><td colspan="2">总包项目经理</td><td>×××</td><td>分包项目经理</td><td colspan="3">×××</td><td colspan="3">专业工长（施工员）</td><td colspan="2">×××</td><td colspan="2">施工班组长</td><td>×××</td></tr>
<tr><td colspan="3">施工执行标准名称及编号</td><td colspan="12">《××省建筑安装工程施工技术操作规程——建筑给水排水及采暖工程》</td></tr>
<tr><td colspan="4">验收项目及要求</td><td colspan="5">施工（构件生产）单位检验意见</td><td colspan="3">合格率/%</td><td colspan="3">监理（建设）单位验收意见</td></tr>
<tr><td rowspan="6">主控项目</td><td rowspan="6">1</td><td colspan="2">管材、管件、配件质量</td><td colspan="5">符合要求</td><td colspan="3"></td><td colspan="3" rowspan="6">符合要求</td></tr>
<tr><td colspan="2">地面下敷设的盘管埋地部分不应有接头</td><td colspan="5">符合要求</td><td colspan="3"></td></tr>
<tr><td colspan="2">盘管隐蔽前的水压试验</td><td colspan="5">符合要求</td><td colspan="3"></td></tr>
<tr><td colspan="2">低温热水辐射采暖调温阀</td><td colspan="5">符合要求</td><td colspan="3"></td></tr>
<tr><td colspan="2">低温热水辐射采暖管道的曲率半径</td><td colspan="5">符合要求</td><td colspan="3"></td></tr>
<tr><td colspan="2">低温热水采暖的隔热层</td><td colspan="5">符合要求</td><td colspan="3"></td></tr>
<tr><td rowspan="3">一般项目</td><td rowspan="3">2</td><td colspan="2">低温热水采暖的防潮、防水及伸缩缝</td><td>√</td><td>√</td><td>√</td><td>√</td><td>√</td><td>√</td><td>√</td><td>√</td><td>√</td><td>√</td><td></td></tr>
<tr><td colspan="2">分（集）水器公称压力、安装位置和高度</td><td>√</td><td>√</td><td>√</td><td>√</td><td>√</td><td>√</td><td>√</td><td>√</td><td>√</td><td>√</td><td></td></tr>
<tr><td>加热盘管管间距</td><td>±10 mm</td><td>+6</td><td>+7</td><td>−2</td><td>+7</td><td>+8</td><td>+2</td><td>−6</td><td>+9</td><td>+5</td><td>+2</td><td>100</td></tr>
<tr><td colspan="2">施工单位检验结果</td><td colspan="13">经检查，主控项目和一般项目均符合设计要求及规范的规定，资料完整齐全。
自检合格。
项目质量检查员：
××××年×月×日</td></tr>
<tr><td colspan="2">监理（建设）单位验收结论</td><td colspan="13">经检查，该检验批中的主控项目和一般项目均满足设计要求及规范规定，资料完整齐全。
评定为合格，可进入下一道工序施工。
监理工程师
（建设单位项目技术负责人）：
××××年×月×日</td></tr>
</table>

空调水系统设备安装工程检验批施工质量验收记录

<table>
<tr><td>工程名称</td><td colspan="3">××工程</td><td>检验部位</td><td colspan="3">地下一层的空调机房</td></tr>
<tr><td>施工单位</td><td colspan="3">××建筑工程有限公司</td><td>分包单位</td><td colspan="3"></td></tr>
<tr><td>总包项目经理</td><td>×××</td><td>分包项目经理</td><td>×××</td><td>专业工长（施工员）</td><td>×××</td><td>施工班组长</td><td>×××</td></tr>
<tr><td colspan="2">施工执行标准名称及编号</td><td colspan="6">《××省建筑安装工程施工技术操作规程——通风与空调工程》</td></tr>
</table>

<table>
<tr><td colspan="3">验收项目及要求</td><td>施工单位检验意见</td><td>监理（建设）单位验收意见</td></tr>
<tr><td rowspan="4">主控项目</td><td>1</td><td>系统的设备与附属设备</td><td>设备与附属设备的台数、型号、规格、材质及合格证明文件等资料齐全</td><td rowspan="4">符合设计及规范的要求</td></tr>
<tr><td>2</td><td>冷却塔的安装</td><td>—</td></tr>
<tr><td>3</td><td>水泵的安装</td><td>规格型号、参数符合设计要</td></tr>
<tr><td>4</td><td>其他附属设备的安装</td><td>符合设计和规范要求</td></tr>
<tr><td rowspan="5">一般项目</td><td>1</td><td>风机盘管机组等与管道连接</td><td>符合设计和规范要求</td><td rowspan="5">符合设计及规范的要求</td></tr>
<tr><td>2</td><td>冷却塔的安装</td><td>—</td></tr>
<tr><td>3</td><td>水泵及附属设备的安装</td><td>—</td></tr>
<tr><td>4</td><td>水箱、集水缸、分水缸、储冷罐等设备的安装</td><td>符合设计和规范要求</td></tr>
<tr><td>5</td><td>水过滤器的安装</td><td>符合设计和规范要求</td></tr>
<tr><td>施工单位检验结果</td><td colspan="4">经检查，主控项目和一般项目均符合设计要求及规范的规定，资料完整齐全。
自检合格。
项目质量检查员：
××××年×月×日</td></tr>
<tr><td>监理（建设）单位验收结论</td><td colspan="4">经检查，该检验批中的主控项目和一般项目均满足设计要求及规范规定，资料完整齐全。
评定为合格，可进入下一道工序施工。
监理工程师
（建设单位项目技术负责人）：
××××年×月×日</td></tr>
</table>

电梯、液压电梯轿厢安装工程检验批施工质量验收记录

<table>
<tr><td colspan="3">工程名称</td><td>××工程</td><td>电梯安装位置</td><td colspan="2">主楼电梯间</td></tr>
<tr><td colspan="3">产品合同号/安装合同号</td><td>××××××</td><td>电梯型号</td><td colspan="2">××××</td></tr>
<tr><td colspan="3">安装单位</td><td>××电梯公司</td><td>项目负责人</td><td colspan="2">×××</td></tr>
<tr><td colspan="3">监理（建设）单位</td><td>××监理公司</td><td>监理工程师
（项目负责人）</td><td colspan="2">×××</td></tr>
<tr><td colspan="3">安装执行标准名称及编号</td><td colspan="4">《电梯工程施工工艺企业标准》（QB××—××××）</td></tr>
<tr><td colspan="5">验收项目及要求</td><td>安装单位检验意见</td><td>监理（建设）单位验收意见</td></tr>
<tr><td rowspan="3">主控项目</td><td>1</td><td colspan="3">轿厢底盘平面的水平度误差不应超过3‰</td><td>符合要求</td><td>合格</td></tr>
<tr><td>2</td><td colspan="3">轿壁应垂直于轿底，且垂直度误差不应超过1‰</td><td>符合要求</td><td>合格</td></tr>
<tr><td>3</td><td colspan="3">当距轿厢底面在1.1 m以下使用玻璃轿壁时，必须在距轿面底面 0.9～1.1 m 的高度安装扶手，且扶手必须独立地固定，不得与玻璃有关</td><td>扶手安装在距轿底面1.1 m的高度处，且扶手是独立固定设置。符合规范要求</td><td>合格</td></tr>
<tr><td rowspan="2">一般项目</td><td>1</td><td colspan="3">当轿厢有反绳轮时，反绳轮应设置防护装置和挡绳装置</td><td>符合要求</td><td>合格</td></tr>
<tr><td>2</td><td colspan="3">当轿顶外侧边缘至井道壁水平方向的自由距离大于0.3 m时，轿顶应装设防护栏及警示性标识</td><td>符合要求</td><td>合格</td></tr>
<tr><td>施工单位检验结果</td><td colspan="6">经检查，主控项目和一般项目均符合设计要求及规范的规定，资料完整齐全。
自检合格。
项目质量检查员：
××××年×月×日</td></tr>
<tr><td>监理（建设）单位验收结论</td><td colspan="6">经检查，该检验批中的主控项目和一般项目均满足设计要求及规范规定，资料完整齐全。
评定为合格，可进入下一道工序施工。
监理工程师
（建设单位项目技术负责人）：
××××年×月×日</td></tr>
</table>

钢筋分项工程质量验收记录表

<table>
<tr><td>工程名称</td><td colspan="2">××工程</td><td>结构类型</td><td>××××</td><td>检验批数</td><td>×××</td></tr>
<tr><td>施工单位</td><td colspan="2">××建筑工程有限公司</td><td>项目经理</td><td>×××</td><td>项目质量负责人</td><td>×××</td></tr>
<tr><td>分包单位</td><td colspan="2">—</td><td>分包单位负责人</td><td>—</td><td>分包项目经理</td><td>—</td></tr>
<tr><td>序号</td><td colspan="2">检验批部位</td><td colspan="2">施工单位检查意见</td><td colspan="2">监理（建设）单位验收意见</td></tr>
<tr><td>−2</td><td colspan="2">地下2层墙、板</td><td colspan="2">合格</td><td colspan="2">合格</td></tr>
<tr><td>−1</td><td colspan="2">地下一层墙、板</td><td colspan="2">合格</td><td colspan="2">合格</td></tr>
<tr><td>1</td><td colspan="2">首层墙、板</td><td colspan="2">合格</td><td colspan="2">合格</td></tr>
<tr><td>2</td><td colspan="2">2层墙、板</td><td colspan="2">合格</td><td colspan="2">合格</td></tr>
<tr><td>3</td><td colspan="2">3层墙、板</td><td colspan="2">合格</td><td colspan="2">合格</td></tr>
<tr><td>4</td><td colspan="2">4层墙、板</td><td colspan="2">合格</td><td colspan="2">合格</td></tr>
<tr><td>5</td><td colspan="2">5层墙、板</td><td colspan="2">合格</td><td colspan="2">合格</td></tr>
<tr><td>6</td><td colspan="2">6层墙、板</td><td colspan="2">合格</td><td colspan="2">合格</td></tr>
<tr><td rowspan="4">省略</td><td colspan="2"></td><td colspan="2"></td><td colspan="2"></td></tr>
<tr><td colspan="2"></td><td colspan="2"></td><td colspan="2"></td></tr>
<tr><td colspan="2"></td><td colspan="2"></td><td colspan="2"></td></tr>
<tr><td colspan="2"></td><td colspan="2"></td><td colspan="2"></td></tr>
<tr><td>15</td><td colspan="2">9层墙、板</td><td colspan="2">合格</td><td colspan="2">合格</td></tr>
<tr><td>16</td><td colspan="2">10层墙、板</td><td colspan="2">合格</td><td colspan="2">合格</td></tr>
<tr><td>17</td><td colspan="2">屋顶电梯机房</td><td colspan="2">合格</td><td colspan="2">合格</td></tr>
<tr><td>18</td><td colspan="2">屋顶水箱间</td><td colspan="2">合格</td><td colspan="2">合格</td></tr>
<tr><td>施工单位
检验结果</td><td colspan="2">地下2层至屋顶水箱间、屋顶电梯机房的钢筋加工及安装施工质量符合《混凝土结构工程施工质量验收规范》（GB 50204—2002）的要求，此分项工程合格。

项目专业技术负责人：
××××年×月×日</td><td colspan="2">监理（建设）单位验收结论</td><td colspan="2">同意施工单位的检查结论。
验收合格。

监理工程师
（建设单位项目技术负责人）：
××××年×月×日</td></tr>
</table>

钢结构子分部工程施工质量验收记录

<table>
<tr><td colspan="2">工程名称</td><td colspan="2">××工程</td><td>结构类型</td><td>轻钢</td><td>层数</td><td>单层</td></tr>
<tr><td colspan="2" rowspan="2">施工单位</td><td colspan="2" rowspan="2">××建筑工程
有限公司</td><td>技术部门负责人</td><td>×××</td><td>项目质量负责人</td><td>×××</td></tr>
<tr><td>项目技术负责人</td><td>×××</td><td>质量部门负责人</td><td>×××</td></tr>
<tr><td colspan="2">分包单位</td><td colspan="2">××钢结构安装公司</td><td>分包单位负责人</td><td>×××</td><td>分包项目经理</td><td>×××</td></tr>
<tr><td>1</td><td>分项工程名称</td><td colspan="2">检验批次</td><td colspan="3">施工单位检验评定</td><td>验收意见</td></tr>
<tr><td>2</td><td>钢结构焊接</td><td colspan="2">1</td><td colspan="3">符合标准DB×××的合格规定</td><td rowspan="9">检验5个分项工程符合设计要求及标准DB×××合格规定</td></tr>
<tr><td>3</td><td>钢结构安装</td><td colspan="2">1</td><td colspan="3">符合标准DB×××的合格规定</td></tr>
<tr><td>4</td><td>钢结构紧固件</td><td colspan="2">1</td><td colspan="3">符合标准DB×××的合格规定</td></tr>
<tr><td>5</td><td>钢结构防腐涂装</td><td colspan="2">1</td><td colspan="3">符合标准DB×××的合格规定</td></tr>
<tr><td>6</td><td>压型金属板</td><td colspan="2">1</td><td colspan="3">符合标准DB×××的合格规定</td></tr>
<tr><td>7</td><td></td><td colspan="2"></td><td colspan="3"></td></tr>
<tr><td>8</td><td></td><td colspan="2"></td><td colspan="3"></td></tr>
<tr><td>9</td><td></td><td colspan="2"></td><td colspan="3"></td></tr>
<tr><td>10</td><td></td><td colspan="2"></td><td colspan="3"></td></tr>
<tr><td colspan="2">钢结构子分部工程施工质量控制资料核查记录</td><td colspan="2">××××</td><td colspan="3">核查施工质量控制资料181份符合要求</td><td>同意验收</td></tr>
<tr><td colspan="2">钢结构子分部工程安全和功能检验资料核查及主要功能抽查记录</td><td colspan="2">××××</td><td colspan="3">核查抽查安全及主要功能检验资料，核对抽查资料79份符合要求</td><td>同意验收</td></tr>
<tr><td colspan="2">钢结构子分部工程施工观感质量评价记录</td><td colspan="2">××××</td><td colspan="3">检查评价2个分项，其中评为好的2个分项占100%</td><td>同意验收</td></tr>
<tr><td rowspan="4">检验验收单位</td><td colspan="2">分包单位</td><td colspan="5">符合标准DB××的合格规定。
项目经理：×××
××××年×月×日</td></tr>
<tr><td colspan="2">施工单位</td><td colspan="5">符合标准DB××的合格规定。
项目经理：×××
××××年×月×日</td></tr>
<tr><td colspan="2">设计单位</td><td colspan="5">施工质量符合设计要求，同意验收。
项目负责人：×××
××××年×月×日</td></tr>
<tr><td colspan="2">监理（建设）单位</td><td colspan="5">验收合格。
总监理工程师
（建设单位项目技术负责人）：×××
××××年×月×日</td></tr>
</table>

钢结构子分部工程施工质量控制资料核查记录

工程名称	××工程		施工单位	××建筑工程有限公司
序号	项目	份数	检查意见	核查人
1	图纸会审、设计变更、洽商记录	4	符合要求	×××
2	工程定位测量、放线记录	3	符合要求	×××
3	原材料出厂合格证书及进场检（试）验报告	19	符合要求	×××
4	构配件出厂合格证	9	符合要求	×××
5	有关安全及功能的检验及见证检测项目检查记录	79	符合要求	×××
6	隐蔽工程验收记录	13	符合要求	×××
7	施工记录	50	符合要求	×××
8	重大质量、技术问题实施方案及验收记录	—		
	分项工程所含各检验批质量验收记录	6	符合要求	×××
		181		

结论：

经检验核查符合要求。

施工单位项目经理：×××　　　　总监理工程师（建设单位项目负责人）：×××

××××年×月×日　　　　××××年×月×日

钢结构子分部工程安全和功能检验资料核查及主要功能抽查记录

<table>
<tr><td colspan="2">工程名称</td><td>××工程</td><td></td><td>施工单位</td><td colspan="2">××建筑工程有限公司</td></tr>
<tr><td>序号</td><td colspan="2">项 目</td><td>份数</td><td>检查结果</td><td>抽查结果</td><td>检查人</td></tr>
<tr><td>1</td><td rowspan="6">见证取样送样试验项目</td><td>钢材复检报告</td><td>—</td><td></td><td></td><td></td></tr>
<tr><td>2</td><td>焊接材料复验报告</td><td>—</td><td></td><td></td><td></td></tr>
<tr><td>3</td><td>扭剪型高强度螺栓连接副的预拉力或扭矩系数复验报告</td><td>—</td><td></td><td></td><td></td></tr>
<tr><td>4</td><td>高强度螺大六角头螺栓连接副的扭矩系数复验报告</td><td>7</td><td>符合要求</td><td>符合要求</td><td></td></tr>
<tr><td>5</td><td>高强度螺栓连接摩擦面的抗滑移系数复验报告</td><td>4</td><td>符合要求</td><td>符合要求</td><td></td></tr>
<tr><td>6</td><td>网架节点承载力试验报告</td><td>—</td><td></td><td></td><td></td></tr>
<tr><td>7</td><td rowspan="3">焊缝质量</td><td>内部缺陷（超声波或射线探伤记录）</td><td>—</td><td></td><td></td><td></td></tr>
<tr><td>8</td><td>外观缺陷检查记录</td><td>25</td><td>符合要求</td><td>符合要求</td><td></td></tr>
<tr><td>9</td><td>焊缝尺寸检查记录</td><td>14</td><td>符合要求</td><td>符合要求</td><td></td></tr>
<tr><td>10</td><td rowspan="3">高强度螺栓施工质量</td><td>终拧扭矩检查记录</td><td>6</td><td>符合要求</td><td>符合要求</td><td></td></tr>
<tr><td>11</td><td>梅花头检查记录</td><td>—</td><td></td><td></td><td></td></tr>
<tr><td>12</td><td>网架螺栓球节点的紧固检查记录</td><td>—</td><td></td><td></td><td></td></tr>
<tr><td>13</td><td rowspan="3">柱脚及网架支座</td><td>锚栓紧固检查记录</td><td>6</td><td>符合要求</td><td>符合要求</td><td></td></tr>
<tr><td>14</td><td>垫板、垫块施工记录</td><td>6</td><td>符合要求</td><td>符合要求</td><td></td></tr>
<tr><td>15</td><td>二次灌浆施工记录</td><td>6</td><td>符合要求</td><td>符合要求</td><td></td></tr>
<tr><td>16</td><td rowspan="3">主要构件变形</td><td>钢屋（托）架、桁架、钢梁、吊车梁等垂直度和侧向弯曲的实测记录</td><td>6</td><td>符合要求</td><td>符合要求</td><td></td></tr>
<tr><td>17</td><td>钢柱垂直度测量记录</td><td>6</td><td>符合要求</td><td>符合要求</td><td></td></tr>
<tr><td>18</td><td>网架结构挠度测量记录</td><td>—</td><td>符合要求</td><td></td><td></td></tr>
<tr><td>19</td><td rowspan="2">主体结构尺寸</td><td>整体垂直度测量记录</td><td>11</td><td>符合要求</td><td>符合要求</td><td></td></tr>
<tr><td>20</td><td>整体平面弯曲测量</td><td>11</td><td>符合要求</td><td>符合要求</td><td></td></tr>
<tr><td colspan="7">结论：
经检验核查符合要求
总监理工程师
施工单位项目经理：××× （建设单位项目负责人）：×××
××××年×月×日 ××××年×月×日</td></tr>
</table>

钢结构子分部工程施工观感质量检查评价记录

工程名称	××工程											施工单位			××建筑工程有限公司
序号	项目	抽查质量情况										质量评价			综合评价
		1	2	3	4	5	6	7	8	9	10	好	一般	差	
1	普通涂层表面	√	√	√								√			好
2	防火涂层表面														
3	压型金属板表面	√	√	√								√			好
4	钢平台、钢梯、钢栏杆														

结论：

经现场检查评价共同确认为“好”。

施工单位项目经理：×××
××××年×月×日

总监理工程师
（建设单位项目负责人）：×××
××××年×月×日

主体结构分部工程质量验收记录

<table>
<tr><td>工程名称</td><td>××工程</td><td>结构类型</td><td>×××
×××</td><td>层数</td><td>地上16层
地下2层</td></tr>
<tr><td rowspan="2">施工单位</td><td rowspan="2">××建筑工程有限公司</td><td>技术部门负责人</td><td>×××</td><td>项目质量负责人</td><td>×××</td></tr>
<tr><td>项目技术负责人</td><td>×××</td><td>质量部门负责人</td><td>×××</td></tr>
<tr><td>分包单位</td><td>—</td><td>分包单位负责人</td><td>—</td><td>分包项目经理</td><td>—</td></tr>
</table>

<table>
<tr><td>序号</td><td>子分部工程名称</td><td>分项数</td><td>施工单位检验意见</td><td>验收意见</td></tr>
<tr><td>1</td><td>混凝土结构</td><td>25</td><td>√</td><td rowspan="4">主体结构各子分部工程验收合格，主体结构各主要构件的截面尺寸、轴线位置及楼层标高符合设计要求</td></tr>
<tr><td>2</td><td>砌体结构</td><td>27</td><td>√</td></tr>
<tr><td></td><td></td><td></td><td></td></tr>
<tr><td></td><td></td><td></td><td></td></tr>
</table>

<table>
<tr><td colspan="2">施工质量控制资料核查</td><td>√</td></tr>
<tr><td colspan="2">安全和功能检验资料核查及主要功能抽查</td><td>混凝土强度实体检验合格（墙试验报告编号为××××，等效养护龄期强度达到设计要求的131%；板试验报告编号为××××，等效养护龄期强度达到设计要求的133%）；砂浆试件抗压报告值均符合设计要求</td></tr>
<tr><td colspan="2">施工观感质量检查评价</td><td>观感质量为好</td></tr>
<tr><td rowspan="4">检验验收单位</td><td>施工单位</td><td>（公章）
项目经理：×××
××××年×月×日</td></tr>
<tr><td>勘察单位</td><td>（公章）
项目负责人：×××
××××年×月×日</td></tr>
<tr><td>设计单位</td><td>（公章）
项目负责人：×××
××××年×月×日</td></tr>
<tr><td>监理（建设）单位</td><td>总监理工程师（公章）
（建设单位项目负责人）：×××
××××年×月×日</td></tr>
</table>

混凝土结构子分部工程质量验收记录

<table>
<tr><td>工程名称</td><td>××工程</td><td>结构类型</td><td>×××
×××</td><td>层数</td><td>地上16层
地下2层</td></tr>
<tr><td rowspan="2">施工单位</td><td rowspan="2">××建筑工程有限公司</td><td>技术部门负责人</td><td>×××</td><td>项目质量负责人</td><td>×××</td></tr>
<tr><td>项目技术负责人</td><td>×××</td><td>质量部门负责人</td><td>×××</td></tr>
<tr><td>分包单位</td><td>—</td><td>分包单位负责人</td><td>—</td><td>分包项目经理</td><td>—</td></tr>
<tr><td>序号</td><td>分项工程名称</td><td>验收批数</td><td colspan="2">施工单位检验意见</td><td>验收意见</td></tr>
<tr><td>1</td><td>模板</td><td>16</td><td colspan="2">√</td><td rowspan="5">混凝土结构子分部工程的各分项工程验收合格。主要结构柱、梁断面尺寸、楼层标高、轴线位置均符合设计要求</td></tr>
<tr><td>2</td><td>钢筋</td><td>16</td><td colspan="2">√</td></tr>
<tr><td>3</td><td>混凝土</td><td>16</td><td colspan="2">√</td></tr>
<tr><td>4</td><td>现浇结构</td><td>16</td><td colspan="2">√</td></tr>
<tr><td></td><td></td><td></td><td colspan="2"></td></tr>
<tr><td colspan="3">混凝土结构子分部工程施工质量控制资料核查记录</td><td colspan="3">√</td></tr>
<tr><td colspan="3">混凝土结构子分部工程安全和功能检验资料核查及主要功能抽查记录</td><td colspan="3">结构实体检验报告及试验报告汇总表的编号为×××××：混凝土强度达到设计要求的131%</td></tr>
<tr><td colspan="3">混凝土结构子分部工程施工观感质量检查评价记录</td><td colspan="3">混凝土结构尺寸符合设计要求，表面无缺陷；观感质量为好</td></tr>
<tr><td rowspan="4">检验验收单位</td><td colspan="2">分包单位</td><td colspan="3">（公章）
项目经理：×××
××××年×月×日</td></tr>
<tr><td colspan="2">施工单位</td><td colspan="3">（公章）
项目负责人：×××
××××年×月×日</td></tr>
<tr><td colspan="2">设计单位</td><td colspan="3">（公章）
项目负责人：×××
××××年×月×日</td></tr>
<tr><td colspan="2">监理（建设）单位</td><td colspan="3">总监理工程师　（公章）
（建设单位负责人）：×××
××××年×月×日</td></tr>
</table>

单位（子单位）工程施工质量竣工验收记录

工程名称	××工程	结构类型	框架	层数（建筑面积）	8层/5 600 m²
施工单位	××建筑工程公司	技术负责人	×××	开工日期	××××年×月×日
项目经理	×××	项目技术负责人	×××	竣工日期	××××年×月×日

序号	项目	验收记录	验收结论
1	分部工程	共9分部，经查9分部核定符合标准及设计要求9分部	经各专业分部工程验收，工程质量符合检验标准
2	质量控制资料核查	共46项，经审查符合要求46项，经核定符合规范要求46项	质量控制资料经核查共46项符合有关规范要求
3	安全和主要使用功能核查及抽查结果	共核查26项，符合要求26项，共抽查11项，符合要求11项，经返工处理符合要求0项	安全和主要使用功能共核查26项符合要求，抽查其中11项使用功能均满足
4	观感质量验收	共抽查23项，符合要求23项，不符合要求0项	观感质量验收为好
5	综合验收结论	经对本工程综合验收，各分部分项工程设计要求，施工质量满足有关施工质量验收规范和标准要求，单位工程竣工验收合格	

参加验收单位	建设单位	监理单位	施工单位	设计单位
	（公章） 单位（项目）负责人： ××× ××××年×月×日	（公章） 总监理工程师： ××× ××××年×月×日	（公章） 单位负责人； ××× ××××年×月×日	（公章） 单位（项目）负责人： ××× ××××年×月×日

单位（子单位）工程施工质量控制资料核查记录（表三）

工程单位		××工程	施工单位	××建筑工程有限公司	
序号	项目	资料名称	份数	核查意见	核查人
1	通风与空调	图纸会审、设计变更、洽商记录	4	洽商记录齐全、清楚	×××
2		材料、配件出厂合格证书及进场检（试）验报告	13	合格证齐全，有进场检验报告	
3		制冷、空调、水管道强度试验、严密性试验记录	31	制冷、空调、水管道记录齐全	
4		隐蔽工程验收记录	16	隐蔽工程检查记录齐全	
5		制冷设备运行调试记录	15	各种调试记录符合要求	
6		通风、空调系统调试记录	15	通风、空调系统调试记录正确	
7		施工记录	7	预检记录符合要求	
8		分项、分部工程质量验收记录	6	质量验收符合规范规定	
9					
1	电梯	图纸会审、设计变更、洽商记录	—	安装中无设计变更	×××
2		材料、设备出厂合格证书及开箱检验记录	12	设备合格证齐全，有开箱记录	
3		隐蔽工程验收记录	20	隐蔽工程检查记录齐全	
4		施工记录	14	各种施工记录齐全	
5		接地、绝缘电阻测试记录	3	电阻值符合要求，记录齐全	
6		负荷试验、安全装置检查记录	3	检查记录符合要求	
7		分项、分部工程质量验收记录	15	质量验收符合规范规定	
8					
1	建筑智能化	图纸会审、设计变更、洽商记录、竣工图及设计说明	6	洽商记录、竣工图及设计说明齐全	×××
2		材料、设备出厂合格证及技术文件及进场检（试）验报告	25	材料、设备出厂合格证及技术文件齐全，有进场检验报告	
3		隐蔽工程验收记录	19	隐蔽工程检查记录齐全	
4		系统功能测定及设备调试记录	13	系统功能调试记录齐全	
5		系统技术、操作和维护手册	2	有系统技术操作和维护手册	
6		系统管理、操作人员培训记录	6	有系统管理操作人员培训记录	
7		系统测试报告	8	系统检测报告齐全符合要求	
8		分项、分部工程质量验收记录	8	质量验收符合规范规定	

结论：通过工程质量控制资料核查，该工程资料齐全、有效，各种施工实验、系统调试记录等符合有关规范规定，同意竣工验收。

施工单位项目经理：×××　　　　总监理工程师（建设单位项目负责人）：×××

××××年××月×日　　　　××××年××月×日

单位（子单位）工程施工观感质量检查评价记录

工程名称	××工程	施工单位	××建筑工程有限公司
参加人员			

序号	项目		检查部位										分项评价		
			1	2	3	4	5	6	7	8	9	10	好	一般	差
1	建筑与结构	室外墙面	√	√	√	√	√	√	○	√	√	√	√		
2		变形缝	√	√	√	√	√	√	√	√	√	√	√		
3		水落管、屋面	√	√	√	√	√	√	√	√	√	√		√	
4		室内墙面	√	√	√	√	√	√	√	√	√	√	√		
5		室内顶棚	√	√	√	○	√	√	√	√	√	√	√		
6		室内地面	√	○	√	√	√	√	√	√	√	√	√		
7		楼梯、踏步、护栏	√	√	√	○	√	√	√	√	√	√	√		
8		卫生间、厨房	√	○	√	√	√	√	√	√	○	√	√		
1	给排水与采暖	管道接口、坡度、支架	√	√	√	√	○	√	√	√	√	√	√		
2		卫生器具、支架、阀门	√	√	√	√	√	√	√	√	√	√	√		
3		检查口、扫出口、地漏	√	√	√	√	○	√	√	√	√	√	√		
4		消火栓	○	√	○	√	√	√	√	√	√	○	√		
1	建筑电气	配电箱、盘、板、接线盒	√	√	√	○	√	√	√	√	√	√	√		
2		设备器具、开关、插座	√	○	○	√	√	√	√	√	√	√		√	
3		防雷、接地	√	√	√	√	√	√	√	√	√	√	√		
1	通风与空调	风管、支架	√	√	○	√	√	√	√	√	√	√	√		
2		风口、风阀	√	√	√	√	√	√	○	√	√	√	√		
3		风机、空调设备	√	√	√	√	√	○	√	○	√	√	√		
4		阀门、支架	√	○	√	○	√	√	√	√	√	√		√	
5		水泵、冷却塔	√	√	√	√	√	√	√	√	√	○	√		
6		绝热	√	√	√	√	√	√	○	√	√	√	√		
1	电梯	运行、平层、开关门	√	√	√	√	√	√	√	√	√	√	√		
2		层门、信号系统	○	√	√	√	√	√	√	√	√	√	√		
3		机房	√	√	√	√	√	√	√	√	√	√	√		
1	智能建筑	机房设备安装及布局	√	√	√	√	√	○	√	√	√	√	√		
2		现场设备安装	√	√	√	○	√	√	√	○	√	√	√		
3															
观感质量综合评价			好												

检查结论	工程观感质量综合评价为“好”，验收合格。 施工单位项目经理：××× ××××年×月×日 总监理工程师（建设单位项目负责人）：××× ××××年×月×日

第五章　竣工图的编制与整理

工程竣工图是工程竣工档案的重要组成部分，是工程建设完成后的主要凭证性材料和工程实物的真实写照，也是工程竣工验收的必备条件和工程后续管理、维修、改建、扩建的依据。因此，无论是新建、改建还是扩建的工程竣工后，都必须编制竣工图。

竣工图的编制工作应由建设单位负责，建设单位也可以委托施工单位、监理单位、设计单位或其他单位来编制。

一、竣工图的类型及绘制方法

1. 竣工图的类型

根据工程的实际情况和绘制竣工图的方法不同，可以把竣工图的类型分为以下4种：

（1）利用施工蓝图改绘的竣工图；

（2）在硫酸纸图上修改晒制的竣工图；

（3）重新绘制的竣工图；

（4）用CAD绘制的竣工图。

2. 竣工图的编制要求

（1）竣工图的编制应按照单位工程并根据专业的不同，系统地进行分类和整理。

（2）凡是按照施工图施工的工程，由竣工图编制单位在施工图（干净的蓝图）的图签附近的空白处，并加盖竣工图章，并由相关人员亲自签署姓名。

（3）凡是一般性的图纸变更，编制单位可根据设计变更依据，在施工图上直接改绘，标明变更修改依据，并加盖及签署竣工图章。

（4）凡是结构形式、工艺、平面布置、项目等发现的重大改变或变更部分不能在原施工图上改绘的，应重新绘制竣工图，加盖竣工图章。重新绘制的图纸必须有图名和图号，图号可按原图编号。

（5）凡是用于改绘竣工图的图纸，都必须是新蓝图或绘图仪绘制的白图，不得使用旧图或复印的图纸。

（6）各专业竣工图必须编制图纸目录，作废的图纸在目录上杠掉，补充的图纸必须在目录上列出图名和图号，并加盖竣工图章和由相关人员亲自签署姓名。

（7）竣工图必须符合有关制图标准的要求，绘制的竣工图必须准确、清楚、完整，能够真实地反映工程实际情况。

（8）竣工图绘制的具体规定：

1）在施工图上改绘，不得使用涂改液涂抹、刀刮、补贴等方法修改图纸。

2）修改时，对字、线、墨水的使用应按下列规定进行。

① 字体及大小应与原图一致，严禁错字、别字、草字；

② 必须使用绘图工具，不得徒手绘制；

③ 使用绘图笔或签字笔及不退色的绘图墨水；

④ 凡是将洽商图作为竣工图的，必须符合建筑制图要求，并做附图附在图纸之后。

3．绘制的方法

（1）利用施工蓝图改绘竣工图：在施工蓝图上一般采用杠（划）改法、叉改法；局部修改可以圈出更改部位，在原图空白处绘出更改内容，所有变更处都必须引出索引线并注明更改依据。具体的改绘方法可视图面、改动范围和位置、繁简程度等实际情况而定。

1）取消、变更设计内容：

① 尺寸、门窗型号、设备型号、灯具型号、钢筋型号和数量、注解说明等数字、文字、符号的取消，可采用杠改法。即将取消的数字、文字、符号等用横杠杠掉，从修改的位置引出带箭头的索引线，在索引线上注明修改依据。例如“见×年×月×日设计变更通知单，×层结构图（结2）中Z15（Z16）柱断面图，（Z16）取消”。

② 隔墙、门窗、钢筋、灯具、设备等取消，可用叉改法和杠改法。例如，6层⑧轴隔墙取消，可在隔墙的位置上打“×”；再如要把窗C602改为C604，可在门窗型号及相关尺寸上“杠”（C602），再在其“杠”的上面标写“C604”，并从修改处用箭头索引引出，注明修改依据。

2）增加、变更设计内容：在建筑物某一部位增加隔墙、门窗、灯具、设备、钢筋等均应在图上绘出，并注明修改依据。

3）当图纸的某个部位变化较大，或不能在原位置上改绘时，可以采用绘制大样图或另补绘图纸的方法。

① 画大样图的方法。在原图上标出应修改部位的范围后，再在其空白处绘出修改部位的大样图，并在原图改绘范围和改绘的大样图处注明修改依据。

例如，一层厨房窗台板。原设计为现浇混凝土板，现改为大理石板，将修改的部位用A表示，并在图纸空白处绘制大样图A即可。

② 另补绘图纸的方法。如果原图纸无空白处，可另用硫酸纸绘补图纸并晒成蓝图，或用绘图仪绘制白图附在原图之后。并在原修改位置和补绘的图纸上均应注明修改依据，补图要有图名和图号。

具体的做法：在原图纸上画出修改范围，并注明修改依据和见某图（标明图号及图名）；在补图上也必须注明该图号和图名，并注明是原来某图（标明图号及图名）某部位的补图与修改依据。

例如，某图一层建筑平面④～⑧轴间的采暖地沟需要修改，需要重绘两轴间大样图，具体做法：先在原图@～@轴间注明修改依据，并注明“详见建筑补图××采暖地沟详图”。然后再另绘制地沟详图。补图应注明图号和图名，并且此补图可以包括几个修改大样图，在图纸说明中注明地沟详图为一层平面A～R轴间的修改图。

（2）重新绘制竣工图：如果需要重新绘制竣工图的，必须按照有关的制图标准和竣工图的要求进行绘制及编制。

1）要求重新绘制的竣工图与原图的比例相同，并且还应符合相关的制图标准，有标准的图框和内容齐全的图签，再加盖竣工图章。

2）用 CAD 绘制的竣工图，在电子版施工图上依据设计变更、工程洽商的内容进行修改，修改后用云图圈出修改部位，并在图中空白处做一个修改备考表，并且在其图签上必须有原设计人员签字。

（3）在硫酸纸图上修改晒制的竣工图：在原硫酸纸图上依据设计变更、工程洽商等内容用刮改法进行绘制，即用刀片将需更改部位刮掉，再用绘图笔绘制修改内容，并在图中空白处做一个修改备考表，注明变更、洽商编号（或时间）和修改内容，晒成蓝图。

（4）竣工图加写说明：

1）凡设计变更、洽商的内容在施工图上修改的，均应用绘图方法改绘在蓝图上，不再加写说明。如果修改后的图纸仍然有内容无法表示清楚，可用精练的语言适当加以说明。

2）图上某一种设备、门窗等型号的改变，涉及多处修改时，要对所有涉及的地方全部加以改绘，其修改依据可标注在一个修改处，但需在此处做简单说明。

例如，某建筑采暖管道系统图中的所有 25 mm 管道全部改成 32 mm，或某建筑给水管道系统图上 50 mm 的闸板阀全部改成 50 mm 的球形阀，修改时每处的规格、型号、名称有变化的均应改正。但在标注修改依据时，可只注一处，并加以数量说明即可。

3）钢筋的代换，混凝土强度等级的改变，墙、板、内外装修材料的变更以及由建设单位自理的部分等，在图上修改难以用做图方法表达清楚时，可加注或用索引的形式加以说明。

4）凡是涉及说明类型的洽商，应在相应的图纸说明中使用设计规范用语反映洽商内容。

二、竣工图章

（1）“竣工图章”应具有明显的“竣工图”字样，并包括编制单位名称、编制人、审核人、技术负责人和编制日期以及监理单位等基本内容。各方负责人要对竣工图负责。竣工图章的内容和尺寸如图 5-1 所示，单位为毫米。

（2）所有竣工图应由编制单位逐张加盖竣工图章并由各方负责人签署姓名。竣工图章中的签名必须齐全，不得代签。

（3）凡由设计单位编制的竣工图，其设计图签中必须注明为竣工阶段，并由绘制人和技术负责人在设计图上签字。

（4）竣工图章应加盖在图签附近的空白处。

（5）竣工图章应使用不退色红色或蓝色印泥。

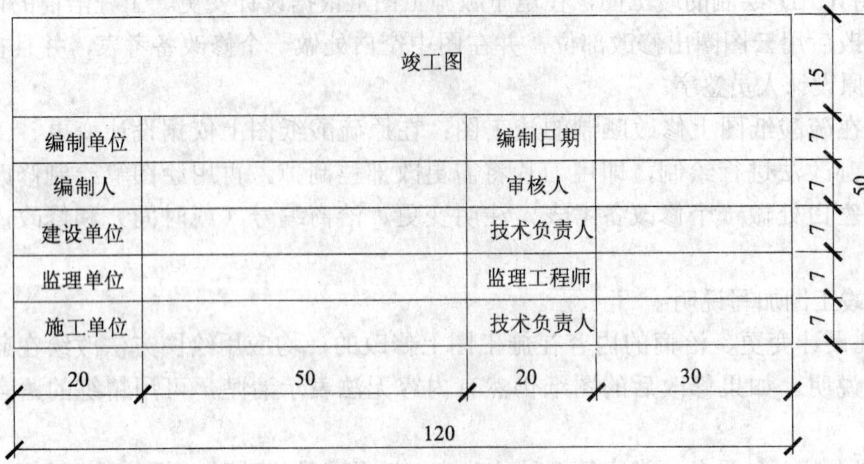

图 5-1 竣工图章的内容和尺寸

三、竣工图纸的折叠方法

1．一般要求

（1）图纸折叠前应按裁图线裁剪整齐，其图纸幅面应符合建筑制图标准的规定。图纸的形状与尺寸代号，如图 5-2 及表 5-1 所示，单位为毫米。

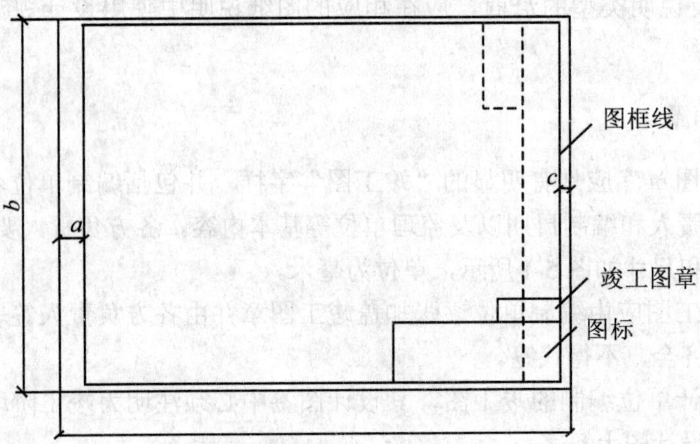

图 5-2 工程图纸样式

表 5-1 图纸基本幅面与代号

基本幅面与代号	0	1	2	3	4
$b\times i$	841×1 180	594×841	420×594	297×420	297×210
C	10		5		
a	25				

（2）图面应折向内，成手风琴风箱式。

（3）折叠后幅面尺寸应以 4#图纸基本尺寸（297 mm×210 mm）为标准。

（4）图标及竣工图章应露在外面。

（5）3～0#图纸应在装订边 297 mm 处折一个三角或剪一个缺口，折进装订边。

2．圈纸的折叠方法

（1）4#图纸不用折叠。

（2）3#图纸的折叠方法如图 5-3 所示［图中序号表示折叠次序，虚线表示折起的部分，以下（3）、（4）、（5）与此相同］。

（3）2#图纸的折叠方法如图 5-4 所示。

（4）1#图纸的折叠方法如图 5-5 所示。

（5）0#图纸的折叠方法如图 5-6 所示。

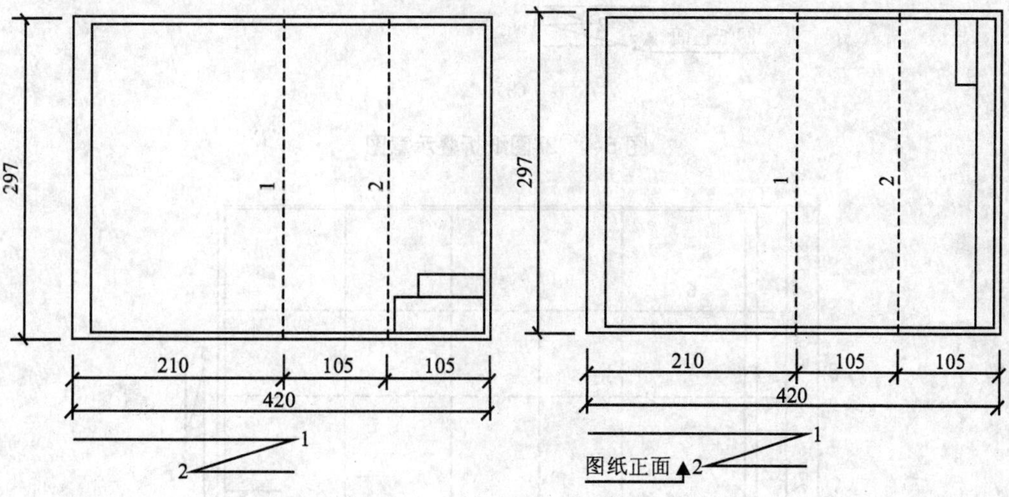

（a）　（b）

图 5-3　3#图纸折叠示意图

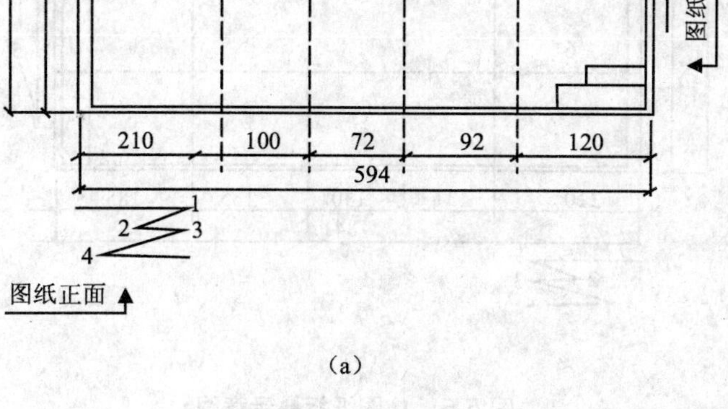

（a）

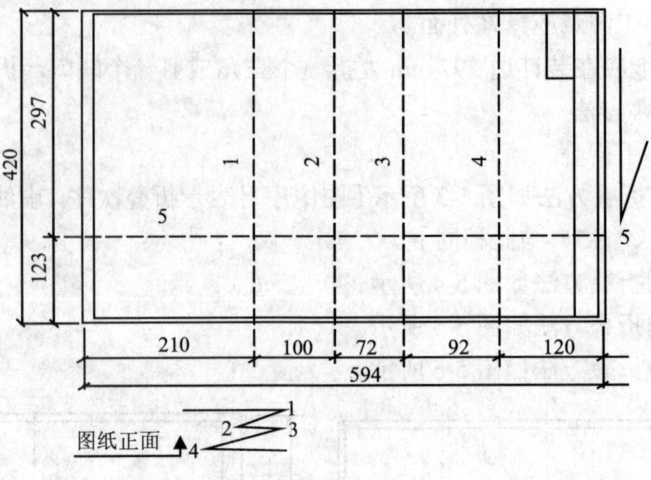

(b)

图 5-4　2#图纸折叠示意图

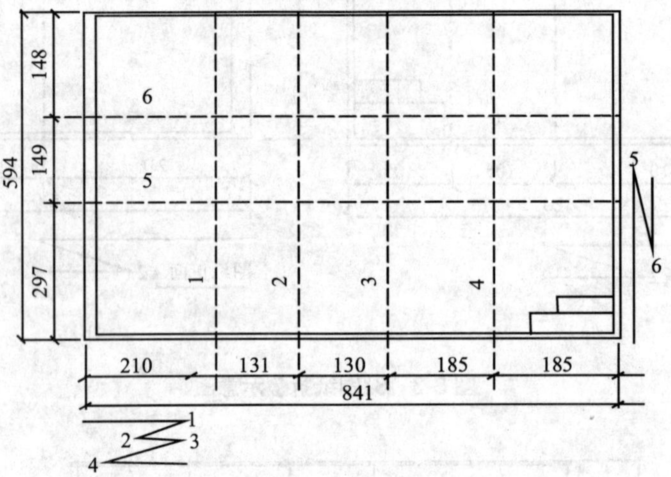

(a)

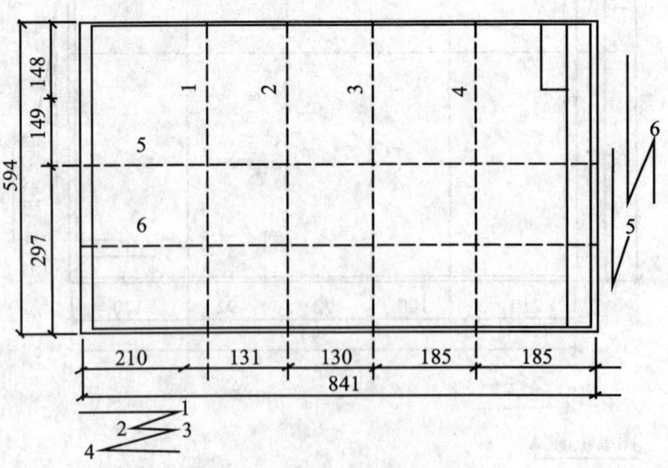

(b)

图 5-5　1#图纸折叠示意图

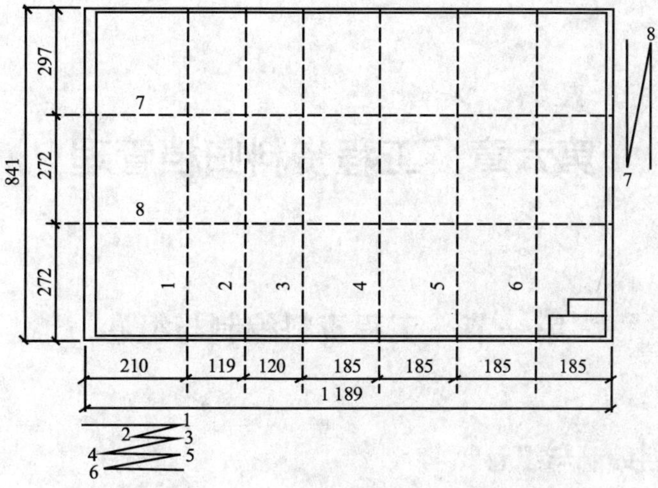

(a)

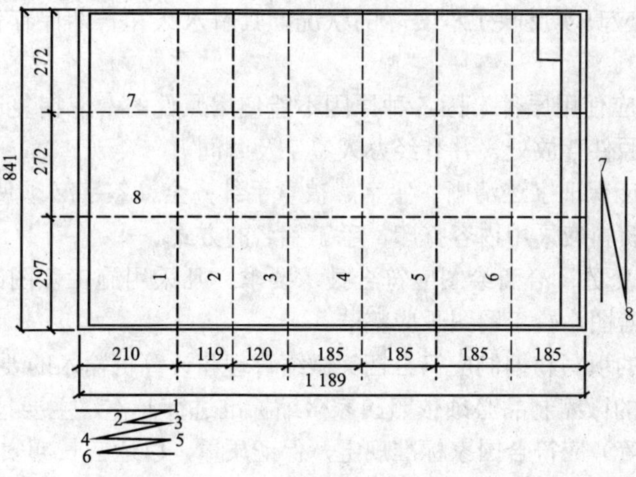

(b)

图 5-6　0#图纸折叠示意图

3．工具的使用

图纸较多时，折叠前最好准备一块略小于 4#图纸尺寸（一般为 292 mm×205 mm）的模板。折叠时，应先把图纸铺好，再把模板放在图纸的适当位置上，然后按照如图 5-4、图 5-5、图 5-6 所示的折叠方法中的编号和顺序依次折叠。

第六章　工程资料归档管理

第一节　工程资料编制与组卷

一、工程资料编制与组卷要求

1．质量要求

（1）工程资料应真实反映工程实际的状况，具有永久和长期保存价值的材料必须完整、准确和系统。

（2）工程资料应使用原件，因各种原因不能使用原件的，应在复印件上加盖原件存放单位公章、注明原件存放处，并有经办人签字及时间。

（3）工程资料应保证字迹清晰，签字、盖章手续齐全，签字必须使用档案规定用笔。计算机形成的工程资料应采用内容打印，手工签名的方式。

（4）施工图的变更、洽商绘图应符合技术要求。凡采用施工蓝图改绘竣工图的，必须使用反差明显的蓝图，竣工图图画应整洁。

（5）工程档案的填写和编制应符合档案微缩管理和计算机输入的要求。

（6）工程档案的微缩制品必须依照国家微缩标准进行制作，主要技术指标（解像力、密度、海波残留量等）应符合国家标准规定，保证质量，以适应长期安全保管。

（7）工程资料的照片（含底片）及声像档案，应图像清晰，声音清楚，文字说明或内容准确。

2．载体形式

（1）工程资料可采用以下两种载体形式：

1）纸质载体。

2）光盘载体。

（2）工程档案可采用以下三种载体形式：

1）纸质载体。

2）微缩品载体。

3）光盘载体。

（3）纸质载体和光盘载体的工程资料应在过程中形成、收集和整理，包括工程音像资料。

（4）微缩品载体的工程档案。

1）纸质载体的工程档案经城建档案馆和有关部门验收合格后，应持城建档案馆发给的准可微缩证明书进行微缩，证明书包括案卷目录、验收签章、城建档案馆的档号、胶片代数、质量要求等，并将证书缩拍在胶片“片头”上。

2）报送微缩制品载体工程竣工档案的种类和数量，一般要求报送三代片，即

① 第一代（母片）卷片一套，作长期保存使用。

② 第二代（拷贝片）卷片一套，作复制工作用。

③ 第三代（拷贝片）卷片或者开窗卡片、封套片、平片，作提供日常利用（阅读或复原）使用。

3）向城建档案馆移交的微缩卷片、开窗卡片、封套片、平片必须按城建档案馆的要求进行标注。

（5）光盘载体的电子工程档案。

1）纸质载体的工程档案经城建档案馆和有关部门验收合格后，进行电子工程档案的核查，核查无误后，进行电子工程档案的光盘刻制。

2）电子工程档案的封套、格式必须按城建档案馆的要求进行标注。

3. 组卷要求

（1）组卷的质量要求：

1）组卷前应保证基建文件、监理资料和施工资料齐全、完整，并符合规程要求。

2）编绘的竣工图应反差明显、图面整洁、线条清晰、字迹清楚，能满足微缩和计算机扫描的要求。

3）文字材料和图纸不满足质量要求的一律返工。

（2）组卷的基本原则：

1）建设项目应按单位工程组卷。

2）工程资料应按照不同的收集、整理单位及资料类别，按基建文件、监理资料、施工资料和竣工图分别进行组卷。

3）卷内资料排列顺序应依据卷内资料构成而定，一般顺序为封面、目录、资料部分、备考表和封底。组成的卷案应美观、整齐。

4）卷内若存在多类工程资料时，同类资料按自然形成顺序和时间顺序，不同资料之间的排列顺序可参照表 1-2 的顺序排列。

5）案卷不宜过厚，一般不超过 40 mm。案卷内不应有重复资料。

（3）组卷的具体要求：

1）基建文件组卷。基建文件可根据类别和数量的多少组成一卷或多卷，如工程决策立项文件卷、征地拆迁文件卷、勘察、测绘与设计文件卷、工程开工文件卷、商务文件卷、工程竣工验收与备案文件卷。同一类基建文件还可根据数量多少组成一卷或多卷。

基建文件组卷具体内容和顺序可参考表 1-2。

2）监理资料组卷。监理资料可根据资料类别和数量多少组成一卷或多卷。

3）施工资料组卷。施工资料组卷应按照专业、系统划分，每一专业、系统再按照资料类别从 Cl 到 C7 顺序排列，并根据资料数量多少组成一卷或多卷。

对于专业化程度高，施工工艺复杂，通常由专业分包施工的子部分（分项）工程应分别单独组卷，如有支护土方、地基（复合）、桩基、预应力、钢结构、木结构、网架（索膜）、幕墙、供热锅炉、变配电室和智能建筑工程的各系统，应单独组卷子部分（分项）工程并按照顺序排列，并根据资料数量的多少组成一卷或多卷。

按规定应由施工单位归档保存的基建文件和监理资料按表 1-2 的要求组卷。

4）竣工图组卷。竣工图应按专业进行组卷，可分为工艺平面布置竣工图卷、建筑竣工图卷、结构竣工图卷、给排水及采暖竣工图卷、建筑电气竣工图卷、智能建筑竣工图卷、通风空调竣工图卷、电梯竣工图卷、室外工程竣工图卷等，每一专业可根据图纸数量多少组成一卷或多卷。

5）向城建档案馆报送的工程档案应按《建设工程文件归档整理规范》（GB/T 50328—2001）的要求进行组卷。

6）文字材料和图纸材料原则上不能混装在一个装具内，如资料材料较少，需放在一个装具内时，文字材料和图纸材料必须混合装订，其中文字材料排前，图样材料排后。

7）单位工程档案总案卷数超过 20 卷的，应编制总目录卷。

（4）案卷页号的编写：

1）编写页号应以独立卷为单位。在案卷内资料材料排列顺序确定后，均以有书写内容的页面编写页号。

2）每卷从阿拉伯数字 1 开始，用打号机或钢笔依次逐张连续标注页号，采用黑色、蓝色油墨或墨水。案卷封面、卷内目录和卷内备案表不编写页号。

3）页号编写位置：单面书写的文字材料页号编写在右下角，双面书写的文字材料页号正面编写在右下角，背面编写在左下角。

4）图纸折叠后无论何种形式，页号一律编写在右下角。

二、工程资料封面与目录

1. 封面与目录填写内容与要求

（1）工程资料封面与目录（E1）：

1）工程资料案卷封面（表 E1-1）：案卷封面包括名称、案卷题名、编制单位、技术主管、编制日期（以上由移交单位填写）、保管期限、密级、共____册第____册等（由档案接收部门写）。

① 名称：填写工程建设项目竣工后使用名称（或曾用名）。若本工程分为几个（子）单位工程应在第二行填写（子）单位工程名称。

② 案卷题名：填写本卷卷名。第一行按单位、专业及类别填写案卷名称；第二行填写卷内主要资料内容提示。

③ 编制单位：本卷档案的编制单位，并加盖公章。

④ 技术主管：编制单位技术负责人签名或盖章。

⑤ 编制日期：填写卷内资料材料形成的起（最早）、止（最晚）日期。

⑥ 保管期限：由档案保管单位按照本单位的保管规定或有关规定填写。

⑦ 密级：由档案保管单位按照本单位的保密规定或有关规定填写。

2）工程资料卷内目录（表 E1-2）：工程资料的卷内目录，内容包括序号、工程资料题名、原编字号、编制单位、编制日期、页次和备注。卷内目录内容应与案卷内容相符，排列在封面之后，原资料目录及设计图纸目录不能代替。

① 序号：案卷内资料排列先后用阿拉伯数字从 1 开始依次标注。

② 工程资料题名：填写文字材料和图纸名称，无标题的资料应根据内容拟写标题。

③ 原编字号：资料制发机关的发字号或图纸原编图号。

④ 编制单位：资料的形成单位或主要负责单位名称。

⑤ 编制日期：资料的形成时间（文字材料为原资料形成日期，竣工图为编制日期）。

⑥ 页次：填写每份资料在本案卷的页次或起止的页次。

⑦ 备注：填写需要说明的问题。

3）分项目录（表 E1-3、表 E1-4）：

① 分享目录（一）（表 E1-3）使用于施工物资材料（C4）的编目，目录内容应包括资料称、厂名、型号规格、数量、使用部位等，有进场见证试验的，应在备注栏中注明。

② 分项目录（二）（表 E1-4）使用于施工测量记录（C3）和施工记录（C5）的编目，目录内容包括资料名称、施工部位和日期等。

资料名称：填写表格名称或资料名称。

施工部位：应填写测量、检查或记录的层、轴线和标高位置。

日期：填写资料正式形式的年、月、日。

4）混泥土（砂浆）抗压强度报告目录（表 E1-5）：混凝土（砂浆）抗压强度报告目录应分单位工程、按不同龄期汇总、编目。有见证试验应在备注栏注明。

5）钢筋连接试验报告目录（表 E1-6）：钢筋连接试验报告目录适用于各种焊（连）接形式。有进场见证试验的，应在备注栏中注明。

6）工程资料卷内备考表（表 E1-7）：内容包括卷内文字材料张数、图样材料张数、照片张数等，立卷单位的立卷人、审核人及接收单位的审核人、接收人应签字。

① 案卷审核备考表分为上下两栏，上一栏由立卷单位填写，下一栏由接收单位填写。

② 上栏应表明本案卷已编号资料的总张数：指文字、图纸、照片等的张数。

审核说明填写立卷时资料的完整和质量情况，以及应归档而缺少的资料的名称和原因；立卷人有责任立卷人签名；审核人有案卷审查人签名；年月日按立卷、审核时间分别填写。

③ 下栏由接收单位根据案卷的完成及质量情况标明审核意见。

技术审核人由接收单位工程档案技术审核人签名；档案接收人由接收单位档案管理接收人签名；年月日按审核、接收时间分别填写。

（2）工程档案封面和目录（E2）：

1）工程档案案卷和封面；使用城市建设档案封面（表 E2-1），注明工程名称、案卷提名、编制单位、技术主管、保存期限、档案密级等。

2）工程档案卷内目录：使用城建档案卷内目录（表 E2-2），内容包括顺序号、文件材料提名，原编字号、编制单位、编制日期、页次、备注等。

3）工程档案卷内备案：使用城建档案案卷审核备考表，内容包括卷内文字材料张，图样材料张数，照片张数等和立卷单位的立卷人、审核人及接收单位的审核人、接收人签字。

城建档案案卷审核备考表（表 E2-2）的下栏部分由城建档案馆根据案卷的完整及质量情况表明审核意见。

（3）案卷脊背编制：案卷脊背项目有档号、案卷题名，有档案保管单位填写。城建档案的案卷脊背由城建档案馆填写。

（4）移交书：

1）工程资料移交书（表 E3-1）：工程资料移交书是工程资料进行移交的凭证，应由移交日期和移交单位、接收单位的盖章。

2）工程档案移交书：使用城市建设档案移交书（表 E3-2）为竣工档案进行移交的凭证，应有移交日期和移交单位、接收单位的盖章。

3）工程档案微缩品移交书：使用城市建设档案馆微缩品移交书（表 E3-3）为竣工档案进行移交的凭证，应有移交日期和移交单位、接收单位的盖章。

4）工程资料移交目录：工程资料移交，办理的工程资料移交书（表 E3-1）应附工程资料移交目录（表 E3-4）。

5）工程档案移交目录：工程档案移交，办理的城市建设档案移交书（表 E3-2）应附城市建设档案移交目录（表 E3-5）。

2．工程资料封面与目录填写样例

表 E1-1

工 程 资 料

名　　称：××大厦

案卷提名：建筑与结构工程施工文件

隐蔽工程检查记录

编制单位：××建筑工程公司

技术主管：×××

编制日期：自××××年×月×日起至××××年×月×日止

保管期限：＿＿＿＿＿＿　　密级：＿＿＿＿＿＿

保存档号：＿＿＿＿＿＿＿＿＿＿＿＿

共　　　册　　　第　　　册

表 E1-2　工程资料卷内目录

工程名称	××大厦					
序号	工程资料提名	原编字号	编制单位	编制日期	页次	备注
1	钢筋质量证明及试验报告			××××年×月×日	1	
2	水泥质量证明及试验报告			××××年×月×日	42	
3	砂试验报告			××××年×月×日	59	
4	石试验报告			××××年×月×日	67	
5	外加剂质量证明及试验报告			××××年×月×日	76	
6	防水卷材质量证明及试验报告			××××年×月×日	82	
7	防水涂料质量证明及试验报告			××××年×月×日	89	
8	砌块质量证明及试验报告			××××年×月×日	97	
9	装饰装修材料质量证明			××××年×月×日	110～160	

表 E1-3　分项目录（一）

工程名称	××大厦				物资类别	水泥	
序号	物资名称	厂名	品种、型号、规格	数量	使用部位	页次	备注
1	水泥出厂检验报告及8d 强度补报单		P·0 42.5	100 t	基础	1	
2	水泥厂家资质证书			3			
3	水泥试验报告		P·0 42.5	100 t	基础	5	
4	水泥出厂检验报告及28d 强度补报单		P·0 42.5	56 t	地下一、二层	9	
5	水泥出厂检验报告及28d 强度补报单		P·0 42.5	87 t	地上一至四层	11	
6	水泥试验报告		P·0 42.5	87 t	地上一至四层	13	

表 E1-4 项目分录（二）

工程名称	××大厦			
序号	施工部位（内容摘要）	日期	页次	备注
1	基础底板钢筋绑扎	××××年×月×日	1	
2	地下二层墙体钢筋绑扎	××××年×月×日	2	
3	地下二层顶板钢筋绑扎	××××年×月×日	3	
4	地下一层墙体钢筋绑扎	××××年×月×日	4	
5	地下一层顶板钢筋绑扎	××××年×月×日	5	
6	首层①～⑥/Ⓐ～Ⓓ轴墙体钢筋绑扎	××××年×月×日	6	
7	首层⑦～⑩/Ⓐ～Ⓓ轴墙体钢筋绑扎	××××年×月×日	7	
8	首层①～⑥/Ⓐ～Ⓓ轴顶板、梁钢筋绑扎	××××年×月×日	8	
9	首层⑦～⑩/Ⓐ～Ⓓ轴顶板、梁钢筋绑扎	××××年×月×日	9	
10	二层①～⑥/Ⓐ～Ⓓ轴墙体钢筋绑扎	××××年×月×日	10	
11	二层①～⑪/Ⓐ～Ⓓ轴墙体钢筋绑扎	××××年×月×日	11	
12	二层①～⑥/Ⓐ～Ⓓ轴顶板、梁钢筋绑扎	××××年×月×日	12	
13	二层⑦～⑪/Ⓐ～Ⓓ轴顶板、梁钢筋绑扎	××××年×月×日	13	

表 E1-5　混凝土（砂浆）抗压强度报告

工程名称		××大厦							
序号	试件编号	试验日期	施工部位	设计强度	龄期/d	实际抗压强度/MPa	达到设计强度	配合比编号	备注
1	001	××××年×月×日	地下一层墙体	C30	28	41.5	138	××—0121	
2	002	××××年×月×日	地下一层顶板	C30	28	38.5	128	××—0124	
3	003	××××年×月×日	首层墙体	C30	28	39.1	130	××—0127	
4	004	××××年×月×日	首层顶板	C25	28	37.3	149	××—0132	
5	005	××××年×月×日	二层墙体	C30	28	36.2	121	××—0133	
6	006	××××年×月×日	二层顶板	C25	28	40.1	160	××—0139	

表 E1-6 钢筋连接试验报告分录

工程名称		××大厦							
序号	试件编号	试验日期	种类及规格	施工部位	连接形式	代表数量	抗拉强度/MPa	屈服点/MPa	备注
1	001	××××年×月×日	HRB335ϕ20	地下一层柱、梁		60.9	590	430	
2	002	××××年×月×日	HRB335ϕ20	首层柱、梁		53.4	567	396	
3	003	××××年×月×日	HRB335ϕ16	首层墙体		50.3	590	428	
4	004	××××年×月×日	HRB335ϕ16	二层柱、梁		61.5	556	389	
5	005	××××年×月×日	HRB335ϕ14	二层墙体		42.6	570	388	

表 E1-7　工程资料备考表

<table>
<tr><td>本案卷已编号的文件材料共________张，其中，文字材料______张，图样材料_____张，照片_____张。
立卷单位对本卷完整准确情况的审核说明；

本案卷完整准确。

立卷人：　　　　日期
审核人：　　　　日期</td></tr>
<tr><td>保存单位的审核说明：

工程资料齐全、有效，符合规定要求。

技术审核人：　　　　日期
档案接收人：　　　　日期</td></tr>
</table>

3．工程档案封面和目录填写样例

表 E2-1

档案馆代号：

工 程 资 料

名 称：××大厦

案卷提名：建筑与结构工程施工文件

隐蔽工程检查记录

编制单位：××建筑工程公司

技术主管：×××

编制日期：自××××年×月×日起至××××年×月×日止

保管期限：　　　　　密级：

保存档号：

共 册 第 册

表 E2-2　城建档案卷内目录

序号	文件材料题名	原编字号	编制单位	编制日期	页次	备注
1	图纸会审记录	C2—××	××建筑工程公司	××××年×月×日	1～6	
2	工程洽商记录	C2—××	××建筑工程	××××年×月×日	7～21	
3	工程定位测量记录	C3—××	××建筑工程	××××年×月×日	22～23	
4	基槽验线记录	C3—××	××建筑工程	××××年×月×日	24	
5	钢材试验报告	C4—××	××建筑工程	××××年×月×日	25～67	
6	水泥试验报告	C4—××	××建筑工程	××××年×月×日	68～91	
7	砂试验报告	C4—××	××建筑工程	××××年×月×日	92～110	
8	碎（卵）石试验报告	C4—××	××建筑工程	××××年×月×日	111～126	
9	预拌混凝土出厂合格证	C4—××	××建筑工程	××××年×月×日	127～153	
10	地基验槽检查记录	C5—××	××建筑工程	××××年×月×日	154	
11	隐蔽工程检查记录	C5—××	××建筑工程	××××年×月×日	155～275	
12	钢筋连接试验报告	C6—××	××建筑工程	××××年×月×日	276～283	
13	混凝土试块强度统计、评定记录	C6—××	××建筑工程	××××年×月×日	284～201	

三、案卷规格与装订

1. 案卷规格

卷内资料、封面、目录、备考表统一采用 A4 幅（297 mm×210 mm）尺寸，图纸分别采用 A0（841 mm×1 189 mm）、A1（594 mm×841 mm）、A2（420 mm×594 mm）、A3（297 mm×420 mm）、A4（297 mm×210 mm）幅面。小于 A4 幅面的资料要用 A4 白纸（297 mm×210 mm）衬托。

2. 案卷装具

案卷采用统一规格尺寸的装具。属于工程档案的文字、图纸材料一律采用城建档案馆监制的硬壳卷夹或卷盒，外表尺寸 310 mm（高）×220 mm（宽），卷盒厚度尺寸分别为 50 mm、30 mm 两种，卷夹厚度尺寸为 25 mm；少量特殊的档案也可采用外表尺寸为 310 mm（高）×430 mm（宽），厚度尺寸为 50 mm。案卷软（内）卷皮尺寸为 297 mm（高）×210 mm（宽）。

3. 案卷装订

（1）文字材料必须装订成册，图纸材料可装订成册，也可散装存放。

（2）装订时要剔除金属物，装订线一侧根据案卷薄厚加垫草板纸。

（3）案卷用棉线在左侧三孔装订，棉线装订结打在背面。装订线距左侧 20 mm，上下两孔分别距中孔 80 mm。

（4）装订时，须将封面、目录、备考表、封底与案卷一起装订。图纸散装在卷盒内时，需将案卷封面、目录、备考表用棉线在左上角装订在一起。

第二节 竣工图内容与要求

一、竣工图编制要求

（1）凡按施工图施工没有变动的，由竣工图编制单位在施工图图签附近空白处加盖并签署竣工图章。

（2）凡一般性图纸变更，编制单位可根据设计变更依据，在施工图上直接改绘，并加盖及签署竣工图章。

（3）凡结构形式、工艺、平面布置、项目等重大改变及图面变更超过 40%的，应重新绘制竣工图。重新绘制的图纸必须有图名和图号，图号可按原图编号。

（4）编制竣工图必须编制各专业竣工图的图纸目录，绘制的竣工图必须准确、清楚、完整、规范、修改必须到位，真实反映项目竣工验收时的实际情况。

（5）用于改绘竣工图的图纸必须是新蓝图或绘图仪绘制的白图，不得使用复印的图纸。

（6）竣工图编制单位应按照国家建筑制图规范要求绘制竣工图，使用绘图笔或签字笔及不退色的绘图墨水。

二、竣工图的主要内容

（1）竣工图应按单位工程，并根据专业、系统进行分类和整理。

（2）竣工图包括以下内容：

① 工艺平面布置图等竣工图；

② 建筑竣工图、幕墙竣工图；

③ 结构竣工图、钢结构竣工图；

④ 建筑给水、排水与采暖竣工图；

⑤ 燃气竣工图；

⑥ 建筑电气竣工图；

⑦ 智能建筑竣工图（综合布线、保安监控、电视天线、火灾报警、气体灭火等）；

⑧ 通风空调竣工图；

⑨ 地上部分的道路、绿化、庭院照明、喷泉、喷灌等竣工图；

⑩ 地下部分的各种市政、电力、电信管线等竣工图。

三、竣工图绘制类型

（1）利用施工蓝图改绘的竣工图。

（2）在二底图上修改的竣工图。

（3）重新绘制的竣工图。

（4）用 CAD 绘制的竣工图。

四、竣工图绘制要求及竣工图章

1．竣工图绘制要求

（1）利用施工蓝图改绘的竣工图：施工蓝图上一般采用杠（划）改法、叉改法，局部修改可以圈出更改部位，在原图空白处内容，所有变更处都必须引划索引线并注明更改依据。在施工图上改绘，不得使用涂抹、刀刮、补贴等方法修改图纸。

具体的改绘方法可视图面、改动范围和位置、繁简程度等实际情况而定，以下是常见改绘方法的举例说明。

1）取消的内容：

① 尺寸、门窗型号、设备型号、灯具型号、钢筋型号和数量、注解说明等数字、文字、符号的取消，可采用杠改法。即将取消的数字、文字、符号等用横杠杠掉（不得涂抹掉），从修改的带箭头的索引线，在索引线上注明修改依据，即“见×号洽商×条”，也可注明“见×年×月×日洽商×条”。

② 隔墙、门窗、钢筋、灯具、设备等取消，可用叉改法。即在图上将取消的部分打“×”，在图上描绘取消的部分较长时，可视情况打几个“×”，达到表示清楚为准。并从图上修改处见线引出，注明修改依据。

2）增加的内容：

① 建筑物某一部位增加隔墙、门窗、灯具、设备、钢筋等，均应在图上的实际位置用规范制图方法绘出，并注明修改依据。

② 如增加的内容在原位置绘不清楚时，应在该图适当位置（空白处）按需要补绘大样图，并保证准确清楚。如该图上无位置可绘时，应另用硫酸纸绘补图并晒成蓝图或用绘图仪绘制白图后附在该专业图纸之后。在原修改位置和补绘图纸上均应注明修改依据，补图要有图名和图号。

3）内容变更：

① 数字、符号、文字的变更，可在图上用杠改法将取消的内容杠去，在其附近空白处增加更正后的内容，并注明修改依据。

② 设备配置位置，灯具、开关型号等变更引起的改变；墙、板、内外装修等的变化均应在原图上改绘。

③ 图纸某部位变化较大，或在原位置上改绘有困难，或改绘后杂乱无章，可以采用以下办法改绘。

a. 画大样改绘：在原图上标出应修改部位的范围，后在需要修改的图纸上绘出修改部位的大样图，并在原图改绘范围和改绘的大样图处注明修改依据。

b. 另绘补图修改：如原图纸无空白处，可把应改绘的部位绘制硫酸纸补图，晒成蓝图后作为竣工图纸，补在本专业图纸之后。具体做法为：在原图纸上画出修改范围，并注明修改依据和见某图（图号）及大样图名。在补图上注明图号和图名，并注明是某图（图号）某部位的补图和修改依据。

c. 个别蓝图需重新绘制竣工图：如果某张图纸修改不能在原蓝图上修改清楚，应重新绘制整张图作为竣工图。重绘的图纸应按国家制图标准和绘制竣工图的规定制图。

4）加写说明：凡设计变更、洽商的内容应当在竣工图上修改的，均应用绘图方法改绘在蓝图上，不再加写说明。如果修改后的图纸仍然有内容无法表示清楚，可用精练的语言适当加以说明。

① 图上某一种设备、门窗等型号的改变，涉及多处修改时，要对所有涉及的地方全部加以改绘，其修改依据可标注在一个修改处，但需在此处做简单说明。

② 钢筋的代换，混凝土强度等级改变，墙、板、内外装修材料的变化，由建设单位自理的部分等在图上修改难以用作图方法表达清楚时，可加注或用索引的形式加以说明。

③ 凡涉及说明类型的洽商，应在相应的图纸上使用设计规范用语反映洽商内容。

5）注意事项：

① 施工图纸目录必须加盖竣工图章，作为竣工图归档。凡有作废、补充、增加和修改的图纸，均应在施工图目录上标注清楚。即作废的图纸在目录上扛掉，补充的图纸在目录上列出图名、图号。

② 如某施工图改变量大，设计单位重新绘制了修改图的，应以修改图代替原图，原图不再归档。

③ 凡是洽商图作为竣工图，必须进行必要的制作。

a. 如果洽商图是按正规设计图纸要求进行绘制的，可直接作为竣工图。但需统一编写图名和图号，并加盖竣工图章，作为补图。并在说明中注明是哪张图哪个部位的修改图，还要在原图修改部位标注修改范围，并标明补图的图号。

b. 如果洽商图未按正规设计要求绘制，均应按制图规定另行绘制竣工图，其余要求同上。

④ 某一条洽商可能涉及两张或两张以上图纸，某一局部变化可能引起系统变化，凡涉及的图纸和部位均应按规定修改，不能只改其一，不改其二。

⑤ 不允许将洽商的附图原封不动地贴在或附在竣工图上作为修改，也不允许将洽商的内容抄在蓝图上作为修改。凡修改的内容均应改绘在蓝图上或做补图附在图纸之后。

⑥ 根据规定须重新绘制竣工图时，应按绘制竣工图的要求制图。

⑦ 改绘注意事项：

修改时，字、线、墨水使用的规定：

a. 字：采用仿宋字，字体的大小要与原图采用字体的大小相协调，严禁错字、别字、草字。

b. 线：一律使用绘图工具，不得徒手绘制。

c. 墨水：使用黑色墨水，严禁用圆珠笔、铅笔和非黑色墨水。

⑧ 施工蓝图的规定：图纸反差要明显，以适应缩微等技术要求。凡旧图、反差不好的图纸不得作为改绘用图。修改的内容和有关说明均不得超过原图框。

（2）在二底图上修改的竣工图：

1）用设计底图或施工图制成二底（硫酸纸）图，在二底图上依据设计变更、工程洽商内容用刮改法进行绘制，即用刀片将需更改部位刮掉，再用绘图笔绘制修改内容，并在图中空白处做一个修改备考表，注明变更、洽商编号（或时间）和修改内容。

修改备考表见表 6-1。

表 6-1　修改备考表

变更、洽商编号（或时间）	内容（简要提示）

2）修改的部位用语言描述不清楚时，也可用细实线在图上画出修改范围。

3）以修改后的二底图或蓝图作为竣工图，要在二底图或蓝图上加盖竣工图章。没有改动的二底图转做竣工图也要加盖竣工图章。

4）如果二底图修改次数较多，个别图面可能出现模糊不清等技术问题，必须进行技术处理或重新绘制，以期达到图面整洁、字迹清楚等质量要求。

（3）重新绘制的竣工图：根据工程竣工现状和洽商记录绘制竣工图，重新绘制竣工图要求与原图比例相同，符合制图规范，有标准的图框和内容齐全的图签，图签中应有明确的“竣工图”字样或加盖竣工图章。

（4）用 CAD 绘制的竣工图：在电子版施工图上依据设计变更、工程洽商的内容进行修改，修改后用云图圈出修改部位，并在图中空白处做一个修改备考表，要求要符合上述“在二底图上修改的竣工图”的要求。同时，图签上必须有原设计人员的签字。

2. 竣工图章

（1）“竣工图章”应具有明显的“竣工图”字样，并包括编制单位名称、制图人、审核人和编制日期等基本内容。编制单位、制图人、审核人、技术负责人要对竣工图负责。

竣工图章内容、尺寸如图 6-1 所示。

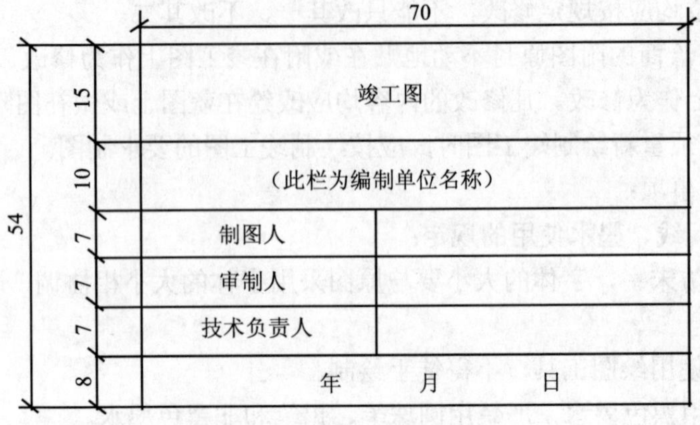

图 6-1 竣工图章（单位：mm）

（2）所有竣工图应由编制单位逐张加盖、签署竣工图章。竣工图章中签名必须齐全，不得代签。

（3）凡由设计院编制的竣工图，其设计图签中必须明确竣工阶段，并由绘制人和技术负责人在设计图签中签字。

（4）竣工图章应加盖在图签附近的空白处。

（5）竣工图章应使用不退色的红色或蓝色印泥。

3. 竣工图图纸折叠方法

（1）一般要求：

1）图纸折叠前应按裁图线裁剪整齐，其图纸幅面应符合图 6-2 及表 6-2 的规定。

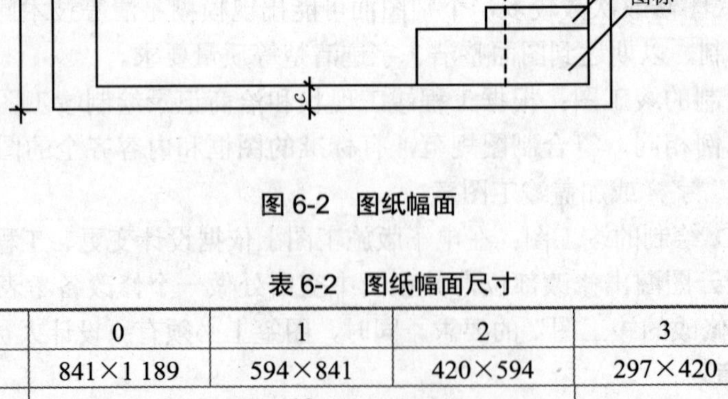

图 6-2 图纸幅面

表 6-2 图纸幅面尺寸

单位：mm

基本幅面代号	0	1	2	3	4
$b \times l$	841×1 189	594×841	420×594	297×420	297×210
c	10			5	
a	25				

注：尺寸代号如图 6-2 所示；尺寸单位为 mm。

2）图面应折向内，成手风琴风箱式。

3）折叠后幅面尺寸应以 4#图纸基本尺寸（297 mm× 210 mm）为标准。

4）图纸及竣工图章应露在外面。

5）3#～0#图纸应在装订边 297 mm 处折一个三角或剪一个缺口，折进装订边。

（2）折叠方法：

1）4#图纸不折叠。

2）3#图纸的折叠如图 6-3 所示（图中序号表示折叠次序，虚线表示折起的部分，以下同）。

3）2#图纸的折叠如图 6-4 所示。

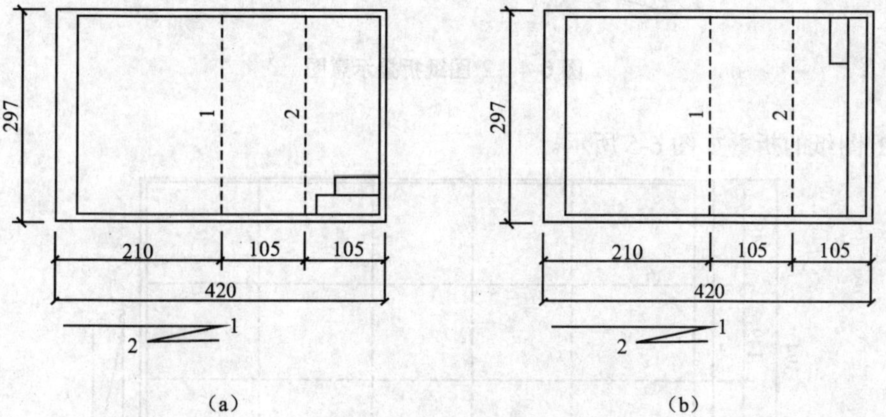

图 6-3　图纸折叠示意图

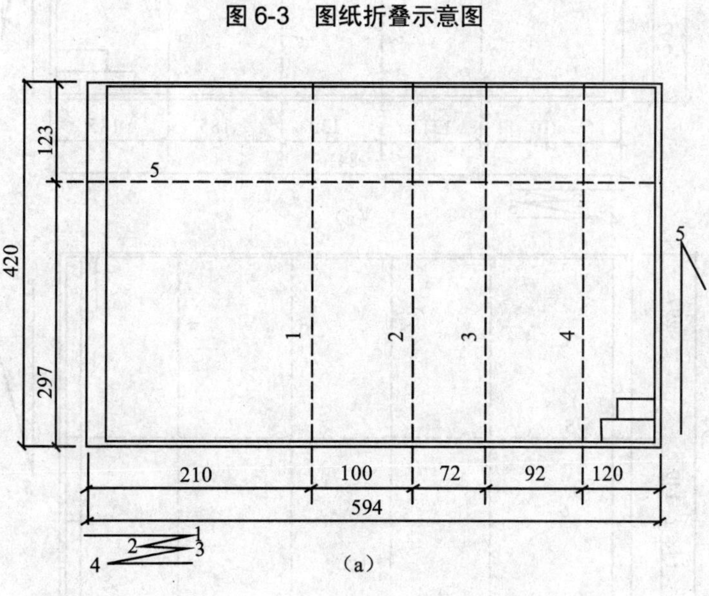

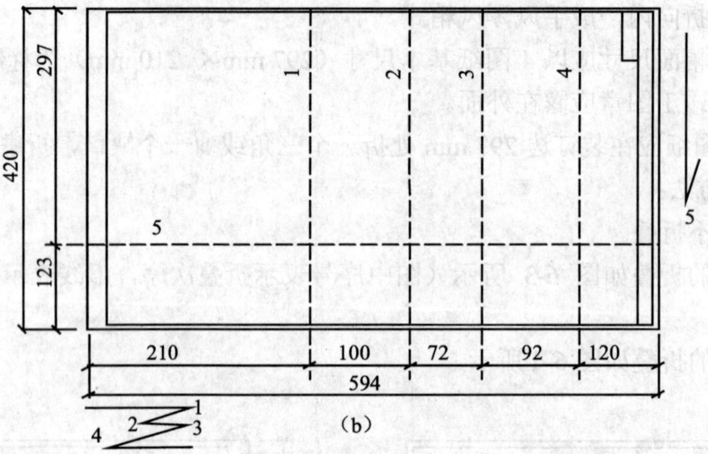

（b）

图 6-4　$2^{\#}$图纸折叠示意图

4）$1^{\#}$图纸的折叠如图 6-5 所示。

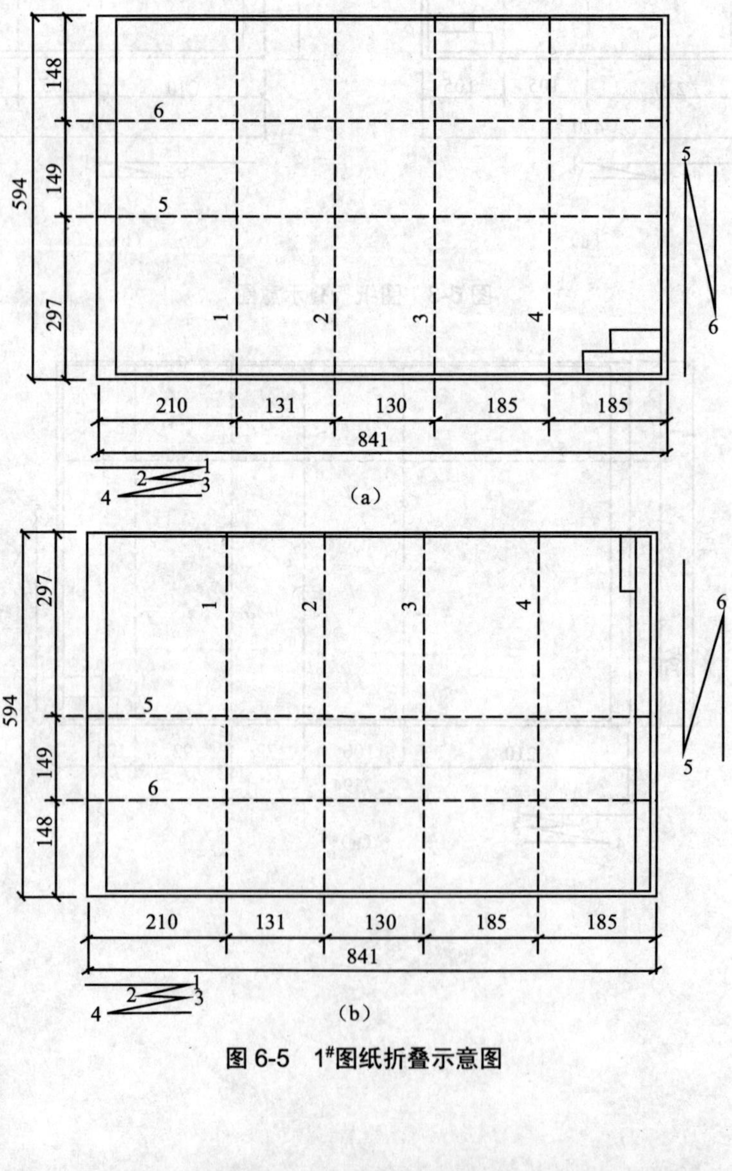

（a）（b）

图 6-5　$1^{\#}$图纸折叠示意图

5）0#图纸的折叠如图 6-6 所示。

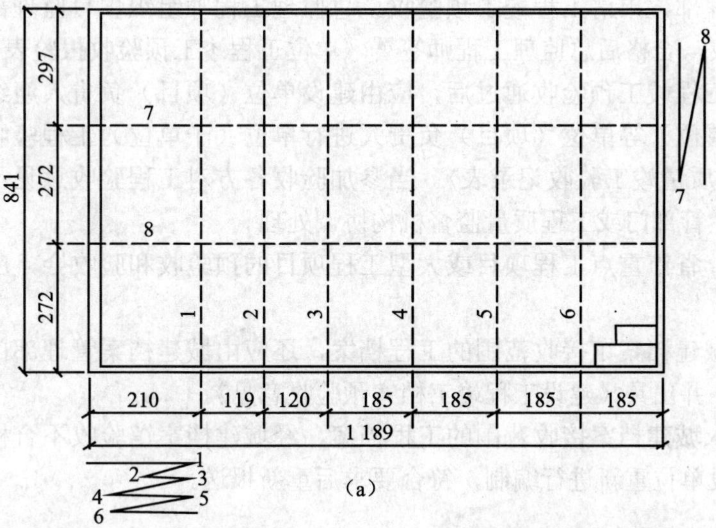

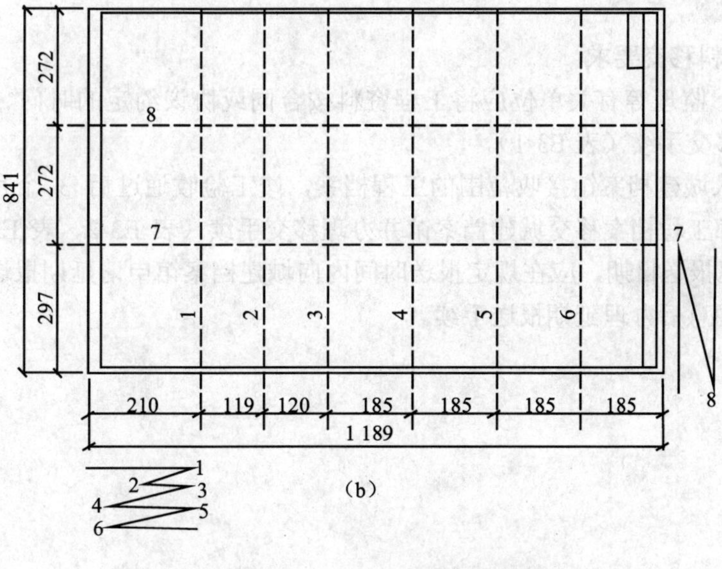

图 6-6　0#图纸折叠示意图

第三节　工程资料验收与移交

一、工程资料验收

（1）工程竣工验收前，各参建单位的主管（技术）负责人应对本单位形成的工程资料进行竣工审查；建设单位应按照国家验收规范规定和城建档案管理的有关要求，对勘察、设计、监理、施工单位汇总的工程资料进行验收，使其完整、准确。

（2）单位（子单位）工程完工后，施工单位应自行组织有关人员进行检查评定，合格后填写《单位工程竣工预验收报验表》，并附相应的竣工资料（包括分包单位的竣工资料）报项目监理部，申请工程竣工预验收。总监理工程师组织项目监理部人员与施工单位进行检验验收，合格后总监理工程师签署《单位工程竣工预验收报验表》。

（3）单位工程竣工预验收通过后，应由建设单位（项目）负责人组织设计、监理、施工（含分包单位）等单位（项目）负责人进行单位（子单位）工程验收，形成《单位（子单位）工程质量竣工验收记录表》。当参加验收各方对工程验收意见不一致时，可请当地建设行政主管部门或工程质量监督机构协调处理。

（4）国家、省市重点工程项目或大型工程项目的预验收和验收会，应由城建档案馆参加验收。

（5）属于城建档案馆接收范围的工程档案，还应由城建档案管理部门对工程档案资料进行预验收，并出具《建设工程竣工档案预验收意见》。

（6）凡列入城建档案接收范围的工程档案，经城建档案馆验收不合格的，应由城建档案馆责成建设单位重新进行编制，符合要求后重新报送。

二、工程资料移交

1. 工程资料移交要求

（1）施工、监理等有关单位应将工程资料按合同或协议约定的时间、套数移交给建设单位，办理移交手续（表 E3-1）。

（2）凡列入城建档案馆接收范围的工程档案，竣工验收通过后 3 个月内，建设单位将汇总后的全部工程档案移交城建档案馆并办理移交手续（表 E3-2、表 E3-3、表 E3-4、表 E3-5）。推迟报送日期，应在规定报送时间内向城建档案馆申请延期报送，并申明延期报送原因，经同意后办理延期报送手续。

2．工程资料移交书填写样例

表 E3-1

工程资料移交书

××建筑工程公司（全称）按有关规定向××房地产开发公司（全称）办理××大厦　工程资料移交手续。共计 3 套 63 册其中图样材料 26 册，文字材料 37 册，其他材料 / 张（/）。

附：工程资料移交目录

移交单位（公章）：　　　　　　接收单位（公章）：

单位负责人：　　　　　　单位负责人：

技术负责人：　　　　　　接　收　人：

移　交　人：　　　　　　技术负责人：

移交日期：××××年×月×日

表 E3-2

城市建设档案移交书

××房地产开发公司（全称）向××市城市建设档案馆移××大厦档案共计 15 册。其中：图样材料 3 册，文字材料 12 册，其他材料 / 张（/）。

附：城市建设档案移交目录一式 3 份，共 3 张。

移交单位（公章）：　　　　接收单位（公章）：

单位负责人：　　　　单位负责人：

移　交　人：　　　　接　收　人：

移交日期：××××年×月×日

表 E3-3

城市建设档案缩微品移交书

××房地产开发公司（全称）向××市城市建设档案馆移交　××大厦　工程缩微品档案。档号　×××　，缩微号　××　。卷片共　××　盘，开窗卡　××　张。其中＿＿张；拷贝母片：卷片共　××　盘，开窗卡××　片：卷片共　×　套　×　盘，开窗卡　×　套　×　张。缩微原件共　23　册，其中文字材料　16　册，图样材料　7　册，其他材料　/　册（/）。

附：城市建设档案缩微品移交目录

移交单位（公章）：　　　　接收单位（公章）：

单位负责人：　　　　单位负责人：

技术负责人：　　　　接　收　人：

移　交　人：　　　　技术负责人：

移交日期：××××年×月×日

表 E3-4 工程资料移交目录

工程项目名称：××大厦

序号	案卷提名	数量						备注
		文字材料		图样材料		综合卷		
		册	张	册	张	册	张	
1	施工资料——建筑与结构工程施工管理资料	1	19					
2	施工资料——建筑与结构工程施工技术资料	2	213					
3	施工资料——建筑与结构工程施工测量资料	1	87					
4	施工资料——建筑与结构工程施工物资资料	4	306					
5	施工资料——建筑与结构工程施工记录	3	210					
6	施工资料——建筑与结构工程施工质量验收记录	1	25					
7	建筑竣工图			2	51			
8	结构竣工图			1	30			
9	建筑给水排水及采暖竣工图			1	27			
10	建筑电气竣工图			1	24			

表 E3-5　城市建设档案移交目录

序号	工程项目名称	案卷提名	形成年代	数量						备注
				文字材料		图样材料		综合卷		
				册	张	册	张	册	张	
1	××大厦	基建文件	××××年×月	1	167					
2	××大厦	基建文件	××××年×月	1	113					
3	××大厦	工程管理与验收施工文件	××××年×月	1	46					
4	××大厦	建筑与结构工程施工文件	××××年×月	4	359					
5	××大厦	建筑给水排水及采暖工程施工文件	××××年×月	2	218					
6	××大厦	建筑通风与空调工程施工文件	××××年×月	1	165					
7	××大厦	建筑电气工程施工文件	××××年×月	2	274					
8	××大厦	建筑竣工图	××××年×月			3	72			
9	××大厦	建筑竣工图	××××年×月			2	54			
10	××大厦	给水排水及采暖工程竣工图	××××年×月			1	33			
11	××大厦	通风与空调工程竣工图	××××年×月			1	28			
12	××大厦	建筑电气工程竣工图	××××年×月			1	31			

题 库

一、判断题（判断下列各题对错，正确的画√，错误的画×）

1. 竣工验收文件是指工程开工以前，在立项、审批、征地、勘察、设计、招标投标等工程准备阶段形成的文件。（ ）

2. 监理资料是指监理单位在工程设计、施工等监理过程中形成的资料。（ ）

3. 施工过程中形成的资料应按报验、报审程序，可以不用通过相关施工单位审核，便可报建设（监理）单位。（ ）

4. 负责基建文件的管理工作，并设专人对基建文件进行收集、整理和归档是勘察、设计单位职责。（ ）

5. 负责监理资料的管理工作，并设专人对监理资料进行收集、整理和归档是监理单位职责。（ ）

6. 负责施工资料的管理工作，实行技术负责人负责制，逐级建立健全施工资料管理岗位责任制是监理单位职责。（ ）

7. 负责汇总各分包单位编制的施工资料，分包单位应负责其分包范围内施工资料的收集和整理，并对施工资料的真实性、完整性和有效性负责是施工单位职责。（ ）

8. 负责对城建档案的编制、整理、归档工作进行监督、检查、指导，对国家和各省市重点、大型工程项目的工程档案编制、整理、归档工作应指派专业人员进行指导。（ ）

9. 《建设工程质量事故报告书》由调查人填写，各有关单位保存。（ ）

10. 凡列入报送城建档案馆的工程档案，应在单位工程验收前由城建档案馆对工程档案进行预验收，并出具《建设工程竣工档案预验收意见》。 （ ）

11.《单位（子单位）工程质量控制资料核查记录》是由监理单位按照所列质量控制资料的种类、名称进行检查，并填写份数，然后提交给监理单位验收。（ ）

12.《单位（子单位）工程安全和功能检验资料核查及主要功能抽查记录》中，监理单位经核查和抽查合格，由总监理工程师在表中“结论”栏填写综合性验收结论，并由施工单位项目经理签字确认。（ ）

13. 施工日志是施工活动的原始记录，是编制施工文件、积累资料、总结施工经验的重要依据，由项目技术负责人具体负责。（ ）

14. 图纸会审应由建设单位组织设计，监理和施工单位技术负责人及有关人员参加。施工单位对各专业问题进行交底，设计单位负责将设计交底内容按专业汇总、整理，形成图纸会审记录。（ ）

15. 设计单位应及时下达设计变更通知单，内容翔实，必要时应附图，并逐条注明应修改图纸的图号。设计变更通知单应由设计专业负责人以及建设（监理）和施工单位的相关负责人签认。（ ）

16. 工程洽商记录应分专业办理，内容翔实，必要时应附图，并逐条注明应修改图纸的图号；工程洽商记录只由设计专业负责人以及建设、监理相关负责人签认。（ ）

17. 项目建议书是由建设单位自行编制或委托其他有相应资质的咨询或设计单位编制并申报的文

件，由施工单位负责收集提供。（ ）

18. 立项会议纪要是由建设单位或其上级主管部门就该项目召开立项研究会议，所形成的纪要文件，由组织会议的单位负责提供。（ ）

19. 可行性研究报告及附件是由建设单位自行编制或委托具有相应资质的工程咨询、设计单位编制可研报告，由编制单位提供。（ ）

20. 可行性报告的批复文件是由建设单位对该项目的可行性研究报告，做出的批复文件。（ ）

21. 年度计划审批文件或年度计划备案材料是由建设单位组织自行编制或由其有关主管部门批准的计划文件。（ ）

22. 招标文件由建设单位自行编制或委托具有相应资质的招标代理机构编制，投标文件分别由勘察、设计、监理、施工单位编制，中标通知书由建设单位或招标代理机构编制而成，监管部门备案。由编制单位负责提供。（ ）

23. 工程设计概算由设计单位负责编制的，也可能是由建设单位自行编制或委托工程造价咨询单位负责编制的文件，由编制单位负责提供。（ ）

24. 城建档案管理部门应当在接到建设单位的验收通知后的，10 个法定工作日内，到双方确定的验收地点进行验收。（ ）

25. 《监理规划》应在签订监理合同、收到施工合同、施工组织设计、设计图纸文件后 1 个月内，由总监理工程师主持专业监理工程师参加编制完成，并必须经过监理单位和建设单位审核批准。（ ）

26. 《监理会议纪要》应由项目监理部根据会议记录整理，经过总监理工程师审阅，并经过与会各方代表会签。再发至有关参建各方，并做好签收手续。（ ）

27. 《监理工作总结》的内容包括工程概况，监理组织机构，监理人员和投入的监理设施，监理合同履行情况，监理工作成效，施工过程中出现的问题及处理情况和建议，必要时还可以附上工程照片或录像等。（ ）

28. 当监理工程师或总监理工程师发现施工过程中存在一定问题时，可以由监理工程师签发《监理通知》。（ ）

29. 工程竣工验收完成后，只由项目总监理工程师共同签署《竣工移交证书》，并加盖监理单位、建设单位公章。（ ）

30. 工程物资进场后，施工单位应根据有关规定对使用的主要原材料、构配件和设备进行检查，合格后填写《工程物资进场报验表》，并附出厂质量证明文件、进场复试报告、商检证等相关资料，报项目监理部，监理工程师签署审查意见。（ ）

31. 当监理工程师对工程巡视检查或对质量怀疑进行抽检时，填写《工程物资进场报验表》。（ ）

32. 施工中发生的质量事故，应按有关规定上报处理，项目总监理工程师应将《质量事故处理资料》书面报告有关部门。（ ）

33. 施工单位应根据建设工程施工合同的约定，及时编制施工总进度计划，年进度计划、月进度计划，并及时填写《施工进度计划报审表》报项目监理部审批。总监理工程师应及时审批后报建设单位。（ ）

34. 工程发生延期事件时，施工单位在合同约定的期限内，向项目监理部提交《工程暂停令》，在项目监理部最终评估出延期天数并与建设单位协商一致后，总监理工程师才给予批复。（ ）

35. 施工单位根据工程变更单完成的工程量，填写《工程变更费用报审表》报项目监理部审查。（ ）

36. 在施工图上改绘，应该使用涂改液涂抹、刀刮、补贴等方法修改图纸。（ ）

37. 在施工蓝图上一般采用杠（划）改法、叉改法；局部修改可以圈出更改部位，在原图空白处绘出更改内容，所有变更处都必须引出索引线并注明更改依据。具体的改绘方法可视图面、改动范围和位置、繁简程度等实际情况而定。（ ）

38. 如果原图纸无空白处，可另用硫酸纸绘补图纸并晒成蓝图，或用绘图仪绘制白图附在原图之后。并在原修改位置和补绘的图纸上均应注明修改依据，补图要有图名和图号。（ ）

39. 用 CAD 绘制的竣工图，在电子版施工图上依据设计变更、工程洽商的内容进行修改，修改后用云图圈出修改部位，并在图中空白处做 1 个修改备考表，在其图签上可以不用原设计人员签字。（ ）

40. 凡设计变更、洽商的内容在施工图上修改的，均应用绘图方法改绘在蓝图上，不再加写说明，如果修改后的图纸仍然有内容无法表示清楚，可用精练的语言适当加以说明。（ ）

41. “竣工图章”应具有明显的“竣工图”字样，并包括编制单位名称、编制人、审核人、技术负责人和编制日期以及监理单位等基本内容。（ ）

42. 工程资料应真实反映工程实际的状况，具有永久和长期保存价值的材料必须完整、准确和系统。（ ）

43. 工程资料应使用原件，因各种原因不能使用原件的，应在复印件上加盖原件存放单位公章、注明原件存放处，可以没有经办人的签字。（ ）

44. 施工图的变更、洽商绘图应符合技术要求。凡采用施工蓝图改绘竣工图的，可以使用反差不明显的蓝图，但是竣工图图画应整洁。（ ）

45. 工程档案的微缩制品，必须依据国家微缩标准进行制作，主要技术指标（解像力、密度、海波残留量等）应符合国家标准规定，保证质量，以适应长期安全保管。（ ）

46. 工程资料可采用以下两种载体形式：1）纸质载体；2）光盘载体。（ ）

47. 纸质载体的工程档案经城建档案馆和有关部门验收合格后，应持城建档案馆发给的准可微缩证明书进行微缩，证明书包括案卷目录、验收签章、城建档案馆的档号、胶片代数、质量要求等，并将证书缩拍在胶片“片头”上。（ ）

48. 纸质载体的工程档案经城建档案馆和有关部门验收合格后，进行电子工程档案的核查，核查无误后，进行电子工程档案的光盘刻制。（ ）

49. 基建文件可根据类别和数量的多少组成一卷或多卷，如工程决策立项文件卷、征地拆迁文件卷、勘察、测绘与设计文件卷、工程开工文件卷、商务文件卷、工程竣工验收与备案文件卷。（ ）

50. 竣工图应按专业进行组卷，可分为工艺平面布置竣工图卷、建筑竣工图卷、结构竣工图卷、给排水及采暖竣工图卷、建筑电气竣工图卷、智能建筑竣工图卷、通风空调竣工图卷、电梯竣工图卷、室外工程竣工图卷等，每一专业可根据图纸数量多少组成一卷或多卷。（ ）

51. 编写页号应以独立卷为单位。在案卷内资料材料排列顺序确定前，均应以有书写内容的页面编写页号。（ ）

52. 每卷从阿拉伯数字 1 开始，用打号机或钢笔依次逐张连续标注页号，采用黑色、蓝色油墨或墨水。案卷封面、卷内目录和卷内备案表不编写页号。（ ）

53. 图纸折叠后无论哪种形式，页号一律编写在左下角。（ ）

54. 工程资料卷内备考表：内容包括卷内文字材料张数、图样材料张数、照片张数等，立卷单位的立卷人、审核人及接收单位的审核人、接收人应签字。（ ）

55. 案卷脊背项目有档号、案卷题名，有档案保管单位填写。城建档案的案卷脊背由建设单位填写。（ ）

56. 使用城市建设档案移交书为竣工档案进行移交的凭证，应有移交日期和移交单位、接收单位的盖章。（ ）

57. 凡按施工图施工没有变动的，由竣工图编制单位在施工图图签附近空白处加盖并签署竣工图章。（ ）

58. 凡一般性图纸变更，编制单位可根据设计变更依据，在施工图上直接改绘，并加盖及签署竣工图章。（ ）

59. 凡结构形式、工艺、平面布置、项目等重大改变及图面变更超过 40%的，应重新绘制竣工图。重新绘制的图纸必须有图名和图号，图号可按原图编号。（ ）

60. 编制竣工图必须编制各专业竣工图的图纸目录，绘制的竣工图必须准确、清楚、完整、规范、修改必须到位，真实反映项目竣工验收时的实际情况。（ ）

61. 用于改绘竣工图的图纸必须是新蓝图或绘图仪绘制的白图，使用复印的图纸。（ ）

62. 竣工图编制单位应按照国家建筑制图规范要求绘制竣工图，使用绘图笔或签字笔及不退色的绘图墨水。（ ）

63. 施工蓝图上一般采用杠（划）改法、叉改法，局部修改可以圈出更改部位，在原图空白处内容，所有变更处都必须引划索引线并注明更改依据。在施工图上改绘，不得使用涂抹、刀刮、补贴等方法修改图纸。（ ）

64. 数字、符号、文字的变更，可在图上用杠改法将取消的内容杠去，在其附近空白处增加更正后的内容，并注明修改依据。（ ）

65. 在原图上标出应修改部位的范围，后在需要修改的图纸上绘出修改部位的大样图，并在原图改绘范围和改绘的大样图处注明修改依据。（ ）

66. 凡设计变更、洽商的内容应当在竣工图上修改的，均应用绘图方法改绘在蓝图上，加写说明。如果修改后的图纸仍然有内容无法表示清楚，可用精练的语言适当加以说明。（ ）

67. 施工图纸目录必须加盖竣工图章，作为竣工图归档。凡有作废、补充、增加和修改的图纸，均应在施工图目录上标注清楚。即作废的图纸在目录上杠掉，补充的图纸在目录上列出图名、图号。（ ）

68. 如某施工图改变量大，设计单位重新绘制了修改图的，应以修改图代替原图，原图归档。（ ）

69. 如洽商图是按正规设计图纸要求进行绘制的可直接作为竣工图，但需统一编写图名图号，并加盖竣工图章，作为补图。并在说明中注明是哪张图哪个部位的修改图，还要在原图修改部位标注修改范围，并标明见补图的图号。（ ）

70. 图纸反差要明显，以适应缩微等技术要求。凡旧图、反差不好的图纸不得作为改绘用图。修改的内容和有关说明均不得超过原图框。（ ）

二、单选题（以下各题的备选答案中只有一个最符合题意，请将其选出）

1. 下列不属于工程资料的是（ ）。

A. 可行性研究报告文件　　B. 监理文件

C. 施工资料　　D. 竣工图

2. 监理单位在工程的设计、施工等监理活动过程中所形成的文件是（ ）。

A. 合同文件　　B. 监理文件

C. 施工文件　　D. 施工企业指导文件

3. 工程竣工验收后，真实反映建设工程项目施工结果的图样的是（ ）。

A. 监理资料　　　　B. 施工资料
C. 竣工图　　　　D. 基建文件

4. 建筑工程实行总承包的，应在与（　）签订施工合同中明确施工资料的移交套数、移交时间、质量要求及验收标准等。

A. 分包单位　　　　B. 建设单位
C. 监理单位　　　　D. 设计单位

5. 工程资料应随工程进度同步收集、整理，并按规定移交，属于工程资料管理职责中的（　）。

A. 通用职责　　　　B. 建设单位职责
C. 勘察、设计单位职责　　　　D. 监理单位职责

6. 在工程竣工验收前，将工程的施工资料整理、汇总完成，属于工程资料管理职责中的（　）。

A. 建设单位职责　　　　B. 勘察、设计单位职责
C. 监理单位职责　　　　D. 施工单位职责

7. 负责基建文件的管理工作，并设专人对基建文件进行收集、整理和归档，属于（　）。

A. 建设单位职责　　　　B. 勘察、设计单位职责
C. 监理单位职责　　　　D. 施工单位职责

8. 负责接收、收集、保管和利用城建档案的日常管理工作，属于（　）。

A. 建设单位职责　　　　B. 勘察、设计单位职责
C. 监理单位职责　　　　D. 城建档案馆职责

9. 施工资料编号应填入（　）的编号栏。

A. 左上角　　　　B. 右下角
C. 左下角　　　　D. 右上角

10. 资料编号是（　）位编号，由分部工程代号、资料类别编号和顺序号组成。

A. 5　　B. 6　　C. 7　　D. 8

11. 下列基建文件中，（　）可以由监理单位归档保存。

A. 可行性报告的批复文件　　　　B. 项目建议书
C. 可行性研究报告　　　　D. 建设用地规划许可证、许可证附件及附图

12. 下列勘察、测绘、设计文件中，（　）可以由监理单位归档保存。

A. 初步设计图及说明　　　　B. 施工图设计及说明
C. 设计计算书　　　　D. 规划设计条件通知书及附图

13. 下列工程招标投标及承包合同文件中，（　）可以由施工单位归档保存。

A. 设计招投标文件　　　　B. 施工招标投标文件
C. 勘察招标投标文件　　　　D. 监理招标投标文件

14. 下列工程开工文件中，（　）可以由施工单位归档保存。

A. 建设工程施工许可证　　　　B. 商务文件
C. 工程投资估算文件　　　　D. 工程设计概算

15. 下列监理管理资料中，（　）可以由施工单位归档保存。

A. 监理会议纪要　　　　B. 监理工作日志
C. 监理规划、监理实施细则　　　　D. 监理月报

16. 下列建筑电气工程中，（　）可以由城建档案馆归档保存。

A. 高压部分试验记录　　B. 大型照明灯具承载试验记录

C. 电气器具通电安全检查记录　　D. 电气绝缘电阻测试记录

17. 下列不属于施工单位依据批复意见与技术文件进行技术交底所形成的是（ ）。

A. 施工组织设计交底　　B. 施工方案技术交底

C. 施工质量验收报验交底　　D. 分项工程施工技术交底

18. 子分部工程质量验收及资料形成过程中，施工单位组织自检不形成（ ）。

A. 子分部工程施工质量验收记录

B. 子分部工程施工质量控制资料检查记录

C. 子分部工程安全和功能检验资料核查及主要功能抽查记录

D. 子分部工程施工感官质量检查评定记录

19. 凡列入报送城建档案馆的工程档案，应在单位工程验收前，由城建档案馆对工程档案进行预验收，并出具（ ）。

A.《单位（子单位）工程质量竣工验收记录》

B.《建设工程竣工档案预验收意见》

C.《单位（子单位）工程质量控制资料核查记录》

D.《单位（子单位）工程观感质量检查记录》

20. 单位工程完工，施工单位组织自检合格后，应报请监理单位进行工程预验收，通过后向建设单位提交工程竣工报告并填报（ ）。

A.《单位（子单位）工程质量竣工验收记录》

B.《建设工程竣工档案预验收意见》

C.《单位（子单位）工程质量控制资料核查记录》

D.《单位（子单位）工程观感质量检查记录》

21. 单位工程质量竣工验收记录应由（ ）填写。

A. 建设单位　　B. 施工单位

C. 监理单位　　D. 设计单位

22. 单位工程质量验收结论由（ ）填写。

A. 建设单位　　B. 施工单位

C. 监理单位　　D. 设计单位

23. 综合验收结论应由参加验收各方共同商定，并由（ ）填写。

A. 建设单位　　B. 施工单位

C. 监理单位　　D. 设计单位

24. 单位工程有见证取样和送检次数不得少于试验总数的（ ），试验总次数在 10 次以下的不得少于 2 次。

A. 10%　　B. 20%

C. 30%　　D. 40%

25.《施工日志》是由（ ）填写并保存的。

A. 建设单位　　B. 施工单位

C. 监理单位　　D. 设计单位

26.《设计变更通知单》由（ ）发出，转签后建设单位、监理单位、施工单位、城建档案馆各保存一份。

A. 建设单位　　B. 施工单位

C. 监理单位　　D. 设计单位

27. 分部工程质量验收及资料形成过程中监理单位组织施工单位进行分部工程质量验收形成（　）。

A. 分部工程施工感官质量检查评定记录

B. 子分部工程施工质量验收记录

C. 分部工程施工质量控制资料检查记录

D. 分部工程安全和功能检验资料核查及主要功能抽查记录

28. 下面哪个不属于施工管理资料的内容？（　）

A. 建设工程特殊工种上岗证审查

B. 施工组织设计

C. 施工现场质量管理检查

D. 施工日志

29. 在建设单位文件资料的形成过程中，办理开工手续形成的是（　）。

A. 监理招投标文件　　B. 施工招投标文件、施工合同

C. 建设工程施工许可证　　D. 建设工程规划许可证

30. 在建设单位文件资料的形成过程中，工程报竣验收形成的是（　）。

A. 工程竣工报告（施工单位）　　B. 报验文件（建设单位）

C. 建设工程规划验收合格文件　　D. 工程竣工验收报告（建设单位）

31. 项目建议书是由（　）自行编制或委托其他有相应资质的咨询或设计单位编制并申报的文件。

A. 分包单位　　B. 建设单位

C. 监理单位　　D. 设计单位

32. 立项会议纪要是由（　）就该项目召开立项研究会议，所形成的纪要文件，由组织会议的单位负责提供。

A. 施工单位　　B. 建设单位或其上级主管部门

C. 监理单位　　D. 设计单位

33. 建设用地批准书是由（　）到国土资源部门办理，由国土资源部门负责提供。

A. 施工单位　　B. 建设单位

C. 监理单位　　D. 设计单位

34. 施工图设计及说明是由（　）负责编制形成并提供。

A. 施工单位　　B. 建设单位

C. 监理单位　　D. 设计单位

35. 工程竣工验收前，应由（　）对工程档案进行预验收。

A. 城建档案馆　　B. 施工单位　　C. 监理单位　　D. 建设单位

36. 由设计单位负责编制的，也可能是由建设单位自行编制或委托工程造价咨询单位负责编制的文件，由编制单位负责提供的是（　）。

A. 施工图预算　　B. 工程设计概算

C. 工程结算　　D. 工程决算

37. 城建档案管理部门应当在接到建设单位的验收通知后的（　）个法定工作日内，到双方确定的

验收地点进行验收。

A. 10　　B. 20　　C. 30　　D. 40

38.（　）应在签订监理合同、收到施工合同、施工组织设计、设计图纸文件后 1 个月内，由总监理工程师主持专业监理工程师参加编制完成，并必须经过监理单位和建设单位审核批准。

A.《监理规划》　　B.《监理实施细则》

C.《监理月报》　　D.《监理会议纪要》

39. 对于技术比较复杂、专业性又较强的工程建设项目，还应由专业监理工程师负责编制（　），并经总监理工程师审核批准。

A.《监理规划》　　B.《监理实施细则》

C.《监理月报》　　D.《监理会议纪要》

40.（　）应由项目监理部根据会议记录整理，经过总监理工程师审阅，并经过与会各方代表会签。再发至有关参建各方，并应做好签收手续。

A.《监理规划》　　B.《监理实施细则》

C.《监理月报》　　D.《监理会议纪要》

41.（　）以项目监理工作为记载对象，自该项目监理工作开始起至该项目监理工作结束止，应由专人负责逐日如实记载。

A.《监理规划》　　B.《监理实施细则》

C.《监理工作日志》　　D.《监理会议纪要》

42. 凡列入城建档案馆接受范围的工程，验收后（　）个月内应向城建档案馆移交工程档案。

A. 1　　B. 2　　C. 3　　D. 4

43. 单位（子单位）工程完工后，（　）应自行组织有关人员进行检查评定，合格后填写《单位工程竣工预验收报验表》。

A. 建设单位　　B. 设计单位　　C. 施工单位　　D. 监理单位

44.（　）应根据建设工程施工合同的约定，及时编制施工总进度计划、年进度计划、月进度计划，并及时填写《施工进度计划报审表》报项目监理部审批。

A. 建设单位　　B. 设计单位　　C. 施工单位　　D. 监理单位

45. 施工单位根据工程变更单完成的工程量，填写（　）报项目监理部审查。

A.《费用索赔报审表》　　B.《工程变更费用报审表》

C.《工程进度（结算）款报审表》　　D.《临时签证报审表》

46. 无论由何方原因造成的工程暂停，在暂停原因消失具备复工条件时，施工单位应及时填写（　）报项目监理部审批。总监理工程师审批后报建设单位。

A.《费用索赔报审表》　　B.《工程变更费用报审表》

C.《工程开/复工报审表》　　D.《临时签证报审表》

47. 利用施工蓝图改绘竣工图时，当图纸的某个部位变化较大，或不能在原位置上改绘时，可以采用（　）的方法。

A. 杠改法　　B. 叉改法　　C. 绘制大样图　　D. 刮改法

48. 工程资料应根据不同的收集和整理单位及资料类别，按建设单位资料、监理单位资料、施工单位资料和（　）分别进行组卷。

A. 建筑工程综合管理资料　　B. 竣工验收资料

C. 竣工图　　D. 施工技术资料

49. （　　）应具有明显的“竣工图”字样，并包括编制单位名称、编制人、审核人、技术负责人和编制日期以及监理单位等基本内容。

A. 竣工图章　　B. 施工蓝图

C. 硫酸纸图　　D. CAD 绘制的图

50.（　）是工程资料进行移交的凭证，应有移交日期和移交单位接收单位盖章和主管人员签字。

A.《城市建设档案移交书》

B.《建设工竣工档案预验收意见》

C.《单位工程质量竣工验收记录表》

D.《工程资料移交书》

51. 下列不属于工程档案可采用的三种载体形式的是（　）。

A. 纸质载体　　B. 微缩品载体

C. 光盘载体　　D. 磁盘载体

52. 报送微缩制品载体工程竣工档案的种类和数量，一般要求报送三代片，即第一代（母片）卷片一套作（　）。

A. 长期保存使用　　B. 复制工作用

C. 日常利用（阅读或复原）使用　　D. 参考使用

53. 下列不属于组卷的质量要求的是（　）。

A. 组卷前应保证基建文件、监理资料和施工资料齐全、完整，并符合规程要求

B. 编绘的竣工图应反差明显、图面整洁、线条清晰、字迹清楚，能满足微缩和计算机扫描的要求

C. 文字材料和图纸不满足质量要求的一律返工

D. 案卷不宜过厚，一般不超过 40 mm。案卷内不应有重复资料

54. 下列不属于组卷的基本原则的是（　）。

A. 建设项目应按单位工程组卷

B. 工程资料应按照不同的收集、整理单位及资料类别，按基建文件、监理资料、施工资料和竣工图分别进行组卷

C. 卷内资料排列顺序应依据卷内资料构成而定，一般顺序为封面、目录、资料部分、备考表和封底。组成的卷案应整齐、美观

D. 组卷前应保证基建文件、监理资料和施工资料齐全、完整，并符合规程要求

55. 商务文件卷属于（　）。

A. 基建文件组卷　　B. 监理资料组卷

C. 施工资料组卷　　D. 竣工图组卷

56. 凡结构形式、工艺、平面布置、项目等重大改变及图面变更超过（　）的，应重新绘制竣工图。

A. 10%　　B. 20%　　C. 30%　　D. 40%

57. 对工程档案的编制责任、套数、费用、质量和移交期限等内容提出要求是（　）的职责。

A. 监理单位　　B. 建设单位

C. 城建档案馆　　D. 设计单位

58. 工艺平面布置竣工图卷、建筑竣工图卷属于（　）。

A. 基建文件组卷　　B. 监理资料组卷

C. 施工资料组卷　　D. 竣工图组卷

59. 工程开工文件卷属于（ ）。

A. 基建文件组卷　　B. 监理资料组卷

C. 施工资料组卷　　D. 竣工图组卷

60. 《工程洽商记录》属于施工单位（通用部分）的（ ）资料。

A. 施工管理　B. 施工技术　C. 施工物资　D. 施工测量

61. 水泥的强度应以标养（ ）d 试件试验结果为准。

A. 7　B. 14　C. 21　D. 28

62. 工程资料应根据不同的收集和整理单位及资料类别，按（ ）、监理单位资料、施工单位资料和竣工图分别进行组卷。

A. 建筑工程综合管理资料　　B. 建设单位资料

C. 竣工验收资料　　D. 施工技术资料

63. 案卷用棉线在左侧三孔装订，棉线装订结打在背面。装订线距左侧（ ）。

A. 10 mm　B. 20 mm　C. 30 mm　D. 40 mm

64. 图纸折叠后无论何种形式，页号一律编写在（ ）。

A. 左下角　　B. 右下角

C. 左上角　　D. 右上角

65. 竣工图纸折叠后幅面尺寸应以（ ）图纸基本尺寸（297 mm× 210 mm）为标准。

A. 1　B. 2　C. 3　D. 4

66. 凡施工图结构、工艺、平面布置等有重大改变，或变更部分超过图面的（ ），应当重新绘制竣工图。

A. 1/2　B. 1/3　C. 1/4　D. 1/5

67. 室外灯具距地面低于 3 m，室内灯具距地面低于 2.4 m 时，应采用（ ）。

A. 12 V　B. 24 V　C. 36 V　D. 25 V

68. 当基坑施工深度达到（ ）m 时，对坑边作业已构成危险，按照高处作业和临边作业的规定，应搭设临边防护设施。

A. 1.2　B. 1.5　C. 2　D. 2.5

69. 砂、石的送检要求是同一产地、同一规格、同一进场时间的：每≤（ ）m^3 送一批。

A. 200　B. 300　C. 400　D. 500

70. 当建筑施工高度超过（ ）m 时，为解决单纯依靠消防器材灭火效果不足问题，要求配备有足够的消防水源和自救的用水量，立管直径在 50 mm 以上，有足够扬程的高压水泵保证水压和每层设有消防水源接口。

A. 25　B. 30　C. 40　D. 50

71. 坑边堆置土方和材料包括沿挖土方边缘移动运输工具和机械不应离槽边过近，堆置土方距坑槽上部边缘不少于 1.2 m，弃土堆置高度不超过（ ）m。

A. 1　B. 1.5　C. 1.8　D. 2

72. 在潮湿和易触及带电体场所电源电压不得大于（ ）。

A. 12 V　B. 24 V　C. 36 V　D. 25 V

73. 搭设高度在 25 m 以下时，可素土夯实找平，上面铺（ ）cm 厚木板，长度为 2 m 时垂直于墙体放置；长度大于 3 m 时平行于墙体放置。

A. 3　B. 5　C. 8　D. 10

74. 当对水泥质量有怀疑或存放期超过（　）个月（快硬硅酸盐水泥超过一个月）必须复检。

A. 2　B. 3　C. 4　D. 5

75. 一般基坑深度小于（　）m 时，可采用一次性放坡。

A. 2　B. 3　C. 4　D. 5

76. 不同类的气瓶，瓶与瓶之间不小于（　）m，气瓶与明火距离不小于 10 m。

A. 2　B. 3　C. 4　D. 5

77. 备案机关收齐、验证备案文件和《工程质量监督报告》在（　）个工作日内在《竣工验收备案表》上签署备案意见。

A. 5　B. 10　C. 15　D. 20

78. 办理建设工程施工许可证从收案受理之日起须（　）个工作日。

A. 7　B. 15　C. 20　D. 30

79. 围挡的高度按当地行政区域的划分，市区主要路段的工地周围设置的围挡高度不低于（　）m。

A. 1.5　B. 1.8　C. 2.2　D. 2.5

80. 建设工程资料是（　）的重要技术依据。

A. 城市建设　B. 城建档案

C. 认定工程质量　D. 对工程质量与安全事故处理

81. 属于监理单位对工程资料的管理职责是（　）。

A. 对需本单位签字的工程资料应及时签署意见

B. 组织竣工图的绘制、组卷工作

C. 对施工单位报送的施工资料应负责进行审查、签字

D. 负责对建设工程档案的日常性管理工作

82. 工程档案保存期限等于该工程使用寿命的属于（　）保存档案。

A. 永久　B. 长期　C. 中期　D. 短期

83. 建筑工程资料大类编号为“B”的表示（　）单位的文件资料。

A. 建设　B. 施工　C. 监理　D. 安装

84. 根据施工中发现的质量问题，由总监理工程师签发的《监理通知》，属于（　）类文件。

A. 监理管理　B. 质量控制　C. 进度控制　D. 造价控制

85. 施工资料的报验、报审具有（　）要求。

A. 法定性　B. 规范性　C. 时限性　D. 严肃性

86. 《隐蔽工程检查验收记录》需报（　）单位审核签字。

A. 建设　B. 施工　C. 设计　D. 监理

87. 在下列建筑电气工程施工物资中，没有“CCC”认证标志的是（　）设备。

A. 照明配电箱　B. 低压开头　C. 电缆桥架　D. 电线电缆

88. 竣工图章的尺寸大小一般为（　）。

A. 50 mm×60 mm　B. 40 mm×60 mm

C. 50 mm×80 mm　D. 60 mm×80 mm

89. 在组卷时，对编绘的竣工图质量不一定要求（　）。

A. 反差明显　　B. 图面整洁

C. 线条清晰　　D. 计算机输出

90.（　）是工程竣工档案进行移交的凭证，应有移交日期和移交单位接收单位盖章和主管人员签字。

A.《城市建设档案移交书》　　B.《建设工竣工档案预验收意见》

C.《工程资料移交书》　　D.《单位工程质量竣工验收记录表》

91.（　）是工程建设项目计划的具体化阶段，是组织施工的重要依据。

A. 可行性研究报告　　B. 初步设计

C. 技术设计　　D. 施工图设计

92. 确定建设项目总概算是（　）的工作内容之一。

A. 项目建议书　　B. 可行性研究报告

C. 设计阶段　　D. 竣工验收阶段

93.《建设工程监理范围和规模标准规定》中规定成片开发建设的住宅小区工程必须实行监理，成片开发建设的小区是指建筑面积在（　）万 m^2 以上的住宅工程项目。

A. 2　　B. 3　　C. 4　　D. 5

94.《建设工程文件归档整理规范》中规定，工程项目各参建单位应将本单位形成的工程文件立卷后向（　）移交。

A. 建设单位　　B. 监理单位　　C. 施工单位　　D. 勘察设计单位

95. 施工单位在工程的施工过程中所形成的文件是（　）。

A. 设计文件　　B. 监理文件　　C. 行政文件　　D. 施工文件

96. 对进入施工现场的材料、构配件、设备等按相关标准规定要求进行检验，对产品达到合格与否做出确认，称为（　）。

A. 查验　　B. 检验　　C. 进场验收　　D. 见证取样检测

97. 工程资料应该随着工程进度同步收集、整理和立卷，并按照有关规定进行移交属于（　）。

A. 各参建单位通用职责　　B. 建设行政主管部门职责

C. 施工单位职责　　D. 勘察设计单位职责

98. 建设工程资料按专业性质分类，下列选项哪一项不在此类范围之内？（　）

A. 属于工程勘察设计的　　B. 属于建筑结构的

C. 属于建筑装饰装修的　　D. 属于建筑电气工程的

99. 以胶片为基础，利用微缩技术对工程资料进行收集、保存的一种载体形式为（　）。

A. 缩微品载体　　B. 磁性载体

C. 纸质载体　　D. 光盘载体

100. 下列文件中，工程开工文件不包括的是（　）。

A. 施工许可证　　B. 工程质量监督手续

C. 建筑工程竣工档案责任书　　D. 项目建议书

101.（　）被用于工程有关各方之间传递意见、决定、通知、要求等信息。

A. 工程变更单　　B. 工作联系单

C. 监理通知　　D. 监理通知回复

102. 下面哪个不属于施工管理资料的内容？（　）

A. 工程开/复工报审　　B. 施工日志

C. 施工现场安全管理检查　　D. 施工组织设计

103. 下列施工资料中不属于施工单位提供的是（　）。

A. 地下防水工程淋（蓄）水检验记录　　B. 墙体传热系数检测报告

C. 地下工程防水效果检验记录　　D. 通风（烟）道检查记录

104. 建筑给排水及采暖工程资料中属于施工检测记录类资料的是（　）。

A. 补偿器安装记录　　B. 灌水、满水检测记录

C. 设备精平、找正记录　　D. 风机、水泵安装记录

105. 在施工单位资料组卷的排列顺序中建筑与结构工程施工资料为第一分册，下列四项的排列顺序为（　）。

①施工管理资料；②施工物资资料；③施工技术资料；④施工测量记录

A. ①④②③　　B. ①③②④

C. ①②③④　　D. ①②④③

106. 工程资料卷内备考表分为上下两栏，上下两栏的填写要求分别是（　）。

A. 上一栏由建设单位填写，下一栏由施工单位填写

B. 上一栏由组卷单位填写，下一栏由接收单位填写

C. 上一栏由监理单位填写，下一栏由建设单位填写

D. 上一栏由接收单位填写，下一栏由组卷单位填写

107. 关于项目可行性研究报告的审批，审批重大建设项目可行性研究报告的单位应该是（　）。

A. 国家发改委　　B. 国家建设部

C. 地方发改委或相关单位　　D. 国家发改委报国务院

108. 在工程项目建设程序的内容中，正式成立项目法人需要在（　）经过审查批准后。

A. 项目建议书　　B. 项目立项报告

C. 项目资金来源报告　　D. 项目可行性报告

109. 施工单位必须按照（　）施工，不得擅自修改工程设计，不得偷工减料。

A. 工程设计图纸和施工技术标准　　B. 建设单位和设计单位意图

C. 施工企业管理层战略意图　　D. 最优化施工的要求

110. 下列选项中不属于工程项目参建单位的是（　）。

A. 项目的融资金融机构　　B. 项目的建设单位

C. 项目的审批单位　　D. 项目的监理单位

111. 工程档案长期保存是指该档案的保存期限是（　）。

A. 20 年　　B. 30 年

C. 大于该工程使用寿命　　D. 等于该工程使用寿命

112. 建设单位文件资料可以被划分为（　）小类。

A. 5　　B. 6　　C. 7　　D. 8

113. 建设工程资料是（　）的重要技术依据。

A. 城市建设　　B. 城建档案

C. 认定工程质量　　D. 对工程质量与安全事故处理

114. 建设工程文件和档案资料是多个专业和单位的文件档案资料的集成，具有很强的（　）特征。

A．复杂性　B．随机性　C．真实性　D．综合性

115. 有关施工图会审，工程开工前由（　）进行记录整理汇总，然后填写《图纸会审记录》，经各方签字后实施。

A．建设单位　　B．设计单位

C．监理单位　　D．施工单位

116. 需要进场试验的建筑材料，应由相关人员取样或见证取样并填写（　）。

A．试验报告　　B．试样委托单

C．材料进场检验记录　　D．设备开箱检验记录

117. 工程交付前，由（　）填写《室内环境污染物检测委托单》委托检测机构进行室内环境污染物的检测。

A．建设单位　　B．监理单位

C．设计单位　　D．施工单位

118. 民用住宅照明系统通电连接试运行时间为（　）h。

A．4　B．8　C．12　D．16

119. 在工程建设基本程序中，（　）阶段是由投资成果转入生产或使用的重要标志和里程碑。

A．施工安装　　B．投产使用

C．生产准备　　D．竣工验收

120. 勘察单位应在（　）分部工程施工质量验收记录表上签字。

A．地基基础　B．主体结构　C．安装　D．装饰

121. 案卷卷内资料规格统一使用（　）幅尺寸。

A．A4　B．A3　C．B4　D．B5

122. 工程竣工后，城建档案馆应对工程档案进行（　）。

A．复核　B．审查　C．预验收　D．验收

123. 工程设计有变化时，设计单位应签发（　）。

A.《工程变更单》　　B.《设计变更单》

C.《技术联系单》　　D.《工程洽商单》

124. 由（　）填写《室内环境污染物检测委托单》，委托检测机构进行检测。

A．监理单位　B．建设单位　C．施工单位　D．设计单位

125. 工程竣工验收前，应由（　）对工程档案进行预验收。

A．城建档案馆　B．施工单位　C．监理单位　D．建设单位

126. 最小的建筑工程验收单位是（　）。

A．检验单元　B．检验批　C．分项工程　D．分部工程

127. 施工单位对主控项目的检验应按操作依据的（　）进行自检。

A．行业标准　B．企业标准　C．国家标准　D．项目标准

128.（　）在实施旁站监理时填写《旁站监理记录》。

A．监理人员　　B．总监工程师

C．质量检查员　　D．技术员

129. 建设工程的保修期是指从（　）之日起计算。

A．交付　　B．投入使用

C. 竣工　　　　D. 竣工验收合格

130. 建筑工程中的对安全、卫生、环境保护和公众利益起决定性作用的检验项目称（　）。

A. 主要项目　B. 关键项目　C. 主控项目　D. 一般项目

131. 施工资料组卷中，桩基工程施工资料为第（　）分册。

A. 一　B. 二　C. 三　D. 四

132. 建设工程资料是（　）的重要技术依据。

A. 城市建设　　　　B. 城建档案

C. 认定工程质量　　　　D. 对工程质量与安全事故处理

133. 民用住宅照明系统通电连续试运行时间为（　）h。

A. 8　B. 16　C. 24　D. 32

134. 折叠后图纸的幅面尺寸应以（　）号图纸为标准。

A. 1　B. 2　C. 3　D. 4

135. 项目经理是一个（　）。

A. 技术岗位　B. 管理岗位　C. 技术职称　D. 执业资格

136. 建设单位应在领取施工许可证之日起（　）个月内开工。

A. 1　B. 2　C. 3　D. 4

137.（　）的项目管理是项目管理的核心。

A. 勘察单位　B. 施工单位　C. 设计单位　D. 建设单位

138. 下列属于建设单位对工程资料的管理职责是（　）。

A. 对需本单位签字的工程资料应及时签署意见

B. 按照合同和规范的要求及时提供完整的勘察设计文件

C. 对施工单位报送的施工资料应负责进行审查、签字

D. 负责对建设工程档案的日常性管理工作

139. 工程档案保存期限在20年以下的属于（　）保存档案。

A. 永久　B. 长期　C. 中期　D. 短期

140.《监理规划》按规定由总监理工程师（　）编制完成。

A. 负责　B. 主持　C. 参加　D. 参与

141. 在建筑工程的各类内业资料中，最为复杂、重要且比较容易出现问题的当属（　）资料。

A. 建设　B. 设计　C. 施工　D. 监理

142. 施工物资资料中的水泥复试主要项目不包括（　）。

A. 安定性　　　　B. 抗拉强度

C. 凝结时间　　　　D. 抗折与抗压强度

143. 不可能进行单独组卷的子分部（分项）工程是（　）工程。

A. 基坑　B. 桩基　C. 钢结构　D. 模板

144. 对于（　），竣工图编制单位可根据设计变更依据，在施工图直接改绘，标明变更修改依据，并加盖及签署竣工图章。

A. 结构形式的变更　　　　B. 平面布置的变更

C. 一般性变更　　　　D. 工艺的重大改变

145. 对于折叠后的图纸在进行页号编写时，页号标注在（　）。

A. 左下角　B. 页脚居中　C.右下角　D. 页眉居中

146. （ ）是工程资料进行移交的凭证，应有移交日期和移交单位接收单位盖章和主管人员签字。

A.《城市建设档案移交书》

B.《建设工竣工档案预验收意见》

C.《单位工程质量竣工验收记录表》

D.《工程资料移交书》

147. （ ）一经审查通过，拟建的建设项目便正式获准立项。

A. 项目建议书　B. 可行性研究报告

C. 设计任务书　D. 施工图设计文件

148. 为了使工程建设的各参与方能依法履行各自的责任和义务，在工程建设过程中必须实行（ ）。

A. 工程建设监理制度　B. 工程招投标制度

C. 合同管理制度　D. 施工项目经理制度

149. 根据我国《建设工程质量管理条例》，建设单位应当及时收集整理建设项目文件资料，并在建设工程（ ）后，及时向建设行政主管部门或其他部门移交建设项目档案。

A. 开工准备　B. 施工安装完成　C. 竣工验收　D. 投产使用

150. 施工单位在工程的施工过程中所形成的文件是（ ）。

A. 建设工程文件　B. 监理文件

C. 施工文件　D. 施工技术交底

151. 对不合格的工程部位采取的重新制作、重新施工等措施称为（ ）。

A. 返修　B. 修补　C. 返工　D. 重做

152. 在监理单位或建设单位监督下，由施工单位有关人员现场取样，并送至具备相应资质的检测单位所进行的检测称为（ ）。

A. 旁站　B. 见证取样　C. 见证检测　D. 抽样检验

153. 工程资料应该随着工程进度同步收集、整理和立卷，并按照有关规定进行移交是工程项目参建单位中（ ）的职责。

A. 各参建单位通用职责　B. 建设单位职责

C. 施工单位职责　D. 勘察设计单位职责

154. 属于建设、施工、监理单位都只需短期保存的资料是（ ）。

A. 施工图预算　B. 工程暂停令

C. 设计变更通知单　D. 工程质量事故报告

155. 在签订监理合同、收到施工合同、施工组织设计、设计图纸文件 1 个月内，由总监理工程师主持专业监理工程师参加编制完成，并必须经过监理单位和建设单位审核批准的是（ ）。

A. 监理大纲　B. 监理规划

C. 监理实施细则　D. 监理组织设计

156. 分部工程质量验收及资料形成过程中监理单位组织施工单位进行分部工程质量验收形成（ ）。

A. 分部工程施工质量控制资料检查记录

B. 分部工程安全和功能检验资料核查及主要功能抽查记录

C. 分部工程施工感官质量检查评定记录

D. 子分部工程施工质量验收记录

157. 下面哪个不属于施工物资资料？（ ）

A. 出厂质量证明文件　　B.《材料、构配件进场检验记录》

C.《工程洽商记录》　　D.《试样委托单》

158. 施工物资资料中由供应单位提供的是（ ）。

A. 水泥试验报告　　B. 砂石性能检验报告

C. 轻骨料试验报告　　D. 掺合料试验报告

159. 水泥进场时应有出厂质量证明文件。出厂后（ ）d内提供28d强度以外的各项指标，（ ）d内补报28d强度报告。

A. 7，32　B. 14，32　C. 28，72　D. 32，72

160. 下列各项中属于工程资料组卷基本原则的是（ ）。

A. 组卷前应保证建设单位的资料、监理单位资料及施工单位资料的齐全、完整，并符合要求

B. 建设项目应按单位工程组卷

C. 编制的竣工图应反差明显、图面整洁、线条清晰

D. 编制的竣工图能满足计算机扫描的要求

161. 国有企事业单位在进行经营性大中型建设工程建设时，必须在建设阶段组建项目法人。项目法人的组建可以通过组建公司的形式来实现，对于国家重点建设项目的公司章程，须报（ ）备案。

A. 国家工商行政管理局　　B. 国家发改委

C. 住房和城乡建设部　　D. 国务院

162. 关于机械设备和施工机具及配件的出租，下列说法错误的是（ ）。

A. 在签订租赁协议时，出租单位应当出具检测合格证明

B. 出租单位应视具体情况对出租的机械设备和施工机具及配件的安全性能进行检测

C. 出租的机械设备和施工机具及配件，应当具有生产（制造）许可证、产品合格证

D. 出租单位禁止出租检测不合格的机械设备和施工机具及配件

163. 某城建集团获得某工程总承包资格，该单位欲将部分工程进行分包并报建设单位认可，下列选项中不可以分包的是（ ）。

A. 装饰装修工程　　B. 砌筑工程

C. 土方工程　　D. 主体工程

164. 施工单位必须按照（ ）施工，不得擅自修改工程设计，不得偷工减料。

A. 工程设计图纸和施工技术标准　　B. 建设单位和设计单位意图

C. 施工企业管理层战略意图　　D. 最优化施工的要求

165. 下列工程中，不可以独立组织施工的工程是（ ）。

A. 建设项目　B. 单位工程　C. 分部工程　D. 分项工程

166. 建设工程规划许可证文件资料是在（ ）过程中形成的。

A. 建设规划申报　　B. 编制设计文件

C. 设计招投标　　D. 勘察

167. 关于项目可行性研究报告的审批，审批重大建设项目可行性研究报告的单位应该是（ ）。

A. 国家发改委　　B. 住房和城乡建设部

C. 地方发改委或相关单位　　D. 国家发改委报国务院

168. 工程质量评估报告文件资料的提供单位是（ ）。

A．监理单位　　B．建设单位

C．施工单位　　D．设计单位

169. 不需要长期保存设计变更通知单的单位是（　）。

A．建设单位　　B．设计单位

C．监理单位　　D．施工单位

170. 钢筋进场经外观检查合格后，应在（　）上注明使用工程部位后交资料员保管。

A．试验报告　　B．合格证

C．验收单　　D．外观检验报告

171. 桩基完工后必须进行检测，由（　）提供基桩检测报告。

A．建设单位　　B．检测单位

C．监理单位　　D．施工单位

172. 从施工项目的寿命周期来看，下列过程中哪一项不是施工项目管理的过程？（　）

A．施工设计阶段　　B．施工准备阶段

C．施工阶段　　D．竣工验收阶段

173. 下列工程项目必须进行公开招投标的是（　）。

A．涉及国家军事机密的工程

B．利用世界银行全额贷款的某高速公路建设工程

C．利用部分国内银行贷款的某施工企业办公楼

D．全部市政工程项目

174. 工程文件书写名使用（　）。

A．碳素墨水　　B．红色墨水

C．纯蓝墨水　　D．铅笔

175. 我国建设项目设计的第一步是（　）。

A．技术设计　　B．初步设计

C．施工图设计　　D．结构图设计

176. 由监理单位或建设单位监督，施工单位有关人员现场取样，并将取样结果送至具备相应资质的检测单位所进行的检测称为（　）。

A．旁站　　B．见证取样　　C．检验检测　　D．抽样检验

177. 工程资料应该随着工程进度同步收集、整理和立卷，并按照有关规定进行移交是（　）。

A．参建单位通用职责　　B．监理单位职责

C．施工单位职责　　D．勘察设计单位职责

178. 勘察设计文件不包括（　）。

A．审定设计方案的审查意见　　B．项目净现值等经济指标

C．施工图设计　　D．施工图审查合格证书

179. 下面哪个不属于施工物资资料？（　）

A．《工程洽商记录》　　B．《材料、构配件进场检验记录》

C．出厂质量证明文件　　D．《试样委托单》

180. 下列内容中，（　）不属于竣工图章的基本内容。

A．编制人　　B．设计单位名称　　C．编制日期　　D．监理单位

181. 单位（子单位）工程完工后，（　）应自行组织有关人员进行检查评定，合格后填写《单位工程竣工预验收报验表》。

A. 建设单位　B. 设计单位　C. 施工单位　D. 城建档案馆

182. 招标的方式包括（　）。

A. 公开招标、自主招标　B. 公开招标、邀请招标

C. 议标、要约招标　D. 邀请招标、代理招标

183. 项目经理的主要工作任务是（　）。

A. 项目目标的控制和组织协调　B. 工程安全管理

C. 工程质量管理　D. 管理项目部

184. 建设单位领取施工许可证是要具备一定条件的，下列选项中哪一项不是必需条件？（　）

A. 已经办理建筑工程用地批准手续　B. 已经确定建筑施工企业

C. 建设资金已落实　D. 工程施工工作已开始

185. 单位工程档案的总案卷数超过（　）卷时，应编制总目录卷。

A. 20　B. 30　C. 40　D. 50

186. 单位工程施工质量竣工验收记录栏由（　）填写。

A. 监理单位　B. 建设单位　C. 施工单位　D. 设计单位

187. 工程物资进场后，（　）要进行检查并填写《工程物资进场报验表》。

A. 监理单位　B. 施工单位　C. 供应单位　D. 建设单位

188. 建筑工程资料中B类表示（　）文件资料。

A. 监理单位　B. 建设单位　C. 施工单位　D. 竣工图

189. 建筑工程开工文件不包括（　）。

A. 验线合格文件　B. 建筑工程竣工档案责任书

C. 工程质量监督手续　D. 建设单位付款证明

190. 用外文编制的工程档案，下列选项中（　）必须用中文书写。

A. 计算书　B. 图纸　C. 备考表　D. 审核人的签字

191. 未经（　）签字，建设单位不拨付工程款，不进行竣工验收。

A. 现场监理工程师　B. 总监理工程师

C. 建设单位总经济师　D. 建设单位法人代表

192. 下列关于建设工程文件归档整理说法错误的是（　）。

A. 勘察、设计、施工、监理等单位应将本单位形成的工程文件立卷后向当地政府相关单位移交

B. 建设工程项目实行总承包的，总包单位负责收集、汇总各分包单位形成的工程档案，并应及时向建设单位移交

C. 工程文件应采用耐久性强的书写材料，如碳素墨水、蓝黑墨水，不得使用易退色的书写材料

D. 对于立卷可采用的方法，施工单位可按单位工程、分部工程、专业、阶段等组卷

三、多选题（以下各题的备选答案中有两个或两个以上最符合题意，请将它们选出，多选、少选及错选均不得分）

1. 工程资料是指在工程建设过程中形成的各种形式的信息记录，包括（ ）。

A. 基建文件　　B. 监理资料

C. 施工资料　　D. 竣工图

2. 基建文件是建设单位在工程建设过程中形成的文件，分为（ ）。

A. 工程准备文件　　B. 竣工验收文件

C. 勘察、设计文件　　D. 工程招标投标及承包合同文件

3. 工程资料管理的通用职责包括（ ）。

A. 工程资料的形成应符合国家相关的法律、法规、施工质量验收标准和规范、工程合同与设计文件等规定

B. 工程各参建单位应将工程资料的形成和积累纳入工程建设管理的各个环节和有关人员的职责范围

C. 工程资料应随工程进度同步收集、整理并按规定移交

D. 工程资料应实行分级管理，由建设、监理、施工单位主管（技术）负责人组织本单位工程资料的全过程管理工作。建设过程中工程资料的收集、整理工作和审核工作应有专人负责，并按规定取得相应的岗位资格

4. 建设单位职责包括（ ）。

A. 应负责基建文件的管理工作，并设专人对基建文件进行收集、整理和归档

B. 在工程招标及与参建各方签合同或协议时，应对工程资料和工程档案的编制责任、套数、费用、质量和移交期限等提出明确要求

C. 必须向参与工程建设的勘察、设计、施工、监理等单位提供与建设工程有关的资料

D. 应按合同和规范要求提供勘察、设计文件

5. 勘察、设计单位职责包括（ ）。

A. 对需勘察、设计单位签认的工程资料应签署意见

B. 工程竣工验收，应出具工程质量检查报告

C. 应负责监理资料的管理工作，并设专人对监理资料进行收集、整理和归档

D. 应按照合同约定，在勘察、设计阶段，对勘察、设计文件的形成、积累、组卷和归档进行监督、检查；在施工阶段，应对施工资料的形成、积累、组卷和归档进行监督、检查，使工程资料的完整性、准确性符合有关要求

6. 施工单位的职责包括（ ）。

A. 应负责施工资料的管理工作，实行技术负责人负责制，逐级建立健全施工资料管理岗位责任制

B. 应负责汇总各分包单位编制的施工资料，分包单位应负责其分包范围内施工资料的收集和整理，并对施工资料的真实性、完整性和有效性负责

C. 应在工程竣工验收前，将工程的施工资料整理、汇总完成

D. 应负责编制两套施工资料，其中移交建设单位一套，自行保存一套

7. 下列属于城建档案馆职责的是（ ）。

A. 应负责接收、收集、保管和利用城建档案的日常管理工作

B. 应负责对城建档案的编制、整理、归档工作进行监督、检查、指导，对国家和各省市重点、大

型工程项目的工程档案编制、整理、归档工作应指派专业人员进行指导

C. 在工程竣工验收前，应对列入城建档案馆接收范围的工程档案进行预验收，并出具《建设工程竣工档案预验收意见》

D. 应负责监理资料的管理工作，并设专人对监理资料进行收集、整理和归档

8. 工程物资进场报验表的附件包括（ ）。

A. 出厂质量证明文件　　B. 进场检验合格记录

C. 进场试验报告　　D. 试样委托单

9. 在地基验槽（孔）记录上共同签字的单位有施工单位和（ ）。

A. 勘察单位　　B. 建设单位

C. 监理单位　　D. 设计单位

10.《施工日志》的相关规定与要求包括（ ）。

A. 施工日志是施工活动的原始记录，是编制施工文件、积累资料、总结施工经验的重要依据，由项目技术负责人具体负责

B. 施工日志应以单位工程为记载对象，从工程开工起至工程竣工止，按专业指定专人负责逐日记载，并保证内容真实、连续和完整

C. 施工日志可以采用计算机录入、打印，也可按规定样式填写，并装订成册，必须保证字迹清晰、内容齐全，由各专业负责人签字

D. 设计单位如委托建设（监理）单位办理签认，应办理委托手续

11. 工程洽商记录应由（ ）各保存一份。

A. 建设单位　　B. 监理单位

C. 施工单位　　D. 城建档案馆

12. 建设单位文件资料的管理中的立项文件包括（ ）。

A. 发改部门批准的立项文件　　B. 项目建议书

C. 立项会议纪要　　D. 规划线测图（航测图）

13. 竣工图资料划分为（ ）三小类。

A. 综合竣工图　　B. 室外专业竣工图

C. 室内专业竣工图　　D. 专业竣工图

14.（ ）资料应归入监理单位。

A. 项目建议书　　B. 施工合同

C. 监理招投标文件　　D. 单位工程施工组织设计

15. 下列属于勘察设计文件勘察、设计文件的是（ ）。

A. 工程地质（水文）勘察报告

B. 设计方案（报批图）

C. 审定设计方案（报批图）的审查意见

D. 勘察、设计、施工、监理等各种招投标文件及中标通知书

16. 下列属于工程开工文件的是（ ）。

A. 验线合格文件　　B. 建筑工程竣工档案责任书

C. 工程质量监督手续　　D. 工程设计概算

17. 下列属于商务文件的是（ ）。

A．工程设计概算　　B．施工图预算

C．工程结、决算　　D．建筑工程施工许可证

18. 下列属于工程竣工验收及备案文件的是（　）。

A．建设工程竣工档案预验收意见

B．规划、消防、环保等部门出具的认可文件或准许使用文件。分别由各参与验收的单位出具的文件

C．房屋建筑工程质量保修书

D．单位工程竣工验收备案表

19. 监理进度控制资料包括（　）。

A．工程开/复工报审表　　B．施工进度计划报审表

C．月工、料、机动态表　　D．工程延期报审表

20. 监理造价控制资料包括（　）。

A．工程进度（结算）款报审表　　B．工程变更费用报审

C．费用索赔报审　　D．临时签证报审

21. 供应单位根据供货合同组织工程物资进场提供（　）。

A．产品合格证书　　B．施工物资进场报验表

C．施工物资资料　　D．质量认定证书

22. 资料员应及时收集、整理、核验钢筋及连接材料的出厂质量合格证和试验报告单。如批量较大而提供的出厂合格证又较少时，可做抄件备查，并应注明（　），并应有抄件人签字、抄件单位盖章等。

A．原证件号　　B．出厂时间　　C．抄件时间　　D．存放单位

23. 综合施工图（竣工图）资料包括（　）。

A．单位工程施工总结　　B．总平面布置图

C．设计总说明书　　D．竖向布置图

24. 监理单位不可能与之产生监理与被监理关系的建设参与单位是（　）。

A．设计单位　　B．业主单位

C．政府部门　　D．材料及设备采购单位

25. 下列情形中哪些必须向有关部门办理申请批准手续？（　）

A．需要进行爆破作业的

B．需要停水、停电、中断道路交通的

C．可能损坏道路、管线、电力、邮电通信等公共设施的

D．需要临时占用规划批准以外场地的

26. 下列选项中，施工阶段的监理资料可能包括的内容有（　）。

A．监理实施细则　　B．工程变更资料

C．监理日记　　D．索赔文件资料

27. 下列属于工程竣工验收及备案文件的有（　）。

A．房屋建筑工程质量保修　　B．工程竣工总结

C．单位工程竣工验收备案表　　D．单项工程竣工验收备案表

28. 下列属于监理造价控制资料的是（　）。

A．《工程进度（结算）款报审表》　　B．《工程变更费用报审表》

C．《费用索赔报审表》　　D．《月工、料、机动态表》

29. 建筑与结构工程资料中只由施工单位归档的是（ ）。

A. 预拌混凝土运输交接记录　　B. 地基验槽记录

C. 地基处理记录　　D. 混凝土开盘鉴定

30. 施工技术资料包括（ ）。

A. 单位工程施工组织设计　　B. 设计交底记录

C. 施工现场质量管理检查记录　　D. 工程洽商记录

31. 工程资料移交书是工程资料进行移交的凭证，应有（ ），并应附有工程资料移交目录。

A. 移交日期　　B. 移交单位

C. 接收单位盖章　　D. 监理签字

32. 工程项目建设成败与否的决定因素包括合理选定（ ）。

A. 勘察单位　　B. 设计单位

C. 施工单位　　D. 材料设备供应单位

33. 项目经理的主要工作任务有（ ）。

A. 施工质量控制　　B. 施工成本控制

C. 工程合同管理　　D. 工程的组织与协调

34. 施工单位应当在施工组织设计中编制安全技术措施和施工现场临时用电方案，对达到一定规模的危险性较大的分部分项工程编制专项施工方案，下列选项中需要编制专项施工方案的是（ ）。

A. 土方开挖工程　　B. 模板工程

C. 起重吊装工程　　D. 脚手架工程

35. 属于监理造价控制资料的是（ ）。

A.《工程进度（结算）款报审表》　　B.《工程变更费用报审表》

C.《费用索赔报审表》　　D.《临时签证报审表》

36. 监理会议纪要由项目监理部记录整理，内容主要包括（ ）。

A. 例会的时间与地点、人员　　B. 会议内容

C. 会议决议　　D. 当月的监理小结

37. 建设工程资料按来源不同分为（ ）。

A. 施工单位　　B. 勘察设计单位

C. 监理单位　　D. 政府部门

38. 下列文件中属于预应力混凝土施工物资资料的是（ ）。

A. 出厂质量证明文件　　B. 预应力钢筋封锚记录

C. 预应力钢筋张拉记录　　D. 预应力钢筋力学性能报告

39. 综合施工图（竣工图）资料包括（ ）。

A. 设计总说明书　　B. 总平面布置图

C. 竖向布置图　　D. 单位工程施工总结

40. 下列资料中属于施工单位提供的是（ ）。

A. 地下防水工程淋（蓄）水检验记录

B. 墙体传热系数检测报告

C. 地下工程防水效果检验记录

D. 通风（烟）道检查记录

41. 建设工程承包单位向建设单位提交的质量保修书中应当明确建设工程的（ ）。

A. 保修范围　　B. 保修期限

C. 保修方案　　D. 保修责任

42. 下列（ ）文件属于施工单位文件资料。

A. 工程开工　　B. 施工测量记录

C. 隐蔽工程检查验收记录　　D. 单位工程竣工验收资料

43. 下列（ ）资料属于监理进度控制资料。

A. 工程开工报审表　　B. 工程复工报审表

C. 工程暂停令　　D. 工程进度款报审表

44. 需要长期保存单位工程施工组织设计的单位是（ ）。

A. 建设单位　　B. 设计单位

C. 监理单位　　D. 施工单位

45. 水泥出厂合格证应含有水泥的品种、强度等级、出厂日期以及（ ）。

A. 强度　　B. 安全性

C. 试验编号　　D. 性能指标

46. 预应力工程所用材料与机具必须提供试验报告包括（ ）。

A. 预应力钢筋性能试验报告

B. 预应力锚具性能试验报告

C. 预应力夹具性能试验报告

D. 预应力施工场地情况

47. 监理单位不可能会与之产生监理与被监理关系的工程建设参建单位是（ ）。

A. 设计单位　　B. 业主单位

C. 政府部门　　D. 材料及设备采购单位

48. 检验批施工质量验收记录表中监理单位验收意见对定性项目填写（ ）。

A. 符合要求　　B. 不符合要求

C. 合格　　D. 不合格

49. 下列情形中，（ ）必须向有关部门办理申请批准手续。

A. 需要进行爆破作业的

B. 需要停水、停电、中断道路交通的

C. 可能损坏道路、管线、电力、邮电通信等公共设施的

D. 需要临时占用规划批准以外场地的

50. 属于监理单位对工程资料的管理职责为（ ）。

A. 应设置熟悉业务的专业技术人员来负责监理资料的收集、整理和归档等方面的管理工作

B. 在施工阶段，对施工资料的形成、积累、立卷、归档进行监督检查

C. 负责对施工单位报送的施工资料进行审查、签字

D. 对列入城建档案馆接收范围的监理资料，应在工程竣工验收后，及时移交给城建档案馆

51. 施工单位资料员收集工程资料应把握（ ）原则。

A. 及时参与　　B. 统筹兼顾　　C. 保持同步　　D. 认真把关

52. 施工单位资料员应处理好的各种公共关系包括与（ ）的关系等。

A．施工员等“六大员”的协同关系　　B．其他施工单位

C．监理单位　　D．城建档案管理部门

53. 单位（子单位）工程施工总结是建筑工程施工的（　）总结资料。

A．综合性　　B．终结性　　C．专题　　D．专业

54. 下列（　）工作应该是在施工准备阶段完成。

A．三通一平　　B．工程报建

C．工程施工的招投标　　D．组建项目法人

55. 施工项目的承包形式一般有（　）。

A．施工总承包　　B．专业施工承包

C．劳务施工承包　　D．材料供应承包

56. 工程建设资料的密级分为（　）三种。

A．公开　　B．秘密　　C．机密　　D．绝密

57. 工程竣工验收及备案文件为（　）。

A．房屋建筑工程质量保修　　B．工程竣工总结

C．单位工程竣工验收备案表　　D．单位工程竣工验收报告

58. 《施工测量放线报验表》主要用于填写（　）。

A．红线桩的校核成果，水准点的引测结果

B．各楼层墙轴线、柱轴线、边线、门窗洞口位置线、水平控制线、轴线竖向投测控制线等放线结果

C．施工场地设置平面坐标控制网及高程控制网

D．沉降观测报验

59. 建筑与结构工程资料中只由施工单位归档的是（　）。

A．木结构施工记录　　B．地基验槽记录

C．楼层平面放线记录　　D．混凝土开盘鉴定

60. 现场搅拌混凝土，应具有下列资料中的（　）。

A．原材料的质量证明文件　　B．《混凝土配合比试验报告》

C．《混凝土化学试验报告》　　D．《混凝土抗压强度检测报告》

61. 钢结构施工记录中钢结构制作记录由建设单位、施工单位归档的资料是（　）。

A．钢结构制作记录　　B．钢结构安装记录

C．钢结构焊接记录　　D．钢结构防腐（防火）涂料施工记录

62. 建设单位应按照国家验收规范的规定和城建档案管理的有关要求，对（　）等单位汇总的工程资料进行验收，使其完整、准确、真实。

A．咨询　　B．监理　　C．施工　　D．设计

63. 在项目法人责任制中，项目法人对以下的（　）活动实行全过程负责。

A．建设实施　　B．经营管理

C．债务偿还　　D．资金筹措

64. 项目经理部可宣告解体的条件有（　）。

A．工程已经竣工验收

B．项目管理目标责任书已经履行完毕，经企业管理层审计合格

C．施工现场最后清理完毕，并已协助本施工单位与建设单位签订了工程质量保证书

D．与各分包单位已经结算完毕，并与企业管理层办理完有关手续

65. 建筑施工企业必须按照（　）的约定，对建筑材料、建筑构配件和设备进行检验，不合格的不得使用。

A．工程设计要求　　B．施工技术标准

C．ISO 9004　　D．合同

66. 工程准备阶段的文件包括（　）。

A．立项文件　B．施工文件　C．征地文件　D．招投标文件

67. 建设单位、监理单位及施工单位的资料分别划分为（　）小类。

A．4　　B．8

C．6　　D．9

68. 单位工程中可以独立组织施工的工程是（　）。

A．建设项目　　B．单项工程

C．分部工程　　D．分项工程

69. 项目经理部可宣告解体必须满足一定条件，其中包括（　）。

A．工程已经竣工验收

B．项目管理目标责任书已经履行完毕，经企业管理层审计合格

C．施工现场最后清理完毕，并已协助本施工单位与建设单位签订了工程质量保证书

D．与各分包单位已经结算完毕，并与企业管理层办理完有关手续

70. 下列各项说法中，正确的是（　）。

A．施工单位应当建立健全教育培训制度，加强对职工的教育培训；未经教育培训或考核不合格的人员，不得上岗就业

B．未经监理工程师同意，建设单位不得对施工单位拨付工程款，不进行竣工验收

C．建设单位应建设工程需要向有关部门或单位查询合理资料时，有关部门或单位应当及时提供

D．在施工现场安装、拆卸施工起重机械和整体提升脚手架、模板等自升式架设设备，必须由施工单位和监理单位共同指定劳务分包企业承担

71. 用于建筑工程结构上的（　）应有锚固检测报告。

A．预埋件　B．后置埋件　C．植筋　D．面砖

72. 质量评价分为（　）三类。

A．差　B．不合格　C．一般　D．好

73. 工程资料的密级分为（　）。

A．绝密　B．机密　C．保密　D．秘密

74. 可能进行单独组卷的工程有（　）试验报告。

A．基坑工程　　B．桩基工程

C．排水工程　　D．钢结构工程

75. 资料员应及时（　）防水材料的出厂质量合格证和试验报告单。

A．收集　B．整理　C．核验　D．填写

76. 石油沥青的必试项目有（　）。

A．软化点　　B．针入度

C．耐热度　　D．不透水性

77. （ ）资料应归入监理单位。

A．项目建议书 B．施工合同

C．监理招投标文件 D．单位工程施工组织设计

78. 应对电梯（ ）的运行噪声进行检测并填写《电梯噪声检测记录》。

A．导轨 B．机房 C．开关门 D．轿厢内

79. 招标过程可分为（ ）等三个阶段。

A．准备阶段 B．招投标阶段 C．签订合同 D．决标成交

80. 工程三阶段设计是指（ ）。

A．初步设计 B．技术设计

C．施工图设计 D．建筑图设计

81. 资料员应及时（ ）防水材料的出厂质量合格证和试验报告单。

A．收集 B．整理 C．核验 D．填写

82. 分部（子分部）工程施工质量抽检中满足（ ），质量评价可填写“好”。

A．无差（×） B．50%以上是好（√）

C．差（×）10%以下 D．60%以上是好（√）

83. 施工单位资料员应处理好（ ）之间的关系。

A．与项目经理 B．与技术负责人

C．与城建档案馆 D．与材料员

84. 建筑外窗应有（ ）试验报告。

A．力学 B．保温性能 C．隔声性能 D．物理

85. 分部（子分部）工程施工质量评价分为（ ）三类。

A．差 B．不合格 C．一般 D．好

86. 防水卷材的必试项目有（ ）。

A．软化点 B．针入度 C．耐热度 D．不透水性

87.（ ）资料应归入施工单位。

A．项目建议书 B．施工合同

C．监理招投标文件 D．单位工程施工组织设计

88.（ ）的公共建筑钢网架结构，应对其焊接球节点进行节点承载力检测。

A．建筑安全等级为一级 B．建筑安全等级为特级

C．跨度 40m 以上 D．跨度 50m 以上

89. 竣工图的类型有（ ）等。

A．复印施工蓝图 B．CAD 绘制

C．修改施工蓝图 D．重绘竣工图

90. 项目经理应接受有关单位的检查和监督，这些相关单位可能是（ ）。

A．施工企业 B．建设单位

C．政府主管部门 D．监理单位

91. 在地基验槽（孔）记录上共同签字的单位有施工单位和（ ）。

A．勘察单位 B．建设单位

C．监理单位 D．设计单位

92. 封闭母线应有（　）。

A. “C” 认证标志　　B. 合格证

C. “CCC” 认证标志　　D. “CCCC” 认证标志

参考答案

一、判断题

1～10 ××××√×√√√√

11～20 ×√√×√××√√×

21～30 √√××√√√××√

31～40 ×√√×√×√√×√

41～50 √√××√√√√√√

51～60 ×√×√×√√√√√

61～70 ×√√√√×√×√√

二、单选题

1～10 ABCAADADDC

11～20 DBBAAACABA

21～30 BCACBDBBCA

31～40 BBBDABAABD

41～50 CCCCBCCCAD

51～60 DADDADBDAB

61～70 DBBBDBBCCB

71～80 BBBBBDCBDD

81～90 CBCACDCCDA

91～100 DCDADCAAAD

101～110 BDBBBBDAAA

111～120 DDDDDBABDA

121～130 ADBBABBADC

131～140 CDADBCDADB

141～150 CBDCCDBCCC

151～160 CBAABDCBAB

161～170 BBDADADABB

171～180 BABABBABAB

181～190 CBADACBADC

191～192 BA

三、多选题

1～10	ABCD	AB	ABCD	ABC	AB	ABCD	ABC	ABC	ABCD	ABC
11～20	ABCD	ABC	ABC	BC	ABC	ABC	ABC	ABCD	ABCD	ABCD
21～30	AD	ACD	BCD	BC	ABCD	ABCD	AC	ABC	AD	ABD
31～40	ABC	ABCD	ABCD	ABCD	ABCD	ABC	ABCD	AD	ABC	ACD
41～50	ABD	BCD	ABC	AD	ABCD	ABC	BC	AB	ABCD	ABC
51～60	ACD	ACD	AC	ABCD	ABC	BCD	ACD	ABCD	CD	ABD
61～70	AC	BCD	ABCD	ABCD	ABD	ACD	ABD	BC	ABCD	AC
71～80	ABC	ACD	ABD	ABD	ABC	AB	BC	BCD	ABD	ABD
81～90	ABC	AB	ABCD	ABD	ACD	CD	BD	AC	BCD	ABCD
91～92	ABCD	BC								

参考文献

[1] 建设工程文件归档整理规范 GB/T 50238—2001.

[2] 城市建设档案著录规范 GB/T 50323—2001.

[3] 建筑工程施工质量验收统一标准 GB/T 50300—2001.

[4] 建设项目工程总承包管理规范 GB/T 50358—2005.

[5] 建设工程监理规范 GB/T 5039—2000.

[6] 王立信. 建筑工程技术资料应用指南[M]. 北京：中国建筑工业出版社，2003.

[7] 吕宗斌. 建设工程技术资料整理[M]. 武汉：武汉理工大学出版社，2005.

[8] 危道军. 建筑施工组织[M]. 北京：中国建筑工业出版社，2002.